沥青路面破坏的统一力学模式理论与应用

李晓军　袁高昂　著

西北工业大学出版社

西安

【内容简介】 沥青路面破坏的统一力学模式研究是路面结构、材料一体化设计与施工的前提。本书定义了沥青路面疲劳损伤潜在指数（Asphalt Pavement Potential Damage Index，APPDI）；通过大量计算，验证了基于APPDI的拉-压复合剪切疲劳破坏理论可以同时解释沥青路面多种早期破坏现象，同时详细介绍了相关软件和测试设备的开发及工程实例。

本书提出了一种沥青路面结构、材料一体化设计的新思路，理论简单，具有很强工程实践性，可供大专院校师生和工程技术人员参考阅读。

图书在版编目(CIP)数据

沥青路面破坏的统一力学模式理论与应用/李晓军，袁高昂著. —西安：西北工业大学出版社，2020.1
ISBN 978-7-5612-6434-8

Ⅰ. ①沥… Ⅱ. ①李… ②袁… Ⅲ. ①沥青路面—破坏分析 Ⅳ. ①U416.217

中国版本图书馆CIP数据核字(2019)第234118号

LIQING LUMIAN POHUAI DE TONGYI LIXUE MOSHI LILUN YU YINGYONG
沥 青 路 面 破 坏 的 统 一 力 学 模 式 理 论 与 应 用

责任编辑：卢颖慧	策划编辑：雷　鹏
责任校对：万灵芝	装帧设计：李　飞

出版发行：西北工业大学出版社
通信地址：西安市友谊西路127号　　邮编：710072
电　　话：(029)88491757，88493844
网　　址：www.nwpup.com
印 刷 者：陕西向阳印务有限公司
开　　本：787 mm×1 092 mm　　1/16
印　　张：17.25
字　　数：442千字
版　　次：2020年1月第1版　　2020年1月第1次印刷
定　　价：98.00元

如有印装问题请与出版社联系调换

前　言

统一破坏模式的研究是路面结构、材料一体化设计的基础,因此,结构、材料一体化设计的前提是查明沥青路面结构破坏的统一力学模式,进而采用单一的、少量的指标在设计和施工中予以控制。结构计算和材料设计一体化的思路已经提出多年,而困扰道路工程界的是采用哪一个指标来进行控制。指标混乱是因为对路面结构破坏机理缺乏统一认识造成的,所以研究路面结构中应力状态的复杂性需要新的思路。

本书从沥青路面结构简化模型的角度入手,分别定义二维和三维应力状态下的路面疲劳损伤指数($APPDI_{2D}$和$APPDI_{3D}$),并将该指标应用于国内5条典型的沥青路面结构中,对其多种破坏模式进行统一的力学解释,并与实际的病害形式进行对比验证。依据分析结果,提出不同路面结构中的沥青混合料安全的强度参数设计要求。

(1)在不考虑颗粒粒径级配、沥青类型的基础上,分析出沥青混合料抗剪强度参数和抗压回弹模量之间存在明显的线性相关性,得出抗剪强度参数与弹性模量之间的关系。

(2)通过典型的厚、薄沥青路面结构的数值分析和C. Baekde的实地调查结果对比,验证沥青路面多种破坏统一力学模式的合理性——拉压复合剪切破坏理论可以同时解释沥青路面多种早期破坏现象。

(3)将国内5条典型的沥青路面结构分别简化为二维平面应变模式、三维双圆均布荷载模式和车列荷载模式,分析不同温度下、不同简化模型的早期破坏现象,运用统一力学模式对其进行合理解释。同时,对路面结构沥青面层材料进行设计,满足路面结构的安全设计要求。

(4)通过分析结果,选择简化模型,基于MATLAB编程软件,开发出一款简单、实用的沥青路面结构有限元计算和评价系统,简化路面结构的分析和评价过程。

本书的研究方法和结论具有一定的理论意义,为后续的研究提供借鉴。本书由西安科技大学李晓军和长安大学博士生袁高昂共同完成,其中第1~4章,第10章,第11章由李晓军撰写,其余部分由袁高昂撰写,全书由李晓军统稿。

写作本书曾参阅了相关文献资料,在此,谨向其作者深表谢意。

由于笔者水平有限,书中难免有疏漏之处,恳请专家、学者提出批评意见。

著　者

2018年9月

目 录

第 1 章　绪论 ··· 1
   1.1　研究背景及意义 ··· 1
   1.2　国内外研究现状 ··· 1
   1.3　研究目标及内容、方法与技术路线 ·· 6

第 2 章　沥青路面破坏统一力学模式 ·· 8
   2.1　理论背景 ··· 8
   2.2　沥青混合料弹性模量的修正 ·· 10
   2.3　沥青混合料抗剪强度测试方法与取值 ·· 11
   2.4　模型构建 ··· 12
   2.5　本章小结 ··· 18

第 3 章　沥青路面破坏评价指标的验证分析 ··· 20
   3.1　沥青路面的结构层 ··· 20
   3.2　厚沥青路面结构力学性能分析 ·· 21
   3.3　薄沥青路面结构力学性能分析 ·· 35
   3.4　实际病害分析 ·· 49
   3.5　本章小结 ··· 52

第 4 章　济青高速公路沥青路面破坏模式的力学分析 ······································ 54
   4.1　平面应变简化模型的力学分析 ·· 54
   4.2　双圆均布荷载简化模型的力学分析 ··· 57
   4.3　车列荷载模式的力学分析 ··· 63
   4.4　分析结果与实际病害对比 ··· 77
   4.5　沥青面层材料设计 ··· 77
   4.6　本章小结 ··· 78

第 5 章　京津塘高速公路沥青路面破坏模式的力学分析 ··································· 79
   5.1　平面应变简化模型的力学分析 ·· 79
   5.2　双圆均布荷载简化模型的力学分析 ··· 83
   5.3　车列荷载模式的力学分析 ··· 89
   5.4　实际病害与分析结果对比 ··· 103
   5.5　沥青面层材料设计 ··· 104

5.6 本章小结 … 104

第6章 首都机场高速公路沥青路面破坏模式的力学分析 … 106
6.1 平面应变简化模型的力学分析 … 106
6.2 双圆均布荷载简化模型的力学分析 … 109
6.3 车列荷载模式的力学分析 … 115
6.4 分析结果与实际病害对比 … 129
6.5 沥青面层材料设计 … 129
6.6 本章小结 … 130

第7章 成渝高速公路沥青路面破坏模式的力学分析 … 131
7.1 平面应变简化模型的力学分析 … 131
7.2 双圆均布荷载简化模型的力学分析 … 134
7.3 车列荷载模式的力学分析 … 140
7.4 分析结果与实际病害对比 … 153
7.5 沥青面层材料设计 … 153
7.6 本章小结 … 154

第8章 平西高速公路沥青路面破坏模式的力学分析 … 155
8.1 平面应变简化模型的力学分析 … 155
8.2 双圆均布荷载简化模型的力学分析 … 159
8.3 车列荷载模式的力学分析 … 166
8.4 分析结果与实际病害对比 … 182
8.5 沥青面层材料设计 … 182
8.6 本章小结 … 183

第9章 沥青路面结构有限元分析及评价系统 … 184
9.1 编程软件的优势 … 184
9.2 有限元法的基本原理 … 184
9.3 有限元法的程序设计 … 186
9.4 有限元法计算结果对比 … 192
9.5 本章小结 … 193

第10章 沥青路面破坏统一力学模式理论的工程应用 … 194
10.1 沥青路面车辙与表面开裂有限元参数优化设计 … 194
10.2 沥青混合料配合比设计 … 207
10.3 沥青混合料剪切试验方法 … 219
10.4 SMA-13抗滑性能及渗水性能CT扫描试验 … 235
10.5 本章小结 … 257

第 11 章　结论与展望 ··· 258

　　11.1　结论 ··· 258
　　11.2　创新点 ··· 259
　　11.3　展望 ··· 259

参考文献 ·· 260

第1章 绪 论

1.1 研究背景及意义

由于沥青路面养护方便,且在沥青路面上行驶时较舒适、噪声小、车速快,沥青路面已被广泛地应用于各类等级公路、机场跑道以及城市交通中。资料调查表明:美国高速公路中沥青路面约为总通车里程的93%,日本的这一比例更高,达到96%。目前,我国已建成的高速公路主要为沥青路面。

我国实行的是渠化交通,这提高了交通的安全性和通行能力,但交通量和重载/超载汽车数量的增加,以及基层交通自身的固有缺陷,使得出现在沥青面层的车辙、从上至下裂纹(Top-Down裂纹)、层底弯拉破坏和层底开裂已成为沥青路面早期破坏的主要损坏类型。现阶段对沥青面层破坏的成因还没有统一的力学解释。

同时,沥青混合料作为一种典型的黏弹性材料,其力学特性随温度的变化而变化。沥青路面在不同的温度条件下,会产生不同类型的路面病害现象。沥青路面长期暴露在自然界各种因素之下,这些因素对沥青路面存在着不同程度的影响,尤其是高温天气下,沥青路面在较短时间内表现出严重的破坏现象。

莫尔库仑(Mohr-Coulomb,M-C)准则和德鲁克-布拉格(Drucker-Prager,D-P)准则是岩土工程中常用的强度准则,是研究材料在复杂应力状态下产生屈服和破坏的计算理论基础。本书基于M-C准则和D-P准则,对沥青路面结构不同简化模型进行力学分析,定义了沥青路面的破坏评价指标——路面疲劳损伤潜在指数(Asphalt Pavement Potential Damage Index,简称APPDI(包括$APPDI_{2D}$和$APPDI_{3D}$)),用于预测沥青路面结构不同的早期破坏模式。通过拉压复合剪切破坏的力学模式将路面结构中常见的路面病害模式进行统一解释,探讨沥青路面结构应力的复杂性以及沥青路面的破损机理,为路面结构和材料一体化设计提供一个新思路。

1.2 国内外研究现状

沥青路面早期破坏现象对路面结构的安全性能和路用性能危害较大。随着室内外试验和数值模拟计算理论的不断发展,解释路面结构的早期破坏模式的理论、方法不断得到完善。对沥青路面中车辙、Top-Down裂纹、层底弯拉破坏和层底开裂的成因,国内外专家学者们从室内试验、现场检测、数值模拟等角度进行了一系列的科学研究,并取得了一定的成果。

1.2.1 车辙的研究进展

国际上最常见的沥青路面损坏现象是车辙等沥青路面的流动变形。20 世纪 70 年代美国的调查表明,在州际和主要公路上 30% 以上的沥青路面病害现象是由于车辙现象所导致的;80 年代日本的调查也表明,高达 80% 的沥青路面病害是由车辙现象引起的。

20 世纪 70 年代,Monismith 调查研究发现沥青路面的车辙或 Top-Down 裂纹主要来自于沥青路面结构中产生的剪应力超过了沥青混合料的抗剪强度后产生的塑性流动变形。1987 年的第六届国际沥青路面结构设计会议上,Eisenmann 对试验路的车辙进行了预估和现场测试,并研究了车辙量的影响因素。2001 年,在美国交通研究委员会(Transportation Research Board,TRB)年会上,Drakos 提出横向剪应力是产生不稳定性车辙或 Top-Down 裂纹的初始机制,不稳定性车辙或 Top-Down 裂纹在非横向平面上是三维现象。美国公路战略研究计划(Strategic Highway Reasearch Program,SHRP)对车辙预估模型进行了较深入的研究,并将车辙设计指标列入了 AASHTO-2002 年设计指南。Liu Kun 等人提出了车辙深度、车辙宽度和车辙指数,研究结果表明,车辙深度、车辙宽度和车辙指数随着转弯半径减小而增大,尤其是转弯半径小于 20 m 时。Tao Xu 等人采用室内试验和野外调查的方法研究了路表车辙现象,研究表明车辙形成的原因是中下面层的厚度较小,压实度不足。Shahbaz Khan 等人通过对印度大部分的柔性基层沥青路面的破坏形式进行调查研究,认为路面开裂(疲劳)和车辙或 Top-Down 裂纹(永久变形)是柔性基层沥青路面的主要破坏类型。M. Arabani 等人运用 ABAQUS 有限元软件模拟了以玻璃代替部分集料的玻璃沥青路面结构车辙性能,并与传统的沥青路面车辙性能进行对比,不同应力状态下的研究结果表明玻璃沥青路面的车辙现象较弱。F. Morea 等人通过室内车辙试验对沥青混合料的性能进行评价,并分析了气候和交通状况对其的影响。Li Linglin 等人选择广义开尔文模型作为沥青混合料的本构关系,对山区长陡坡路段的沥青路面车辙特性进行了研究,结果表明超载、运行速度和车辆的切向和垂直力对沥青路面车辙的影响较大。

我国对车辙的研究起步较晚,始于 20 世纪 80 年代。1988 年,徐世法等人为了对永久变形沥青路面进行研究,通过计算路面中的应力和应变,提出了以黏弹性模量作为评价沥青路面车辙的标准。1994 年,李一鸣等人从力学计算角度研究了车辙的形成机理,提出用横向流动动力参数 K 积分反映沥青混合料的抗车辙性能。2004 年,徐伟、张肖宁等人调查了广东某一条高速公路不同结构下的车辙病害现象,发现车辙的来源不同,即上面层、中面层和下面层都可以诱发车辙变形。黄晓明等人对某高速公路沥青路面进行了野外调查,并结合室内试验,分析了车辙发生的规律,研究结果表明:沥青路面车辙现象与沥青层位有关,中面层发生车辙的概率较大;且车辙与温度关系较大,温度越高,车辙现象越严重。李洪华借助于实地车辙病害调查结果,从车辙的形成机制角度进行研究,对高温沥青路面抗车辙能力进行评价。崔文社等人通过钻芯取样进行了车辙试验,并结合现场车辙调查结果对车辙的成因进行了分析,认为面层材料和施工质量是解决车辙问题的重要途径。郑南翔等人建立了基于温度-轴载-轴次的车辙预估模型,对不同路面结构的车辙现象进行预估,结果表明高强度土基具有良好的防车辙能力。王辉等人对京珠高速公路某路段车辙病害展开现场调查,调查发现该路段严重的车辙变形全部由沥青面层产生,且中面层变形约占车辙总量的 60%。关宏信等人改进了现有的沥青混合料车辙试验方法,提出了降低试验车辆速度模拟长陡纵坡的车辙试验,并将厚车辙试验作为补充试验进行研究,这一方法符合现有车辙现象的实际情况。咸宏伟等人通过对安徽某水泥混凝土加铺沥青混凝土路面的钻芯取样,分析了车辙的成因,提出在施工中要控制压实度,降低路面的压密变形。蔡旭从文献中归纳分析了长陡纵坡沥青路面的车辙病害成因,探讨了影响车辙病害的主要因素,结合室内试验和现场调查结果,提出了车辙深度预估模型,进而得到了长陡纵坡沥青路面的组合类型。何金龙以长沙市城市主干道为研究对象,经过现场交通流量和车辙现象的调查,分析了城市道路车辙行车机制、影响因素,并用有限元软件ABAQUS进行了三维路面结构数值模拟计算,分析其破坏模式及稳定性对车辙的影响。邵腊庚等人对百罗高速公路的运营情况、气候条件等多种因素进行调查分析,提出了其早期破坏病害中车辙、裂缝随时间的变化规律,并分析了不同因素对早期破坏现象的影响作用。

1.2.2 Top-Down 裂纹的研究进展

E. Freitas 等人分析影响 Top-Down 裂缝的各因素,指出轮胎边缘较大的接触拉应力促使了微裂缝的产生。Myers、Svasdisant、Wang 等人指出 Top-Down 裂缝主要诱因是轮胎-路面接触区域产生的拉应力/拉应变,Top-Down 裂缝不仅在路面表层的轮迹带产生,也可以从路表下一定深度范围出现;Top-Down 裂缝可能是沥青变软或者路面温度很高时产生的。Emery 提出沥青路面 Top-Down 裂缝不仅和拉应力、剪应力有关,还与疲劳应力、层间滑动、温度应力、施工因素(离析、黏合剂老化等)有关。Hu Chunhua 考虑了轮胎气压和轴载的变化,采用数值分析的方法建立有限元模型,得出了轮载下较大的剪应力是造成 Top-Down 开裂的主要原因。Kim 等人利用黏弹性分析方法,分析了沥青混合料的流变行为,沥青路面底部和顶部会产生拉伸应变,顶部应变表现出较高的应变值,不同设计参数的敏感性分析表明了底部和顶部的应变会影响沥青路面结构的整体性能。Zhao Yanqing 等人运用断裂力学和有限元方法分析了温度、车辆速度、裂缝长度和基层类型对移动荷载作用下的沥青路面 Top-Down 裂纹的应力强度因子的影响,结果表明半刚性基层的应力强度因子比刚性基层的小,拉裂型 Top-Down 裂纹现象减弱,而剪切型 Top-Down 裂纹现象会更明显。Wang 和 Al-Qadi 分析了不同温度、不同轮胎-地面接触条件下路面结构的应力状态,得出裂纹最初出现在沥青路面表层/接近路面表层的轮载边缘,且裂纹随着温度的增加而增加;高温下车辙或 Top-Down 裂纹和剪切型裂纹现象严重。Zou Jian 等人提出了一种基于断裂力学的 Top-Down 裂纹增强的预估模型,研究了裂纹的产生和发展规律,同时考虑了混合料老化和愈合的影响。研究表明,准确预测 Top-Down 裂纹性能的前提是准确预测混合料断裂、损伤和愈合造成的老化现象。Ahmed Ebrahim 等人认为基层厚度和路基模量对路面的疲劳和车辙或 Top-Down 裂纹现象起着平衡控制作用。Lu Sun 等人通过 ABAQUS 建立了开裂的沥青路面的三维有限元分析模型,研究了车辆速度、裂纹位置、裂纹深度以及阻尼比等对动力响应的影响。Park 等人对北卡罗来纳州的裂纹的形成原因进行分析,研究表明高沥青含量沥青路面的 Top-Down 裂纹现象较弱,路面加宽会导致裂纹扩张。

李峰等人以及易听认为,剪切型应力是导致 Top-Down 裂缝继续扩展的主要原因,其最初表现为纵向裂缝。徐鸥明、郝培文等人认为,拉应力超过了裂缝末端的剪应力导致了 Top-Down 裂纹,拉应力和裂缝的长度有关。李清富等人认为,路表轮迹带边缘会产生最大剪应力,剪应力过大是半刚性基层沥青路面产生 Top-Down 裂缝的主要原因。吕光印指出,Top-Down 裂纹的位置与拉应力、剪应力和 Mises 应力的分布规律是一致的,且拉应力会产生早期 Top-Down 裂纹的微裂缝,然后这些裂缝发展为剪切型裂纹。苏凯等人认为,柔性基层和半刚性基层沥青路面结构对剪应力的响应不同,且其受水平力大小的影响。陈锋锋等人认为的路表车轮外存在拉应力,且轮边缘会产生最大剪应力,二者共同作用下行车带轮迹边缘附近容易出现平行于行车带自上而下裂缝。张兰峰主要研究 Top-Down 裂缝形成和扩展的影响因素。滕旭秋提出以车辙、Top-Down 裂纹、层底开裂(仅对混合式基层沥青路面)为设计指标,建立相应的柔性基层沥青路面性能预估模型,在此基础上完成路面结构车辙深度及疲劳寿命的计算。他们最后以青岛—银川高速公路混合式路面试验段为依托工程,进行了车辙深度和层底开裂、Top-Down 裂纹疲劳寿命的预估计算。赵延庆等人预估 Top-Down 开裂并分析了对沥青路面 Top-Down 裂缝影响的因素。郑勇生等人基于黏弹性理论和断裂力学理论,利用有限元方法,研究了车辙对 Top-Down 裂纹扩展的影响,分析了车辙深度与不同深度 Top-Down 裂纹的应力强度因子关系。范植昱揭示了沥青路面 Top-Down 开裂的原因和影响因素,探讨延缓 Top-Down 开裂的措施与方法。国内外学者对于 Top-Down 裂纹的形成机制、影响因素、发展过程的研究一直都在进行着。

1.2.3 沥青层底拉应力/拉应变的研究进展

Shell 设计法是一种基于力学分析的方法,主要设计标准是沥青层底面的容许水平拉应变 ε_r(主要控制沥青层的裂缝)和路基顶面的容许竖向压应变 ε_z(主要控制路基的永久变形)。X. Hu 等人调查了实际路面汇总的裂缝现象,提出了从下至上裂纹(Bottom-Up 裂纹)和 Top-Down 裂纹两种不同类型的破坏模式,并研究了裂纹出现的初始位置。L. Howard Isaac 等人、Ghauch Z. G. 等人研究了柔性基层沥青路面中应力、应变的变化规律,指出薄柔性基层沥青路面中 Bottom-Up 破坏模式为主要现象。Hu Xiaodi 等人认为,当基层模量较低时,可采用垂向轮-地接触压力作为沥青层底部拉应变的设计控制指标;当基层模量较高时,横向轮-地接触压力和 X 方向的拉应变应考虑作为设计控制指标的一部分。Feng Decheng 等人采用不同配合比,以劈裂抗拉强度、劈裂回弹模量、峰值应变、能量密度和脆性指数为评价指标,对水泥稳定再生沥青路面劈拉应力-应变特性进行评价。Tarefder R. A. 等人对路面的应力、应变和挠度等进行检测,并与 ABAQUS 数值计算结果进行对比分析,研究表明预测的变形、应力和应变对热拌混凝土具有更好的敏感性。

《公路柔性路面设计规范》(JTJ014—86)指出:柔性路面结构设计应以路表面容许弯沉值 LR 为设计指标;沥青层层底或整体性材料基层的弯拉应力可以作为整体路面结构的验算指标。《公路沥青路面设计规范》(JTG D50—2006)指出:高速、一级、二级公路的路面结构设计,应以路表面回弹弯沉值 ID 和沥青混凝土层层底拉应力(拉应变)及半刚性材料层的层底拉应力为设计指标;各结构层层底拉应力不仅可作为路面结构的设计指标,也可以作为整体路面结构的验算指标。薛亮等人对不同层间状态下的沥青路面结构进行力学分析,研究了沥青面层各个分层层底拉应力的情况,用以控制沥青层的开裂破坏。陈祥对完全连续和完全滑动的两种极限状态的基层进行了路表弯沉和基层层底弯拉应力的公式回归,提出了路面基层处于不同结合状态下的路表弯沉以及基层层底弯拉应力的计算方法。张云龙分别从沥青层底弯拉应变、基顶压应变与面层剪切力的角度进行了细致的计算与分析,分析不同基层类型对路面控制指标的影响。朱洪洲等人分析了影响柔性基层路面的路表弯沉和层底弯拉应力的因素,并对各自的显著水平进行评价。张艳红等人研究认为弯拉应变和剪应力可以作为柔性路面的控制指标。呼新华、谈志明分析了不同条件下沥青路面结构弯拉应力-应变规律,讨论了沥青面层层底弯拉应变、半刚性或刚性基层层底弯拉应力的计算精度。徐吉存等人分析了柔性路面结构的力学响应指标,沥青层层底拉应变受沥青层厚度和基层模量的影响较大。张碧琴等人研究了超载作用下,以路面弯沉值、容许拉应力值、路面使用寿命作为沥青路面结构承载力的验算指标。吕松涛等人推导了基于设计指标弯沉与层底拉应力的沥青路面结构层疲劳寿命计算公式,计算了各结构层顶面的弯沉和层底拉应力,据此反算了各结构层的疲劳寿命。

1.2.4 反射裂纹的研究进展

反射裂纹是半刚性基层沥青路面的主要破坏模式之一,它是由于半刚性基层在温度应力和荷载应力条件下,产生收缩裂纹,然后由下向上反射到沥青面层而形成的裂纹,对路面结构的整体性和连续性会产生不利的影响。

Lytton 提出了针对温度应力作用下沥青路面疲劳开裂的设计方法,并应用断裂力学原理建立了由温度应力引起的沥青混凝土路面横向裂缝的计算模型,并据此预测了裂缝扩展情况。Moghadasnejad 等人运用有限元法,研究了基层板体接缝宽度、加铺层厚度、荷载位置对沥青加铺层反射裂缝产生和发展的影响。Baek 等人通过模拟带反射裂缝的沥青路面结构,对裂缝的裂尖进行处理,表征了沥青路面反射裂纹的空间特征。Qin Lusheng 等人通过疲劳试验、反射裂纹模拟试验,分析了高弹性沥青的路用性能,对比高弹性沥青与常规沥青的初始开裂产生的周期荷载数,结果表明高弹性沥青抗反射裂纹的能力较好。Zhao Yanjing 等人基于黏弹性理论、时温等效原理、断裂力学和动力有限元方法,探讨了沥青混凝土路面反射开裂的力学响应。Dave 等人采用基于断裂力学的黏着断裂模型来模拟反射裂缝,分析了温度荷载作用下沥青路面反射裂缝问题。Chen Yu 认为柔性或半刚性基层路面的反射裂纹现象与材料和时间有关,沥青橡胶膜夹层能够减弱加铺层的反射裂纹现象。Z. G. Ghauch 等人认为反射裂纹出现在混凝土板与混凝土路面的接触区域,并分析了基层和路基强度、行车速度、沥青层厚度对反射裂纹的影响。

谈志明分析了路面板翘曲变形情况下,提出沥青面层应力和层间纵向反力的计算公式及诺谟图。毛成分析了沥青路面裂纹扩展行为,结果表明拉应力是裂缝扩展的机理,剪应力在裂纹发展过程的作用不重要,拉应力是裂纹产生和发展的驱动力。岳福青、李自林等人和徐华通过对半刚性基层沥青路面结构中反射裂纹研究,分析了不同的结构层的反射裂纹形成的初始位置、发展过程,并分析了温度应力和荷载应力对其影响的显著性分析。张俊等人采用室内试验和数值模拟的方法,对沥青路面的反射裂纹进行研究,结果表明弯拉型反射裂缝与剪切型反射裂缝分布明显不同,大粒径的沥青混合料抗反射裂缝能力较强。万云冬从沥青黏弹性角度入手,用传热学理论,分析了温度场下的反射裂纹的应力场,并分析了裂纹尖端动态应力强度因子随行车速度、道路结构体阻尼以及路面结构参数的变化规律,探讨了温度对裂纹温度应力的影响。苗雨等人对在荷载作用下的已存在反射裂纹的沥青路面结构进行研究,分析了裂缝的形成机理及影响因素。孙雅珍等人揭示了半刚性基层沥青路面反射裂缝的扩展机理,确定土工合成材料的防裂效果。马培建等人用数值模拟方法针对含有应力吸收层和不含应力吸收层两种路面结构的疲劳寿命进行估计,结果表明应力吸收层提高了加铺层的防反射裂纹的能力,延缓了反射裂纹的出现。沈金磊等人认为,偏载情况下半刚性基层开裂导致反射裂纹,为柔性材料更换基层能够大幅度地降低裂纹尖端的应力值,减弱反射裂纹的发展。

1.2.5 存在的问题

对沥青路面结构各种破坏现象的形成机制、预防措施的研究已日趋完善,人们对于沥青路面的早期破坏现象有了深入的、详细的理解。由于地区差异以及分析方法不同,对于各种破坏现象的解释虽然已经存在,但是对于沥青路面结构多种破坏现象的统一力学解释还没有定论。例如:路面表层破坏产生大量从路表向下扩展的裂纹(Top-Down 裂纹),在轮压作用下 Top-Down 裂纹开裂的拉应力是如何产生的?为什么路面表层会出现车辙与 Top-Down 裂纹共生的现象?为什么沥青路面中计算出的剪应力远小于实测的混合料抗剪强度,而在高温条件下车辙现象常常在很短的时间内出现?研究路面结构中应力状态的复杂性需要新的思路。

1.3 研究目标及内容、方法与技术路线

本书分别从二维、三维的简化模型角度入手,定义沥青路面破坏的评价指标——路面疲劳损伤潜在指数,分析并预测沥青路面的破坏形式及其应力状态。将该指标应用于国内 5 条典型的沥青路面结构中,分析各自的早期破坏现象,对其多种破坏模式进行统一的力学解释,并与实际的病害形式进行对比验证。

1.3.1 研究目标、内容

1. 验证 APPDI 评价路面结构破坏的合理性

借助国外已有实际调查结果的沥青路面结构,运用 APPDI 对其进行力学分析,评价其不同状态下的破坏现象;与已有调查、研究成果进行对比,验证评价指标的合理性。

2. 验证拉-压复合剪切破坏理论作为沥青路面的统一破坏力学模式

在不同的简化模型、不同温度情况下,对国内 5 条典型的沥青路面结构进行力学分析、计算,验证拉-压复合剪切破坏理论在路面破坏中的力学统一解释,为沥青路面结构的一体化设计提供依据。

3. 基于 MATLAB 的路面结构有限元分析和评价系统

针对目前现有有限元软件对实际路面结构分析的功能过剩的情况,基于路面结构的分析结果,运用 MATLAB 编程,开发出一款适用于沥青路面结构有限元分析和评价功能的系统。

1.3.2 研究方法

1. 数值计算的方法

采用有限元软件对简化模型进行数值计算,获得各个节点的应力值以及各个节点的坐标值。

2. 力学分析的方法

基于岩土力学理论中的 M-C 准则和 D-P 准则,对沥青路面结构进行力学计算,分析不同基层类型的沥青路面结构的破坏模式;以 APPDI 作为沥青路面破坏的评价指标,将不同的破坏模式通过 APPDI 进行解释,验证拉-压复合剪切破坏理论可以作为解释不同基层沥青路

面破坏的统一力学模式。

1.3.3 技术路线

图 1.1 为本书研究内容的技术路线图。

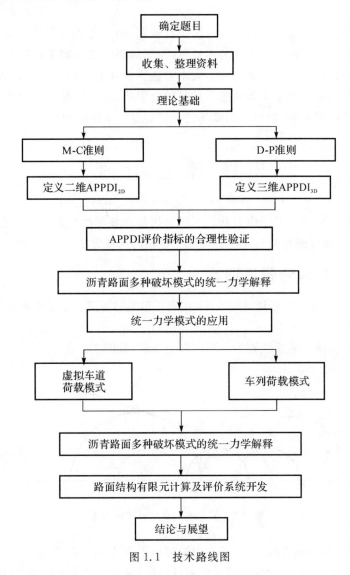

图 1.1 技术路线图

第 2 章　沥青路面破坏统一力学模式

路面结构力学分析是道路工程中传统的研究课题,前人已经开展了大量的工作。但是随着轮载的增加以及路面结构组合形式的多样化,传统的路面结构破坏理论对于某些破坏现象已无法进行解释。以往的研究更重视应力大小对路面破坏的影响。从主应力分析的角度,利用莫尔圆的方法分析路面表层多轴状态下材料的力学响应,特别是主应力的组成方式对路面结构影响的研究开展得不多,路面结构破坏的评价需要一个新的指标。

2.1　理论背景

强度理论是研究材料在复杂应力状态下产生屈服和破坏的计算理论。莫尔-库仑强度理论和德鲁克-普拉格强度理论是岩土工程领域中常用的两种方法。

2.1.1　莫尔-库仑强度理论

M-C 准则认为,材料破坏是剪切破坏,在破坏面上的剪应力 τ_f 是法向应力 σ 的函数:

$$\tau_f = f(\sigma) \tag{2.1}$$

由此函数关系所确定的曲线称为莫尔破坏包络线,如图 2.1 所示。

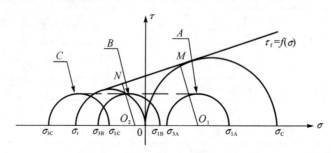

图 2.1　莫尔圆与莫尔破坏包络线

如图 2.1 所示,在静载条件下,相同大小剪切作用的 A、B 两种应力状态均处于安全状态,但在疲劳荷载作用下,B 状态因为更接近莫尔包络线,因而疲劳寿命更短,会最先达到破坏。

因此二维应力状态下的路面结构破坏指标定义如下:

路面疲劳损伤潜在指数 = 任意点莫尔圆半径 r / 其圆心到包络线距离 d

即

$$\text{APPDI}_{2D} = \frac{r}{d} = \frac{\sigma_1 - \sigma_3}{2d} \quad (0 < \text{APPDI}_{2D} < 1) \tag{2.2}$$

式(2.2)表示的意义如下:

(1) 当 $\text{APPDI}_{2D} < 1$ 时:表明该点的应力莫尔圆与包络线不相交,即该点产生弹性变形,卸荷后变形恢复。

(2) 当 APPDI$_{2D}$ > 1 时：

1) $|\sigma_1|>|\sigma_3|$，应力莫尔圆与包络线相交，该点以压应力为主，即该点在外荷载作用下产生以压为主的拉-压复合剪切塑性变形。

2) $|\sigma_1|<|\sigma_3|$，该点以拉应力为主，该点在外荷载作用下有两种方式接触包络线：① 当该点与包络线相切时，$|\sigma_3|<|\sigma_t|$，产生以拉为主的拉-压复合剪切塑性变形；② 当该点与包络线相交时，$|\sigma_3|>|\sigma_t|$，产生以拉为主的拉破坏，如图 2.1 中 C 所示。

在工程领域中，M-C 准则得到广泛的应用，但其没有考虑材料主应力 σ_2 的影响。

2.1.2 德鲁克-普拉格强度理论

美国学者 Drucker 和 Prager 于 1952 年提出了考虑静水压力与中间主应力影响的广义 Mises 屈服与破坏准则，常称为 D-P 准则。

在岩土力学中，任意一点的应力状态 ($\sigma_1, \sigma_2, \sigma_3$) 均可以在三维应力空间中表示出来。通过应力空间坐标原点且与三个坐标轴夹角都相等的空间对角线称为等倾线，垂直于等倾线的平面为 π 平面。在 π 平面上的应力分量都与应力张量第一不变量 I_1（或平均应力 σ_m）及应力偏量第二不变量 J_2 有关。I_1 和 J_2 计算公式如下：

$$I_1 = \sigma_1 + \sigma_2 + \sigma_3 = \sqrt{3}\sigma_m \tag{2.3}$$

$$J_2 = \frac{1}{6}\left[(\sigma_1-\sigma_2)^2 + (\sigma_2-\sigma_3)^2 + (\sigma_3-\sigma_1)^2\right] \tag{2.4}$$

式中　σ_1——第一主应力，MPa；

　　　σ_2——第二主应力，MPa；

　　　σ_3——第三主应力，MPa。

压应力为正值，拉应力为负值。

任意一点在 π 平面上的投影（或矢量半径）为

$$r_\pi = \sqrt{2J_2} \tag{2.5}$$

D-P 准则计入了中间主应力的影响，考虑到平均应力 σ_m 或者 I_1，推导出任意一点在 π 平面的屈服曲线矢量半径：

$$r_\sigma = \sqrt{2J_2'} \tag{2.6}$$

其中

$$\sqrt{J_2'} - \alpha I_1 = k \tag{2.7}$$

$$\alpha = \frac{1}{\sqrt{3}}\frac{\sin\varphi}{\sqrt{3+\sin\varphi^2}}$$

$$k = \frac{\sqrt{3}c\cos\varphi}{\sqrt{3+\sin^2\varphi}} \tag{2.8}$$

式中　c——黏聚力；

　　　φ——内摩擦角。

由 D-P 准则的屈服曲面图知，π 平面的大小变化，其形状不改变，故 D-P 准则屈服曲面为一圆锥面。D-P 准则屈服曲线在 π 平面上的投影始终为圆形，为统一有效地表达各点的疲劳状态，定义：

路面疲劳损伤潜在指数＝应力点的矢量半径 r_π／该点的屈服曲线矢量半径 r_σ

即

$$\mathrm{APPDI_{3D}} = \frac{r_\pi}{r_\sigma} = \frac{\sqrt{2J_2}}{\sqrt{2J_2'}} \quad (0 < \mathrm{APPDI_{3D}} < 1) \tag{2.9}$$

式(2.9)表示的意义如下：

(1) 当 $\mathrm{APPDI_{3D}} < 1$ 时，表明该点的应力矢量半径小于该点的屈服曲线矢量半径，即该点产生弹性变形，卸荷后变形恢复。

(2) 当 $\mathrm{APPDI_{3D}} > 1$ 时：

1) $|\sigma_1| > |\sigma_3|$，该点以压应力为主，即该点在外荷载作用下产生以压为主的拉-压复合剪切塑性变形；

2) $|\sigma_1| < |\sigma_3|$，该点以拉应力为主，该点在外荷载作用下有两种方式接触屈服线：① 当该点与屈服线相切时，$|\sigma_3| < |\sigma_t|$，产生以拉为主的拉-压复合剪切塑性变形；② 当该点与屈服线相交时，$|\sigma_3| > |\sigma_t|$，产生以拉为主的拉破坏。

采用 D-P 准则进行计算，充分考虑了三个主应力的共同作用，同时考虑了主应力空间中的屈服曲线和屈服面，以直观的可视化图形反映出任一点的应力状态和屈服状态（见图 2.2）。

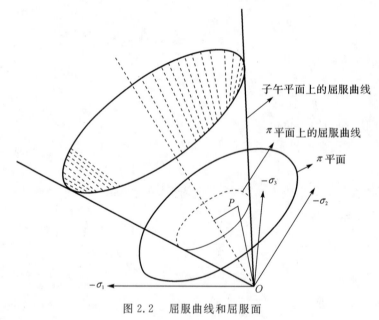

图 2.2 屈服曲线和屈服面

2.2 沥青混合料弹性模量的修正

沥青混合料在测定其抗压回弹模量时要考虑温度的影响，而在实际工程及现场检测时，温度变化较快，某一时刻的弹性模量不容易直接测量。国内外通过大量的室内试验，在不同的温度下测定了沥青混合料的抗压回弹模量。

西部交通科技项目"沥青路面设计指标与参数的研究"中，材料设计参数研究的分报告中

认为,沥青混合料抗压回弹模量受温度影响的关系如下:

$$E_T = E_{20}(2.980 - 0.099T) \tag{2.10}$$

式中 E_T, E_{20}——温度分别为 T 及 20℃(标准温度)时的弹性模量,MPa;

T——某一时刻沥青混合料的温度,℃。

通过该公式计算的结果可知:当沥青混合料所处的温度为 25℃ 时,其抗压回弹模量衰减为标准温度下的 50%;当沥青混合料所处的温度超过 30℃ 时,其计算的弹性模量为负值。经分析该公式适用于低温情况。

Dong-Yeob Park 等人通过大量的试验数据,提出了如下 BELLS 沥青层模量修正模型:

$$E_T = 10^{0.018(20-T)} E_{20} \tag{2.11}$$

王月峰等人通过对沥青层反算模量的温度修正,分析了沥青混合料动态模量与温度关系模型,研究结果表明:BELLS 模型计算结果能够较好地反映温度变化引起的沥青层模量变化。BELLS 模型的数据计算结果统计表明:0℃ 时沥青混合料的模量为常温(20℃)时的 3 倍,40℃ 时沥青混合料的模量为 20℃ 时的 1/2。

2.3 沥青混合料抗剪强度测试方法与取值

利用 APPDI 评价沥青路面中任意一点的屈服状态,要确定沥青混合料的抗剪强度参数——黏聚力值 c 和内摩擦角值 φ。

王刚等人的研究表明,尽管颗粒级配、沥青类型不同,各沥青混合料的抗剪强度与 c 值、无侧限抗压强度及抗压回弹模量之间均呈现良好的线性关系。

根据以往的试验研究结果,推导出沥青混合料抗剪强度与抗压回弹模量之间的关系,结果如图 2.3 所示。

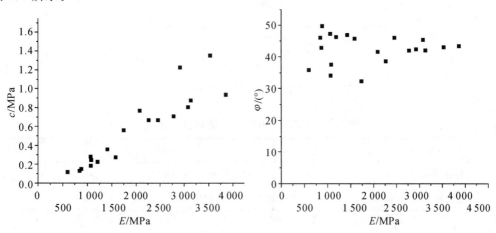

图 2.3 沥青混合料的抗剪强度参数(c, φ)与弹性模量 E 的关系

从图 2.3 中可知:沥青混合料的黏聚力值 c 和弹性模量 E 之间具有一定的相关性。对其进行线性拟合,通过计算结果分析及与实际试验结果对比分析,选择多项式拟合,拟合结果如下:

$$c = 2.42037 \times 10^{-8} E^2 + 2.22716 \times 10^{-4} E \tag{2.12}$$

从图 2.3 中还可看出，随着弹性模量的增大，内摩擦角值逐渐趋于定值，且整体的内摩擦范围为 $30° \sim 55°$。

2.4 模型构建

2.4.1 计算荷载

二维的平面应变简化模型和三维的双圆均布荷载模型，采用双轮组标准轴载 100 kN 为计算轴载，采取弹性层状连续理论体系为计算理论基础。路面荷载及计算点如图 2.4 所示，标准轴载计算参数见表 2.1。

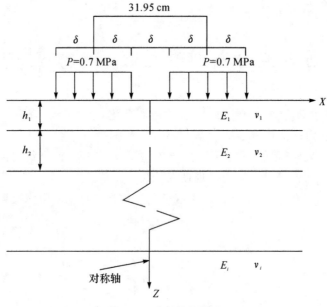

图 2.4 路面轮载模式

表 2.1 BZZ-100 标准轴载计算参数

参数名称	参考值	参数名称	参考值
标准轴载 P/kN	100	单轮传压面当量圆半径 r/cm	10.65
车轮接地压强 p/MPa	0.70	两轮中心距 $3r$/cm	31.95

车列荷载模式常用于桥梁安全设计，是将一系列的汽车按照不同的车间距排布于铺装桥面上，以保障桥梁在重载交通的情况下的安全性能和耐久性能。它与汽车轴重、总重、轴间距等参数有关，描述车列荷载要确定车辆车型、车轴间距、车辆轴重以及车辆最小间距等信息。本书选择 6 轴半挂车和 6 轴全挂车作为车列标准车辆，并采用 550 kN 作为标准重量。不同行车状态下的标准车（汽车-超 20）的几何模型及其荷载分布形式如图 2.5 所示。

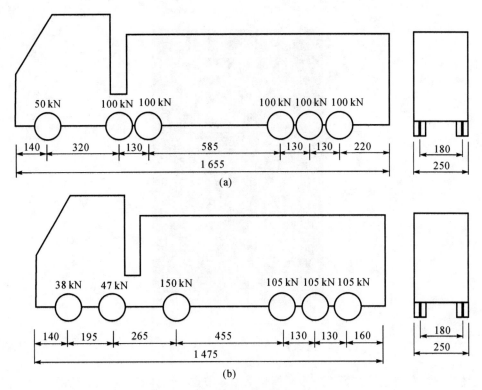

图 2.5 标准车模型及荷载分布(单位:cm)

2.4.2 几何模型

沥青路面结构一般由沥青面层、基层、底基层以及下覆的路基组成。

二维弹性有限元模型采用 4 节点等参单元,通过路面结构受力的收敛性计算,确定路基计算深度为 8 m,宽度为 6 m,建立轴对称模型。假设层间接触状态为完全连续。边界条件假设为底面完全约束,左侧 X 方向没有 X 方向位移。路面问题分析的示意图如图 2.6 所示,二维有限元网格模型如图 2.7 所示。

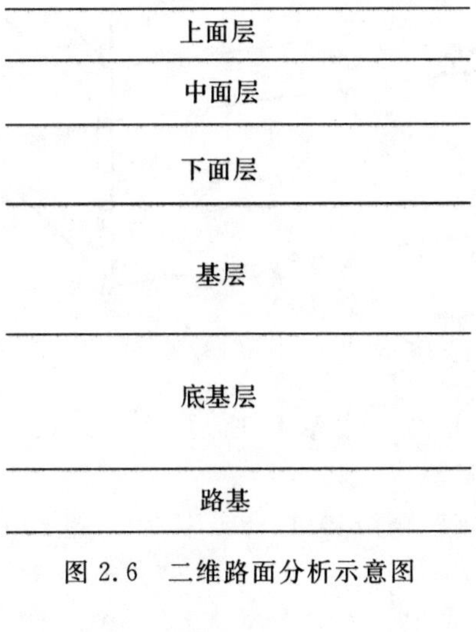

图 2.6 二维路面分析示意图

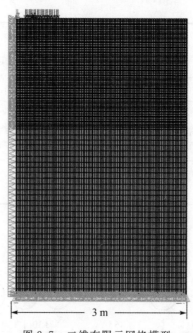

图 2.7 二维有限元网格模型

三维双圆均布荷载模式弹性有限元模型采用 8 节点 6 面体实体单元,采用中心对称模型,通过路面结构受力的收敛性计算,确定模型为长 10 m、宽 10 m,路基计算深度为 8 m。路面问题分析的示意图如图 2.8 所示,三维有限元网格模型如图 2.9 所示。

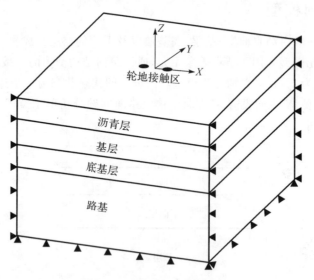

图 2.8 三维路面分析示意图

假设层间接触状态为完全连续。边界条件假设为:底面完全约束,X 方向两侧面没有 X 方向位移,Y 方向两侧面没有 Y 方向位移。

参照《公路桥涵设计通用规范》(JTJ021—89)中汽车-超 20 的车辆在不同的行驶状态下的

车间距,规定正常行驶状态车辆最小间距为 10.0 m;拥堵状态车辆最小间距为 1.0 m。不同行驶状态下的车辆布置如图 2.10 所示。

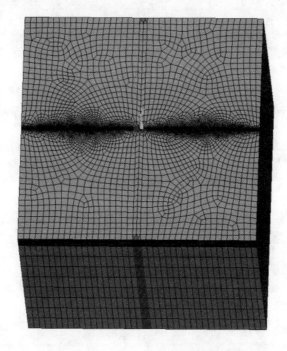

图 2.9 三维有限元网格模型

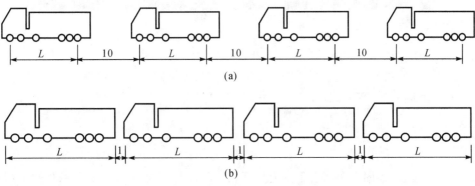

图 2.10 不同行驶状态下的车辆布置图(单位:m)
(a)正常行驶状态; (b)拥堵状态

车列荷载模式弹性有限元模型采用 8 节点 6 面体实体单元,采用轴对称模型,通过路面结构受力的收敛性计算,确定路基计算深度为 8 m。边界条件假设为:底面完全约束,X 方向两侧面没有 X 方向位移,Y 方向两侧面没有 Y 方向位移。根据不同车辆模型的几何尺寸和荷载分布以及不同行驶状态下的车辆布置图,建立不同车型、不同行驶状态的有限元模型。假设层间接触状态为完全连续。边界条件假设为:底面完全约束,X 方向两侧面没有 X 方向位移,Y 方向两侧面没有 Y 方向位移。车列荷载模式下的有限元网格图如图 2.11 所示。

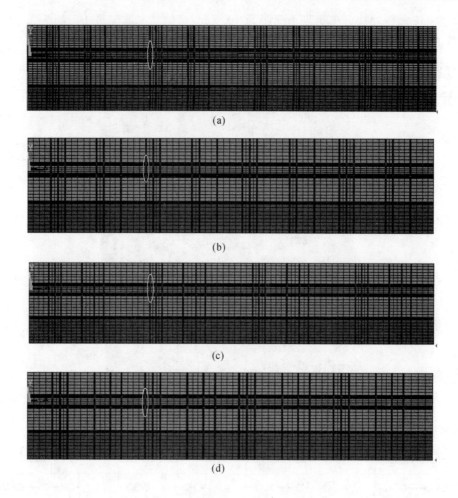

图 2.11 车列荷载模式下的有限元网格图
(a)6 轴半挂车正常行驶状态的有限元网格模型,尺寸为 90 m 长,10 m 宽;
(b)6 轴半挂车拥堵状态的有限元网格模型,尺寸为 74 m 长,10 m 宽;
(c)6 轴全挂车正常行驶状态的有限元网格模型,尺寸为 86 m 长,10 m 宽;
(d)6 轴全挂车拥堵状态的有限元网格模型,尺寸为 68 m 长,10 m 宽

由图 2.11 可知:不同行车状态下的有限元模型尺寸是不同的。选取图中的椭圆区域内的轮载进行分析,以轮载中心处、垂直于前进方向的剖面为研究对象,分析各自的应力状态及其路面破坏情况。由于模型关于 $y=0$ 剖面的对称性,取其一半($0 \leqslant y \leqslant 5$ m)进行分析。

2.4.3 计算参数

根据沥青混合料的弹性模量的修正分析知:沥青混合料的弹性模量与其所处的温度有关。因此,在进行数值分析时,首先要确定计算所需的温度值,然后确定其沥青混合料的弹性模量。

长安大学白伟等人在冬季(1 月份)和夏季(8 月份)通过温度传感器对某高速公路中某试验段内沥青路面结构的温度进行了测定,根据均值法得到沥青面层各层的温度随时间的变化关系,结果如图 2.12 和图 2.13 所示。

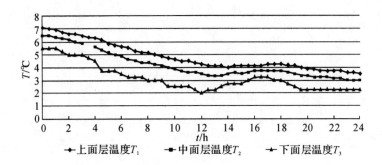

图 2.12 冬季各时段内沥青面层的温度变化图

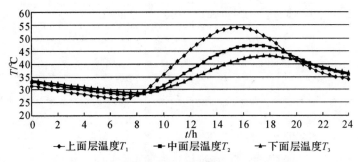

图 2.13 夏季各时段内沥青面层的温度变化图

图 2.12 表明:在冬季寒冷气候条件下,沥青路面的面层温度变化不大,昼夜温度在 2~8℃之间,面层各分层的温度差为 2~3℃。图 2.13 表明:在夏季酷热气候条件下,沥青路面的面层温度变化较大,昼夜温度在 26~54℃之间,面层各分层的温度差为 2~12℃。

由此分析,在一年气候变化条件下,沥青路面的温度变化为 0~60℃。由此确定了本书的沥青路面计算中的温度梯度,沥青面层温度分别取值 0℃(低温)、20℃(常温)、40℃(中温)和 60℃(高温),并根据不同的温度确定分析过程相应的各个计算参数。

同济大学孙立军教授在文献[13]中给出了典型的国内 5 条高速公路的部分参数,同时参考文献[7]和[8]中相关计算参数及上述分析结果得出本次分析所用 5 条高速公路的计算参数,该计算参数表用于本书第 4~第 8 章的具体分析,见表 2.2。

表 2.2 路面结构计算参数

名称	结构层	h/cm	E/MPa	ν	c/MPa	φ/(°)
济青高速公路	上面层	4	3 600/1 200/600/350	0.35	1.115 5/0.302 1/0.142 3/0.080 9	40
	中面层	5	3 000/1 000/500/500	0.35	0.886 0/0.246 9/0.117 4/0.117 4	42
	下面层	6	700	0.35	0.167 8	45
	基层	34	1 500	0.2	—	—
	底基层	18	550	0.2	—	—
	路基	—	35	0.4	—	—

续表

名 称	结构层	h/cm	E/MPa	ν	c/MPa	φ/(°)
京津塘高速公路	上面层	4	3 600/1 200/600/350	0.35	1.115 5/0.302 1/0.142 3/0.080 9	40
	中面层	6	3 000/1 000/500/500	0.35	0.886 0/0.246 9/0.117 4/0.117 4	42
	下面层	13	700	0.35	0.167 8	45
	基层	20	1 500	0.2	—	—
	底基层	30	550	0.2	—	—
	路基	—	35	0.4		
首都机场高速公路	上面层	4	3 900/1 300/650/350	0.35	1.236 7/0.330 4/0.155 0/0.080 9	40
	中面层	6	3 300/1 100/550/500	0.35	0.998 5/0.274 3/0.129 8/0.117 4	42
	下面层	8	700	0.35	0.167 8	45
	基层	18	1 500	0.2	—	—
	底基层	31	150	0.2	—	—
	路基	—	35	0.4		
成渝高速公路	上面层	5	3 600/1 200/600/350	0.35	1.115 5/0.302 1/0.142 3/0.080 9	40
	下面层	7	3 000/1 000/500/500	0.35	0.886 0/0.246 9/0.117 4/0.117 4	42
	基层	20	1 500	0.2	—	—
	底基层	32	225	0.35		
	路基	—	35	0.4		
平西高速公路	上面层	4	3 600/1 200/600/350	0.35	1.115 5/0.302 1/0.142 3/0.080 9	40
	中面层	7	3 600/1 200/600/500	0.35	1.115 5/0.302 1/0.142 3/0.117 4	42
	下面层	14	1 000	0.35	0.246 9	45
	基层	25	300	0.35	—	—
	底基层	15	180	0.35		
	路基	—	30	0.4		

注：1. h 为厚度；E 为弹性模量；ν 为泊松比；c 为黏聚力；φ 为内摩擦角。

2. 弹性模量 E 和黏聚力 c 的 4 个值分别按低温、常温、中温和高温取值，下面层温度在计算过程中变化忽略不计，即下面层的各个计算参数不变。

2.5 本章小结

本章通过对强度准则进行分析，提出了一种评价沥青路面破坏的新指标；同时根据前人的研究成果，通过大量的数据分析了沥青混合料的抗剪强度参数与其弹性模量的关系，并建立了典型的沥青路面结构数据模型，结果表明：

(1) 基于 M-C 准则定义了二维路面结构破坏指标——路面疲劳损伤潜在指数 $APPDI_{2D}$，该指标仅考虑主应力中最大主应力和最小主应力的大小和组成方式，忽略了中间主应力的影响。

(2) 基于 D-P 准则定义了三维路面结构破坏指标——路面疲劳损伤潜在指数 $APPDI_{3D}$，该指标充分考虑了三个主应力的大小和组成方式。

(3) 确立了抗剪强度参数（黏聚力和内摩擦角）与弹性模量的关系，沥青混合料的黏聚力 c 和弹性模量 E 之间具有一定的线性关系，即研究结果表明的二次线性关系；而随着弹性模量 E 的增大，内摩擦角 φ 值逐渐趋于定值，保持不变。

(4) 通过沥青混合料的弹性模量的温度修正，采用 BELLS 模型计算，建立了弹性模量与温度之间的关系式。借助已有的实测试验，确定了本书分析的温度梯度及不同温度下的各个模型的计算参数。

第3章 沥青路面破坏评价指标的验证分析

本章从厚和薄路面结构入手,分析不同强度地基-路基强度的条件下,不同结构在标准轴载作用下的早期破坏形式,并与实际的现场调查的结果进行对比分析,验证评价指标的有效性和合理性。

3.1 沥青路面的结构层

Richard Y. Kim 课题组 2003—2014 年间在美国联邦公路局基金支持下提出了黏弹塑性连续损伤(VEPCD)模型及相应的算法(FEP++),并用于车辙、Top-Down 裂纹等路面早期损坏的预测。该研究基于两种类型的沥青路面结构开展,路面结构示意图及结构参数如图3.1和图3.2所示。面层采用黏弹塑性连续损伤模型(包括老化、愈合、损伤因子和温度应力等因素的影响)进行模拟,路基假设为线弹性材料,路基和基层参数如图3.2所示。采用0.1 s的半正弦加载脉冲、40 kN 的荷载、689 kPa 接地压强加载,对路面表层进行移动荷载模拟。Richard Y. Kim 的研究模型计算过程复杂,考虑因素较多,预测结果与现场调查情况相符合,是完善的设计调查体系,具有借鉴和参考意义。本章尝试以 Richard Y. Kim 的路面结构模型为基础,分析不同结构层组合下的路面主应力分布并预估其早期破坏形式,进而与 Richard Y. Kim 的研究调研结果进行对比,以验证新提出的评价指标的合理性。

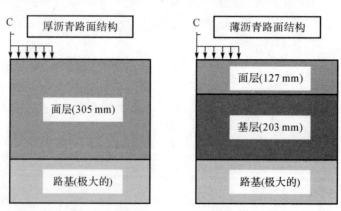

图 3.1 路面结构示意图

根据不同路基强度,又可将不同类型的路面结构分为三类:沥青路面结构 A(路基强度 166 MPa)、沥青路面结构 B(路基强度 83 MPa)和沥青路面结构 C(路基强度 41 MPa)。

沥青面层强度分别取值 2 200 MPa、1 800 MPa、1 400 MPa、1 000 MPa、600 MPa 和 200 MPa。这表示随着外界温度的升高,沥青路面吸收热量后沥青层的强度逐渐降低。

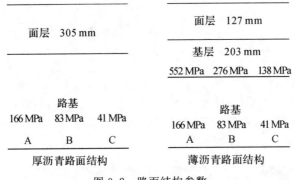

图 3.2　路面结构参数

3.2　厚沥青路面结构力学性能分析

采用平面应变简化模型对厚沥青路面结构进行有限元分析。采用单轴双圆均布垂直荷载作用下的弹性层状连续体系理论进行有限元计算,荷载 q 为 0.7 MPa,荷载作用区域的半径 r 为 10.65 cm,双轮轮胎中心间距为 $3r$。

模型几何尺寸:路面宽度为 6 m,路面结构层厚度为 0.305 m,路基-地基厚度为 10 m。采用四节点等参单元、轴对称结构建模。

边界条件:左侧 X 方向位移约束,底部全约束。

有限元网格模型共有单元 19 740 个,节点 20 093 个。

3.2.1　沥青路面结构 A 力学性能分析

如图 3.2 所示,沥青路面结构 A 的路基强度较高,可以有效地减小沥青路表弯沉值,对各结构层层底弯拉应力的改善起到一定作用。通过改变沥青层强度,分析不同沥青混合料强度下路面结构 A 的力学性能。

1. 方案一

计算参数:沥青面层厚度 $H_1=0.305$ m,弹性模量 $E_1=2\,200$ MPa,泊松比 $\nu_1=0.35$,黏聚力 $c=0.607\,1$ MPa,内摩擦角 $\varphi=45°$;土基厚度 $H_2=8$ m,弹性模量 $E_2=166$ MPa,泊松比 $\nu_2=0.4$。沥青面层的 $APPDI_{2D}$ 等值线及其典型的应力莫尔圆如图 3.3 所示。

图 3.3 所示表明:当沥青面层模量为 2 200 MPa 时,厚沥青路面结构 A 沥青面层的早期破坏主要发生在沥青层底部(A 区域)。$APPDI_{2D}>1$ 区域内节点的应力组成为:$|\sigma_1|<|\sigma_3|$,拉强比(节点的拉应力与材料抗拉强度之比)$|\sigma_3|:|\sigma_t|>1$,应力状态为拉压应力比 $|\sigma_3|:|\sigma_1|>1:0.5$ 的拉-压复合剪切应力,早期破坏现象为层底弯拉破坏。

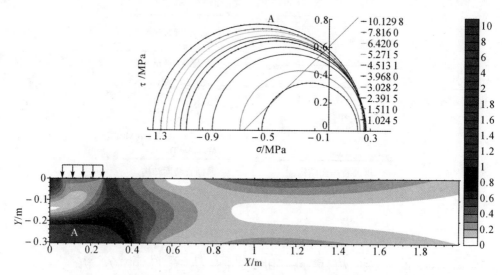

图 3.3　厚沥青路面结构 A 方案一沥青层 $APPDI_{2D}$ 等值线及应力莫尔圆

2. 方案二

计算参数：沥青面层厚度 $H_1=0.305$ m，弹性模量 $E_1=1\,800$ MPa，泊松比 $\nu_1=0.35$，黏聚力 $c=0.479\,3$ MPa，内摩擦角 $\varphi=44°$；土基厚度 $H_2=8$ m，弹性模量 $E_2=166$ MPa，泊松比 $\nu_2=0.4$。沥青面层的 $APPDI_{2D}$ 等值线及其典型的应力莫尔圆如图 3.4 所示。

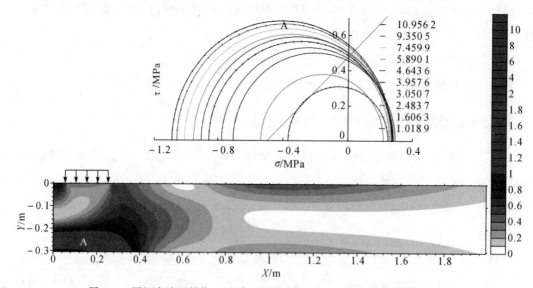

图 3.4　厚沥青路面结构 A 方案二沥青层 $APPDI_{2D}$ 等值线及应力莫尔圆

图 3.4 所示表明：当沥青面层模量为 1 800 MPa 时，厚沥青路面结构 A 沥青面层的早期破坏主要发生在沥青层底部（A 区域）。$APPDI_{2D}>1$ 区域内节点的应力组成为：$|\sigma_1|<|\sigma_3|$，且大部分的节点拉强比 $|\sigma_3|:|\sigma_t|>1$，应力状态为拉压应力比 $|\sigma_3|:|\sigma_1|>1:1$ 的拉-压复合剪切应力，早期破坏现象为层底弯拉破坏。

3. 方案三

计算参数：沥青面层厚度 $H_1=0.305$ m，弹性模量 $E_1=1\,400$ MPa，泊松比 $\nu_1=0.35$，黏聚

力 $c=0.3592$ MPa,内摩擦角 $\varphi=43°$;土基厚度 $H_2=8$ m,弹性模量 $E_2=166$ MPa,泊松比 $\nu_2=0.4$。沥青面层的 APPDI$_{2D}$ 等值线及其典型的应力莫尔圆如图 3.5 所示。

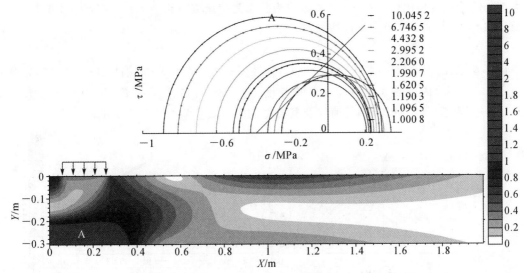

图 3.5　厚沥青路面结构 A 方案三沥青层 APPDI$_{2D}$ 等值线及应力莫尔圆

图 3.5 所示表明:当沥青面层模量为 1 400 MPa 时,厚沥青路面结构 A 沥青面层的早期破坏主要发生在沥青层底部(A 区域)。APPDI$_{2D}$>1 区域内节点的应力组成为:$|\sigma_1|<|\sigma_3|$,拉强比 $|\sigma_3|:|\sigma_1|>0.5$,应力状态为拉压应力比 $|\sigma_3|:|\sigma_1|>1:1$ 的拉-压复合剪切应力,早期破坏现象为层底弯拉破坏。

4. 方案四

计算参数:沥青面层厚度 $H_1=0.305$ m,弹性模量 $E_1=1\ 000$ MPa,泊松比 $\nu_1=0.35$,黏聚力 $c=0.2469$ MPa,内摩擦角 $\varphi=42°$;土基厚度 $H_2=8$ m,弹性模量 $E_2=166$ MPa,泊松比 $\nu_2=0.4$。沥青面层的 APPDI$_{2D}$ 等值线及其典型的应力莫尔圆如图 3.6 所示。

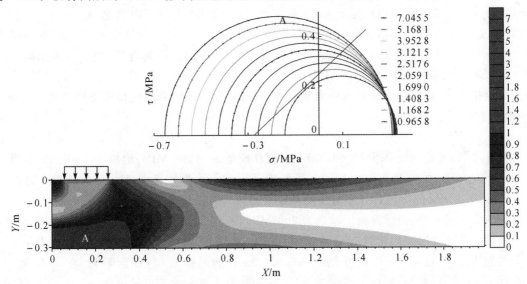

图 3.6　厚沥青路面结构 A 方案四沥青层 APPDI$_{2D}$ 等值线及应力莫尔圆

图 3.6 所示表明:当沥青面层模量为 1 000 MPa 时,厚沥青路面结构 A 沥青面层的早期破坏主要发生在沥青层底部(A 区域)。APPDI$_{2D}$>1 区域内节点的应力组成为:$|\sigma_1|<|\sigma_3|$,且大部分的节点拉强比$|\sigma_3|:|\sigma_t|>0.5$,应力状态为拉压应力比$|\sigma_3|:|\sigma_1|>1:1$的拉-压复合剪切应力,早期破坏现象为层底弯拉破坏。

5. 方案五

计算参数:沥青面层厚度 $H_1=0.305$ m,弹性模量 $E_1=600$ MPa,泊松比$\nu_1=0.35$,黏聚力 $c=0.142\ 3$ MPa,内摩擦角 $\varphi=41°$;土基厚度 $H_2=8$ m,弹性模量 $E_2=166$ MPa,泊松比 $\nu_2=0.4$。沥青面层的 APPDI$_{2D}$ 等值线及其典型的应力莫尔圆如图 3.7 所示。

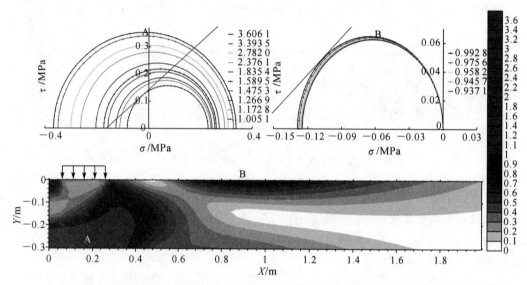

图 3.7 厚沥青路面结构 A 方案五沥青层 APPDI$_{2D}$ 等值线及应力莫尔圆

图 3.7 所示表明:当沥青面层模量为 600 MPa 时,厚沥青路面结构 A 沥青面层的早期破坏主要发生在沥青层底部(A 区域)。在 A 区域内,APPDI$_{2D}$>1 区域内节点的应力组成为:$|\sigma_1|<|\sigma_3|$,且大部分的节点拉强比$|\sigma_3|:|\sigma_t|>0.5$,应力状态为拉压应力比$|\sigma_3|:|\sigma_1|>1:1$的拉-压复合剪切应力,早期破坏现象为层底弯拉破坏;$|\sigma_1|>|\sigma_3|$,且大部分的节点拉强比$|\sigma_3|:|\sigma_t|>1$,应力状态为拉压应力比$|\sigma_3|:|\sigma_1|<1:3$的拉-压复合剪切应力,早期破坏现象为层底弯拉破坏。在 B 区域内,APPDI$_{2D}$>1 区域内节点的应力组成为:$|\sigma_1|<|\sigma_3|$,且大部分的节点拉强比$|\sigma_3|:|\sigma_t|>0.5$,应力状态为纯拉剪切应力,疲劳荷载作用下将会诱发 Top-Down 裂纹的产生和扩张。

6. 方案六

计算参数:沥青面层厚度 $H_1=0.305$ m,弹性模量 $E_1=200$ MPa,泊松比$\nu_1=0.35$,黏聚力 $c=0.045\ 5$ MPa,内摩擦角 $\varphi=40°$;土基厚度 $H_2=8$ m,弹性模量 $E_2=166$ MPa,泊松比 $\nu_2=0.4$。沥青面层的 APPDI$_{2D}$ 等值线及其典型的应力莫尔圆如图 3.8 所示。

图 3.8 所示表明:当沥青面层模量为 200 MPa 时,厚沥青路面结构 A 沥青面层的早期破坏主要发生在沥青层底部轮载右侧区域(A 区域)、两轮轮载中心处(B 区域)、轮载右侧 0~2 cm 的路表处(C 区域)和轮载外侧 0.3~0.8 m 处的路面表层(D 区域)。在 A 区域内,APPDI$_{2D}$>1 区域内节点的应力组成为:$|\sigma_1|>|\sigma_3|$,且大部分的节点拉强比$|\sigma_3|:|\sigma_t|<0.5$,

应力状态为拉压应力比$|\sigma_3|:|\sigma_1|<1:5$的拉-压复合剪切应力,在疲劳荷载作用下会诱发层底开裂。在 B 区域内,$APPDI_{2D}>1$ 区域内节点的应力组成为:$|\sigma_1|>|\sigma_3|$,应力状态为拉压应力比$|\sigma_3|:|\sigma_1|<1:3$的拉-压复合剪切应力,早期破坏现象为车辙破坏。在 C 区域内,$APPDI_{2D}>1$ 区域内节点的应力组成为:$|\sigma_1|>|\sigma_3|$,应力状态为拉压应力比$|\sigma_3|:|\sigma_1|<1:3$的拉-压复合剪切应力,早期破坏现象为车辙破坏。在 D 区域内,$APPDI_{2D}>1$ 区域内节点的应力组成为:$|\sigma_1|<|\sigma_3|$,拉强比$|\sigma_3|:|\sigma_t|>0.5$,应力状态为纯拉剪切应力,早期破坏现象为 Top-Down 裂纹。

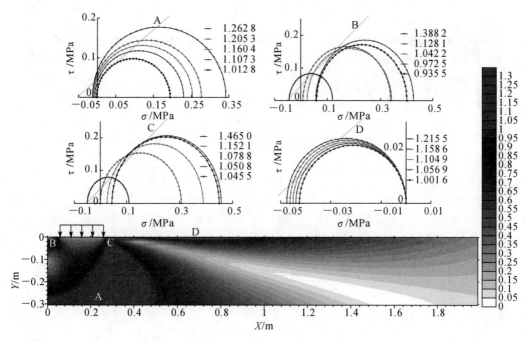

图 3.8　厚沥青路面结构 A 方案六沥青层 $APPDI_{2D}$ 等值线及应力莫尔圆

3.2.2　沥青路面结构 B 力学性能分析

沥青路面结构 B 的路基强度中等,是在现有的常规碾压技术或冲击碾压技术的条件下,路基土可以达到的强度。通过改变沥青层强度,分析不同沥青混合料强度下路面结构 B 的力学性能。

1. 方案一

计算参数:沥青面层厚度 $H_1=0.305$ m,弹性模量 $E_1=2\,200$ MPa,泊松比 $\nu_1=0.35$,黏聚力 $c=0.607\,1$ MPa,内摩擦角 $\varphi=45°$;土基厚度 $H_2=8$ m,弹性模量 $E_2=83$ MPa,泊松比 $\nu_2=0.4$。沥青面层的 $APPDI_{2D}$ 等值线及其典型的应力莫尔圆如图 3.9 所示。

图 3.9 所示表明:当沥青面层模量为 $2\,200$ MPa 时,厚沥青路面结构 B 沥青面层的早期破坏主要发生在沥青层底部(A 区域)。$APPDI_{2D}>1$ 区域内节点的应力组成为:$|\sigma_1|<|\sigma_3|$,拉强比$|\sigma_3|:|\sigma_t|>0.5$,应力状态为拉压应力比$|\sigma_3|:|\sigma_1|>1:0.5$的拉-压复合剪切应力,早期破坏现象为层底弯拉破坏。

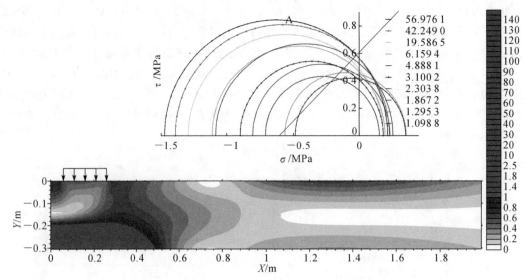

图 3.9 厚沥青路面结构 B 方案一沥青层 APPDI$_{2D}$ 等值线及应力莫尔圆

2. 方案二

计算参数:沥青面层厚度 $H_1=0.305$ m,弹性模量 $E_1=1\,800$ MPa,泊松比 $\nu_1=0.35$,黏聚力 $c=0.479\,3$ MPa,内摩擦角 $\varphi=44°$;土基厚度 $H_2=8$ m,弹性模量 $E_2=83$ MPa,泊松比 $\nu_2=0.4$。沥青面层的 APPDI$_{2D}$ 等值线及其典型的应力莫尔圆如图 3.10 所示。

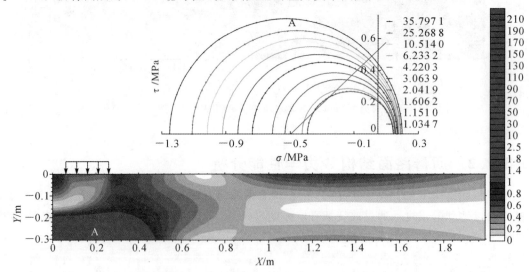

图 3.10 厚沥青路面结构 B 方案二沥青层 APPDI$_{2D}$ 等值线及应力莫尔圆

图 3.10 所示表明:当沥青面层模量为 1 800 MPa 时,厚沥青路面结构 B 沥青面层的早期破坏主要发生在沥青层底部(A 区域)。APPDI$_{2D}$>1 区域内节点的应力组成为:$|\sigma_1|<|\sigma_3|$,拉强比 $|\sigma_3|:|\sigma_1|>0.5$,应力状态为拉压应力比 $|\sigma_3|:|\sigma_1|>1:0.5$ 的拉-压复合剪切应力,早期破坏现象为层底弯拉破坏。

3. 方案三

计算参数:沥青面层厚度 $H_1=0.305$ m,弹性模量 $E_1=1\,400$ MPa,泊松比 $\nu_1=0.35$,黏聚

力 $c=0.359\ 2$ MPa,内摩擦角 $\varphi=43°$;土基厚度 $H_2=8$ m,弹性模量 $E_2=83$ MPa,泊松比 $\nu_2=0.4$。沥青面层的 $APPDI_{2D}$ 等值线及其典型的应力莫尔圆如图 3.11 所示。

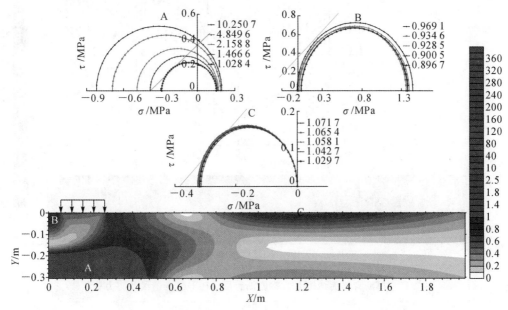

图 3.11　厚沥青路面结构 B 方案三沥青层 $APPDI_{2D}$ 等值线及应力莫尔圆

图 3.11 所示表明:当沥青面层模量为 1 400 MPa 时,厚沥青路面结构 B 沥青面层的早期破坏主要发生在沥青层底部(A 区域)和轮载外侧 0.8～1.1 m 处的路面表层(C 区域)。在 A 区域内,$APPDI_{2D}>1$ 区域内节点的应力组成为:$|\sigma_1|<|\sigma_3|$,拉强比 $|\sigma_3|:|\sigma_t|>0.5$,应力状态为拉压应力比 $|\sigma_3|:|\sigma_1|>1:0.5$ 的拉-压复合剪切应力,早期破坏现象为层底弯拉破坏。在 B 区域内,$APPDI_{2D}>1$,应力组成为:$|\sigma_1|>|\sigma_3|$,且大部分的节点拉强比 $|\sigma_3|:|\sigma_t|<0.5$,应力状态为纯压剪切应力,会产生部分不可恢复的塑性应变。在 C 区域内,$APPDI_{2D}>1$ 区域内节点的应力组成为:$|\sigma_1|<|\sigma_3|$,且拉强比 $|\sigma_3|:|\sigma_t|<0.5$,应力状态为纯拉剪切应力,早期破坏现象为 Top-Down 裂纹。

4.方案四

计算参数:沥青面层厚度 $H_1=0.305$ m,弹性模量 $E_1=1\ 000$ MPa,泊松比 $\nu_1=0.35$,黏聚力 $c=0.246\ 9$ MPa,内摩擦角 $\varphi=42°$;土基厚度 $H_2=8$ m,弹性模量 $E_2=83$ MPa,泊松比 $\nu_2=0.4$。沥青面层的 $APPDI_{2D}$ 等值线及其典型的应力莫尔圆如图 3.12 所示。

图 3.12 所示表明:当沥青面层模量为 1 400 MPa 时,厚沥青路面结构 B 沥青面层的早期破坏主要发生在沥青层底部(A 区域)、两轮轮载中心处(B 区域)和轮载外侧 0.5～1.2 m 处的路面表层(C 区域)。在 A 区域内,$APPDI_{2D}>1$ 区域内节点的应力组成为:$|\sigma_1|<|\sigma_3|$,拉强比 $|\sigma_3|:|\sigma_t|>0.5$,应力状态为拉压应力比 $|\sigma_3|:|\sigma_1|>1:0.5$ 的拉-压复合剪切应力,早期破坏现象为层底开裂。在 B 区域内,$APPDI_{2D}>1$ 区域内节点的应力组成为:$|\sigma_1|>|\sigma_3|$,应力状态为纯压剪切应力,早期破坏现象为车辙破坏。在 C 区域内,$APPDI_{2D}>1$ 区域内节点的应力组成为:$|\sigma_1|<|\sigma_3|$,且大部分的节点拉强比 $|\sigma_3|:|\sigma_t|>0.5$,应力状态为纯拉剪切应力,早期破坏现象为 Top-Down 裂纹。

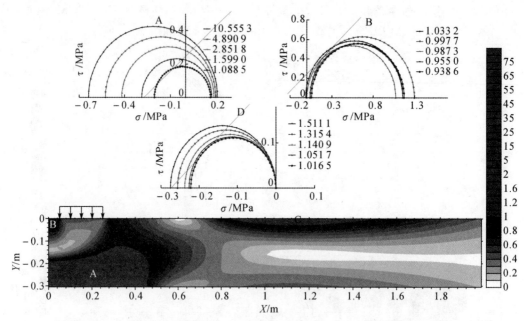

图 3.12 厚沥青路面结构 B 方案四沥青层 APPDI$_{2D}$ 等值线及应力莫尔圆

5. 方案五

计算参数：沥青面层厚度 $H_1=0.305$ m，弹性模量 $E_1=600$ MPa，泊松比 $\nu_1=0.35$，黏聚力 $c=0.142\ 3$ MPa，内摩擦角 $\varphi=41°$；土基厚度 $H_2=8$ m，弹性模量 $E_2=83$ MPa，泊松比 $\nu_2=0.4$。沥青面层的 APPDI$_{2D}$ 等值线及其典型的应力莫尔圆如图 3.13 所示。

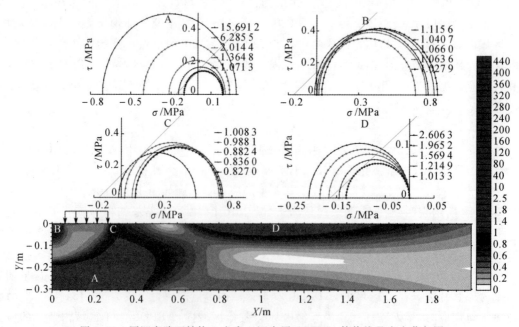

图 3.13 厚沥青路面结构 B 方案五沥青层 APPDI$_{2D}$ 等值线及应力莫尔圆

图 3.13 所示表明：当沥青面层模量为 600 MPa 时，厚沥青面结构 B 沥青面层的早期破

坏主要发生在沥青层底部轮载右侧区域(A 区域)、两轮轮载中心处(B 区域)、轮载右侧 0～2 cm 的路表处(C 区域)和轮载外侧 0.4～1.4 m 处的路面表层(D 区域)。在 A 区域内，$APPDI_{2D}>1$ 区域内节点的应力组成为：$|\sigma_1|<|\sigma_3|$，拉强比 $|\sigma_3|:|\sigma_t|>1$，应力状态为拉压应力比 $|\sigma_3|:|\sigma_1|>1:0.5$ 的拉-压复合剪切应力，早期破坏现象为层底弯拉破坏；$|\sigma_1|>|\sigma_3|$，拉强比 $0.5<|\sigma_3|:|\sigma_t|<1$，应力状态为拉压应力比 $|\sigma_3|:|\sigma_1|<1:1.5$ 的拉-压复合剪切应力，早期破坏现象为层底开裂。在 B 区域内，$APPDI_{2D}>1$ 区域内节点的应力组成为：$|\sigma_1|>|\sigma_3|$，拉强比 $|\sigma_3|:|\sigma_t|<0.5$ 应力状态为拉-压复合剪切应力，早期破坏现象为车辙破坏。在 C 区域内，$APPDI_{2D}>1$ 区域内节点的应力组成为：$|\sigma_1|>|\sigma_3|$，应力状态为拉-压复合剪切应力，早期破坏现象为微弱的车辙破坏。在 D 区域内，$APPDI_{2D}>1$ 区域内节点的应力组成为：$|\sigma_1|<|\sigma_3|$，拉强比 $|\sigma_3|:|\sigma_t|>0.5$，应力状态为纯拉剪切应力，早期破坏现象为 Top-Down 裂纹。

6. 方案六

计算参数：沥青面层厚度 $H_1=0.305$ m，弹性模量 $E_1=200$ MPa，泊松比 $\nu_1=0.35$，黏聚力 $c=0.045\ 5$ MPa，内摩擦角 $\varphi=40°$；土基厚度 $H_2=8$ m，弹性模量 $E_2=83$ MPa，泊松比 $\nu_2=0.4$。沥青面层的 $APPDI_{2D}$ 等值线及其典型的应力莫尔圆如图 3.14 所示。

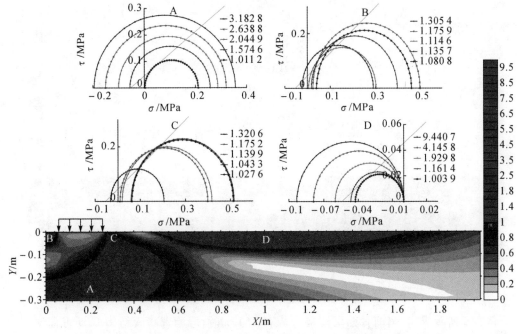

图 3.14　厚沥青路面结构 B 方案六沥青层 $APPDI_{2D}$ 等值线及应力莫尔圆

图 3.14 所示表明：当沥青面层模量为 200 MPa 时，厚沥青路面结构 B 沥青面层的早期破坏主要发生在沥青层底部轮载右侧区域(A 区域)、两轮轮载中心处(B 区域)、轮载右侧 0～2 cm 的路表处(C 区域)和轮载外侧 0.2～1.5 m 处的路面表层(D 区域)。在 A 区域内，$APPDI_{2D}>1$ 区域内节点的应力组成为：$|\sigma_1|>|\sigma_3|$，拉强比 $|\sigma_3|:|\sigma_t|>0.5$，应力状态为拉-压复合剪切应力，早期破坏现象为层底开裂。在 B 区域内，$APPDI_{2D}>1$ 区域内节点的应力组成为：$|\sigma_1|>|\sigma_3|$，且拉强比 $|\sigma_3|:|\sigma_t|<0.5$，应力状态为拉压应力比 $|\sigma_3|:|\sigma_1|<1:6$ 的拉-

压复合剪切应力,早期破坏现象为车辙破坏。在 C 区域内,APPDI$_{2D}$>1 区域内节点的应力组成为:$|\sigma_1|>|\sigma_3|$,且拉强比$|\sigma_3|:|\sigma_1|<0.5$,应力状态为拉压应力比$|\sigma_3|:|\sigma_1|<1:5$的拉-压复合剪切应力,早期破坏现象为车辙破坏。在 D 区域内,APPDI$_{2D}$>1 区域内节点的应力组成为:$|\sigma_1|<|\sigma_3|$,拉强比$|\sigma_3|:|\sigma_1|>0.5$,应力状态为纯拉剪切应力,早期破坏现象为 Top-Down 裂纹。

3.2.3 沥青路面结构 C 力学性能分析

如图 3.2 所示,沥青路面结构 C 的路基强度较低,这类地基指主要由淤泥、淤泥质土、冲填土、杂填土或其他高压缩性土层构成的地基。这种地基天然含水量过大,承载力低,在荷载作用下易产生滑动或固结沉降。通过改变沥青层强度,分析不同沥青混合料强度下路面结构 C 的力学性能。

1. 方案一

计算参数:沥青面层厚度 $H_1=0.305$ m,弹性模量 $E_1=2\ 200$ MPa,泊松比 $\nu_1=0.35$,黏聚力 $c=0.607\ 1$ MPa,内摩擦角 $\varphi=45°$;土基厚度 $H_2=8$ m,弹性模量 $E_2=41$ MPa,泊松比 $\nu_2=0.4$。沥青面层的 APPDI$_{2D}$ 等值线及其典型的应力莫尔圆如图 3.15 所示。

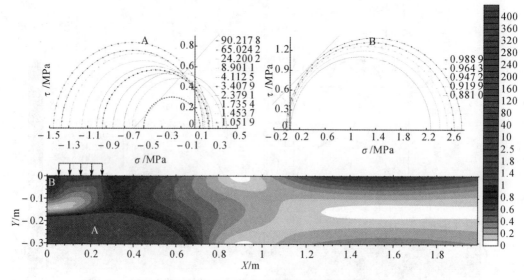

图 3.15 厚沥青路面结构 C 方案一沥青层 APPDI$_{2D}$ 等值线及应力莫尔圆

图 3.15 所示表明:当沥青面层模量为 2 200 MPa 时,厚沥青路面结构 C 沥青面层的早期破坏主要发生在沥青层底部(A 区域)。APPDI$_{2D}$>1 区域内节点的应力组成为:$|\sigma_1|<|\sigma_3|$,拉强比$|\sigma_3|:|\sigma_1|>0.5$,应力状态为拉压应力比$|\sigma_3|:|\sigma_1|>1:0.2$的拉-压复合剪切应力,早期破坏现象为层底弯拉破坏。

2. 方案二

计算参数:沥青面层厚度 $H_1=0.305$ m,弹性模量 $E_1=1\ 800$ MPa,泊松比 $\nu_1=0.35$,黏聚力 $c=0.479\ 3$ MPa,内摩擦角 $\varphi=44°$;土基厚度 $H_2=8$ m,弹性模量 $E_2=41$ MPa,泊松比 $\nu_2=0.4$。沥青面层的 APPDI$_{2D}$ 等值线及其典型的应力莫尔圆如图 3.16 所示。

图 3.16 所示表明:当沥青面层模量为 1 800 MPa 时,厚沥青路面结构 C 沥青面层的早期

破坏主要发生在沥青层底部轮载右侧区域(A 区域)、两轮轮载中心处(B 区域)和轮载外侧 1~1.5 m 处的路面表层(D 区域)。在 A 区域内,$APPDI_{2D}>1$ 区域内节点的应力组成为:$|\sigma_1|<|\sigma_3|$,拉强比 $|\sigma_3|:|\sigma_t|>0.5$,应力状态为拉压应力比 $|\sigma_3|:|\sigma_1|>1:0.5$ 的拉-压复合剪切应力,早期破坏现象为层底弯拉破坏。在 B 区域内,$APPDI_{2D}>1$ 区域内节点的应力组成为:$|\sigma_1|>|\sigma_3|$,拉强比 $|\sigma_3|:|\sigma_t|<0.5$,应力状态为拉-复合剪切应力,早期破坏现象为车辙破坏。在 C 区域内,$APPDI_{2D}<1$ 区域内节点的应力组成为:$|\sigma_1|>|\sigma_3|$,应力状态为拉-压复合剪切应力,疲劳荷载作用下产生塑性应变。在 D 区域内,$APPDI_{2D}>1$ 区域内节点的应力组成为:$|\sigma_1|<|\sigma_3|$,且拉强比 $|\sigma_3|:|\sigma_t|>0.5$,应力状态为纯拉剪切应力,早期破坏现象为 Top-Down 裂纹。

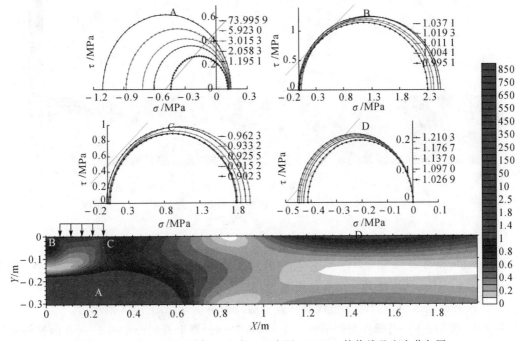

图 3.16 厚沥青路面结构 C 方案二沥青层 $APPDI_{2D}$ 等值线及应力莫尔圆

3. 方案三

计算参数:沥青面层厚度 $H_1=0.305$ m,弹性模量 $E_1=1\,400$ MPa,泊松比 $\nu_1=0.35$,黏聚力 $c=0.359\,2$ MPa,内摩擦角 $\varphi=43°$;土基厚度 $H_2=8$ m,弹性模量 $E_2=41$ MPa,泊松比 $\nu_2=0.4$。沥青面层的 $APPDI_{2D}$ 等值线及其典型的应力莫尔圆如图 3.17 所示。

图 3.17 所示表明:当沥青面层模量为 1 400 MPa 时,厚沥青路面结构 C 沥青面层的早期破坏主要发生在沥青层底部轮载右侧区域(A 区域)、两轮轮载中心处(B 区域)、轮载右侧 0~2 cm 的路表处(C 区域)和轮载外侧 0.8~1.7 m 处的路面表层(D 区域)。在 A 区域内,$APPDI_{2D}>1$ 区域内节点的应力组成为:$|\sigma_1|<|\sigma_3|$,拉强比 $|\sigma_3|:|\sigma_t|>0.5$,应力状态为拉压应力比 $|\sigma_3|:|\sigma_1|>1:0.5$ 的拉-压复合剪切应力,早期破坏现象为层底弯拉破坏。在 B 区域内,$APPDI_{2D}>1$ 区域内节点的应力组成为:$|\sigma_1|>|\sigma_3|$,应力状态为拉-压复合剪切应力,早期破坏现象为车辙破坏。在 C 区域内,$APPDI_{2D}>1$ 区域内节点的应力组成为:$|\sigma_1|>|\sigma_3|$,应力状态为拉-压复合剪切应力,早期破坏现象为车辙破坏。在 D 区域内,$APPDI_{2D}>1$ 区域内节

点的应力组成为:$|\sigma_1|<|\sigma_3|$,拉强比 $|\sigma_3|:|\sigma_t|>0.5$,应力状态为纯拉剪切应力,早期破坏现象为 Top-Down 裂纹。

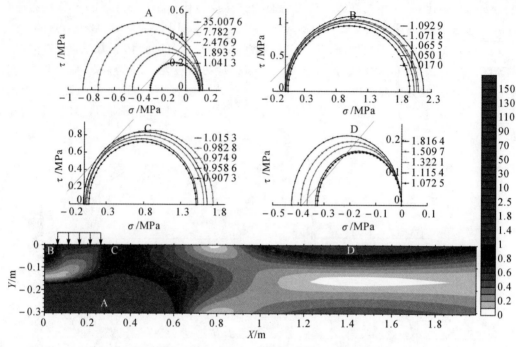

图 3.17　厚沥青路面结构 C 方案三沥青层 $APPDI_{2D}$ 等值线及应力莫尔圆

4. 方案四

计算参数:沥青面层厚度 $H_1=0.305$ m,弹性模量 $E_1=1\,000$ MPa,泊松比 $\nu_1=0.35$,黏聚力 $c=0.246\,9$ MPa,内摩擦角 $\varphi=42°$;土基厚度 $H_2=8$ m,弹性模量 $E_2=41$ MPa,泊松比 $\nu_2=0.4$。沥青面层的 $APPDI_{2D}$ 等值线及其典型的应力莫尔圆如图 3.18 所示。

图 3.18 所示表明:当沥青面层模量为 $1\,000$ MPa 时,厚沥青路面结构 C 沥青面层的早期破坏主要发生在沥青层底部轮载右侧区域(A 区域)、两轮轮载中心处(B 区域)、轮载右侧 0～2 cm 的路表处(C 区域)和轮载外侧 0.6～1.7 m 处的路面表层(D 区域)。在 A 区域内,$APPDI_{2D}>1$ 区域内节点的应力组成为:$|\sigma_1|<|\sigma_3|$,且拉强比 $|\sigma_3|:|\sigma_t|>1$,应力状态为拉压应力比 $|\sigma_3|:|\sigma_1|>1:0.5$ 的拉-压复合剪切应力,早期破坏现象为层底弯拉破坏;$|\sigma_1|>|\sigma_3|$,且拉强比 $|\sigma_3|:|\sigma_t|>0.5$,应力状态为拉压应力比 $|\sigma_3|:|\sigma_1|>1:1$ 的拉-压复合剪切应力,早期破坏现象为层底开裂。在 B 区域内,$APPDI_{2D}>1$ 区域内节点的应力组成为:$|\sigma_1|>|\sigma_3|$,应力状态为拉-压复合剪切应力,早期破坏现象为车辙破坏。在 C 区域内,$APPDI_{2D}>1$ 区域内节点的应力组成为:$|\sigma_1|>|\sigma_3|$,应力状态为拉-压复合剪切应力,早期破坏现象为车辙破坏。在 D 区域内,$APPDI_{2D}>1$ 区域内节点的应力组成为:$|\sigma_1|<|\sigma_3|$,拉强比 $|\sigma_3|:|\sigma_t|>0.5$,应力状态为纯拉剪切应力,早期破坏现象为 Top-Down 裂纹。

5. 方案五

计算参数:沥青面层厚度 $H_1=0.305$ m,弹性模量 $E_1=600$ MPa,泊松比 $\nu_1=0.35$,黏聚力 $c=0.142\,3$ MPa,内摩擦角 $\varphi=41°$;土基厚度 $H_2=8$ m,弹性模量 $E_2=41$ MPa,泊松比

$\nu_2=0.4$。沥青面层的 APPDI$_{2D}$ 等值线及其典型的应力莫尔圆如图 3.19 所示。

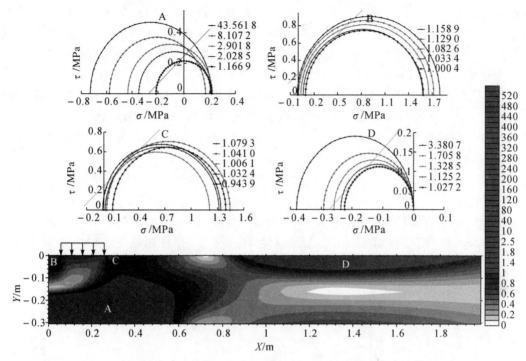

图 3.18　厚沥青路面结构 C 方案四沥青层 APPDI$_{2D}$ 等值线及应力莫尔圆

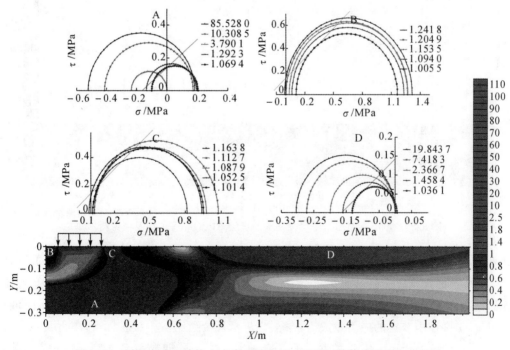

图 3.19　厚沥青路面结构 C 方案五沥青层 APPDI$_{2D}$ 等值线及应力莫尔圆

图 3.19 所示表明：当沥青面层模量为 600 MPa 时，厚沥青路面结构 C 沥青面层的早期破

坏主要发生在沥青层底部轮载右侧区域(A 区域)、两轮轮载中心处(B 区域)、轮载右侧 0～2 cm 的路表处(C 区域)和轮载外侧 0.4～1.7 m 处的路面表层(D 区域)。在 A 区域内，APPDI$_{2D}$>1 区域内节点的应力组成为：$|\sigma_1|<|\sigma_3|$，且拉强比$|\sigma_3|:|\sigma_t|>1$，应力状态为拉压应力比$|\sigma_3|:|\sigma_1|>1:0.5$ 的拉-压复合剪切应力，早期破坏现象为层底弯拉破坏；$|\sigma_1|>|\sigma_3|$，且拉强比$|\sigma_3|:|\sigma_t|>0.5$，应力状态为拉压应力比$|\sigma_3|:|\sigma_1|<1:1.5$ 的拉-压复合剪切应力，早期破坏现象为层底开裂。在 B 区域内，APPDI$_{2D}$>1 区域内节点的应力组成为：$|\sigma_1|>|\sigma_3|$，应力状态为拉-压复合剪切应力，早期破坏现象为车辙破坏。在 C 区域内，APPDI$_{2D}$>1 区域内节点的应力组成为：$|\sigma_1|>|\sigma_3|$，应力状态为拉-压复合剪切应力，早期破坏现象为车辙破坏。在 D 区域内，APPDI$_{2D}$>1 区域内节点的应力组成为：$|\sigma_1|<|\sigma_3|$，拉强比$|\sigma_3|:|\sigma_t|>0.5$，应力状态为纯拉剪切应力，早期破坏现象为 Top-Down 裂纹。

6. 方案六

计算参数：沥青面层厚度 $H_1=0.305$ m，弹性模量 $E_1=200$ MPa，泊松比 $\nu_1=0.35$，黏聚力 $c=0.045\ 5$ MPa，内摩擦角 $\varphi=40°$；土基厚度 $H_2=8$ m，弹性模量 $E_2=41$ MPa，泊松比 $\nu_2=0.4$。沥青面层的 APPDI$_{2D}$ 等值线及其典型的应力莫尔圆如图 3.20 所示。

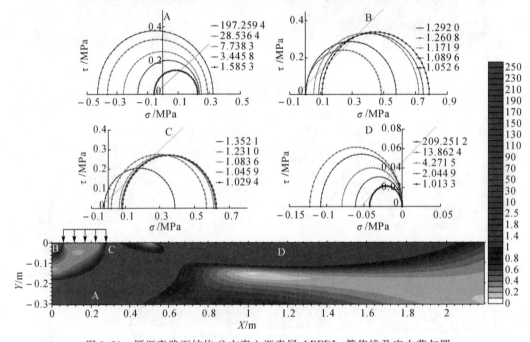

图 3.20 厚沥青路面结构 C 方案六沥青层 APPDI$_{2D}$ 等值线及应力莫尔圆

图 3.20 所示表明：当沥青面层模量为 200 MPa 时，厚沥青路面结构 C 沥青面层的早期破坏主要发生在沥青层底部轮载右侧区域(A 区域)、两轮轮载中心处(B 区域)、轮载右侧 0～2 cm 的路表处(C 区域)和轮载外侧 0.3～1.7 m 处的路面表层(D 区域)。在 A 区域内，APPDI$_{2D}$>1 区域内节点的应力组成为：$|\sigma_1|<|\sigma_3|$，且拉强比$|\sigma_3|:|\sigma_t|>1$，应力状态为拉压应力比$|\sigma_3|:|\sigma_1|>1:0.5$ 的拉-压复合剪切应力，早期破坏现象为层底弯拉破坏；$|\sigma_1|>|\sigma_3|$，拉强比$|\sigma_3|:|\sigma_t|>0.5$，应力状态为拉压应力比$|\sigma_3|:|\sigma_1|<1:1$ 的拉-压复合剪切应力，早期破坏现象为层底开裂。在 B 区域内，APPDI$_{2D}$>1 区域内节点的应力组成为：

$|\sigma_1|>|\sigma_3|$,应力状态为拉-压复合剪切应力,早期破坏现象为车辙破坏。在 C 区域内,$APPDI_{2D}>1$ 区域内节点的应力组成为:$|\sigma_1|>|\sigma_3|$,应力状态为拉-压复合剪切应力,早期破坏现象为车辙破坏。在 D 区域内,$APPDI_{2D}>1$ 区域内节点的应力组成为:$|\sigma_1|<|\sigma_3|$,拉强比 $|\sigma_3|:|\sigma_t|>0.5$,应力状态为纯拉剪切应力,早期破坏现象为 Top-Down 裂纹。

厚沥青路面在不同的路基-地基强度下,表现出的潜在早期破坏现象是不一样的:相同的沥青层强度条件下,路基-地基强度越低,沥青面层表层的早期破坏现象越明显;相同的路基-地基强度下,沥青层与路基-地基组合结构的整体结构性越好,越不容易产生早期破坏;沥青路面强度越大,表现的潜在破坏模式为层底弯拉破坏,随着沥青面层强度减弱,沥青路面的破坏模式逐渐由底层的层底弯拉破坏转变为沥青层底的层底弯拉破坏、层底开裂、路面表层的车辙破坏和 Top-Down 裂纹多种破坏模式共存。

3.3 薄沥青路面结构力学性能分析

对图 3.1 中薄沥青路面结构进行有限元分析,采用平面应变简化模型。采用单轴双圆均布垂直荷载作用下的弹性层状连续体系理论进行有限元计算,荷载 q 为 0.7 MPa,荷载作用区域的半径 r 为 10.65 cm,双轮轮胎中心间距为 $3r$。

模型几何尺寸:路面宽度为 6 m,路面结构层厚度为 0.33 m,路基-地基厚度为 10 m,采用四节点等参单元、轴对称结构建模。边界条件:左侧 X 方向位移约束,底部全约束。有限元网格模型共有单元 20 304 个,节点 20 659 个。

3.3.1 沥青路面结构 A 力学性能分析

沥青面层的力学响应对路面结构会产生较大的影响,通过改变沥青层强度,分析不同沥青混合料强度下路面结构 A 的力学性能。

1. 方案一

计算参数:沥青面层厚度 $H_1=0.127$ m,弹性模量 $E_1=2\,200$ MPa,泊松比 $\nu_1=0.35$,黏聚力 $c=0.607\,1$ MPa,内摩擦角 $\varphi=45°$;基层厚度 $H_2=0.203$ m,弹性模量 $E_2=552$ MPa,泊松比 $\nu_2=0.35$;土基厚度 $H_3=8$ m,弹性模量 $E_3=166$ MPa,泊松比 $\nu_3=0.4$。沥青面层的 $APPDI_{2D}$ 等值线及其典型的应力莫尔圆如图 3.21 所示。

图 3.21 所示表明:当沥青面层模量为 2 200 MPa 时,薄沥青路面结构 A 沥青面层的早期破坏主要发生在沥青层底部(A 区域)。$APPDI_{2D}>1$ 区域内节点的应力组成为:$|\sigma_1|\approx|\sigma_3|$,拉强比 $0.5<|\sigma_3|:|\sigma_t|<1$,应力状态为拉-压复合剪切应力,早期破坏现象为层底弯拉破坏。

2. 方案二

计算参数:沥青面层厚度 $H_1=0.305$ m,弹性模量 $E_1=1\,800$ MPa,泊松比 $\nu_1=0.35$,黏聚力 $c=0.479\,3$ MPa,内摩擦角 $\varphi=44°$;基层厚度 $H_2=0.203$ m,弹性模量 $E_2=552$ MPa,泊松比 $\nu_2=0.35$;土基厚度 $H_3=8$ m,弹性模量 $E_3=166$ MPa,泊松比 $\nu_3=0.4$。沥青面层的 $APPDI_{2D}$ 等值线及其典型的应力莫尔圆如图 3.22 所示。

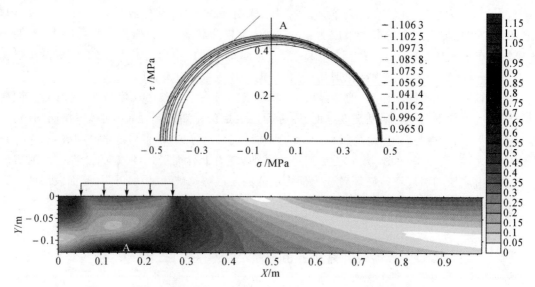

图 3.21 薄沥青路面结构 A 方案一沥青层 APPDI$_{2D}$ 等值线及应力莫尔圆

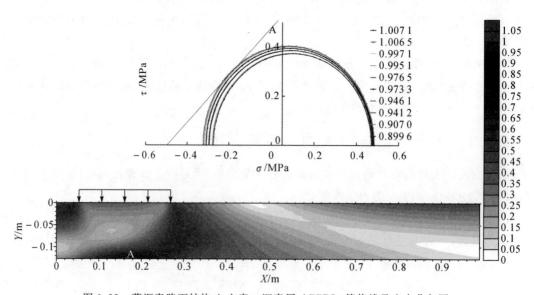

图 3.22 薄沥青路面结构 A 方案二沥青层 APPDI$_{2D}$ 等值线及应力莫尔圆

图 3.22 所示表明:当沥青面层模量为 1 800 MPa 时,薄沥青路面结构 A 沥青面层的早期破坏主要发生在沥青层底部(A 区域)。APPDI$_{2D}$>1 区域内节点的应力组成为:$|\sigma_1|>|\sigma_3|$,拉强比 $0.5<|\sigma_3|:|\sigma_t|<1$,应力状态为拉-压复合剪切应力,早期破坏现象为层底弯拉破坏。

3. 方案三

计算参数:沥青面层厚度 $H_1=0.305$ m,弹性模量 $E_1=1\ 400$ MPa,泊松比 $\nu_1=0.35$,黏聚力 $c=0.359\ 2$ MPa,内摩擦角 $\varphi=43°$;基层厚度 $H_2=0.203$ m,弹性模量 $E_2=552$ MPa,泊松比 $\nu_2=0.35$;土基厚度 $H_3=8$ m,弹性模量 $E_3=166$ MPa,泊松比 $\nu_3=0.4$。沥青面层的 APPDI$_{2D}$ 等值线及其典型的应力莫尔圆如图 3.23 所示。

图 3.23 所示表明:当沥青面层模量为 1 400 MPa 时,薄沥青路面结构 A 沥青面层的最危

险区域主要发生在沥青层底部(A 区域)。APPDI$_{2D}$ 较大值的节点应力组成为：$|\sigma_1|>|\sigma_3|$，拉强比 $|\sigma_3|:|\sigma_t|<0.5$，应力状态为拉压应力比 $|\sigma_3|:|\sigma_1|<1:3$ 的拉-压复合剪切应力，最大 APPDI$_{2D}<1$，路面结构处于弹性状态，不会产生早期破坏现象。

4. 方案四

计算参数：沥青面层厚度 $H_1=0.305$ m，弹性模量 $E_1=1\,000$ MPa，泊松比 $\nu_1=0.35$，黏聚力 $c=0.246\,9$ MPa，内摩擦角 $\varphi=42°$；基层厚度 $H_2=0.203$ m，弹性模量 $E_2=552$ MPa，泊松比 $\nu_2=0.35$；土基厚度 $H_3=8$ m，弹性模量 $E_3=166$ MPa，泊松比 $\nu_3=0.4$。沥青面层的 APPDI$_{2D}$ 等值线及其典型的应力莫尔圆如图 3.24 所示。

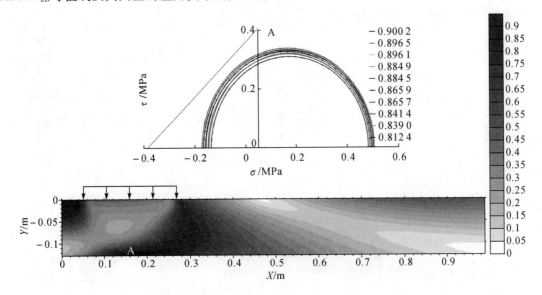

图 3.23　薄沥青路面结构 A 方案三沥青层 APPDI$_{2D}$ 等值线及应力莫尔圆

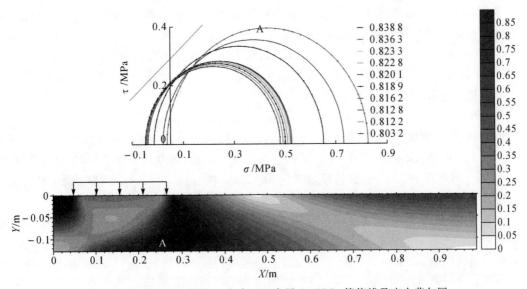

图 3.24　薄沥青路面结构 A 方案四沥青层 APPDI$_{2D}$ 等值线及应力莫尔圆

图 3.24 所示表明:当沥青面层模量为 1 000 MPa 时,薄沥青路面结构 A 沥青面层的最危险区域主要发生在沥青层底部(A 区域)。$APPDI_{2D}$ 较大值的节点应力组成为:$|\sigma_1|>|\sigma_3|$,拉强比 $|\sigma_3|:|\sigma_1|<0.5$,应力状态为拉压应力比 $|\sigma_3|:|\sigma_1|<1:7$ 的拉-压复合剪切应力,最大 $APPDI_{2D}<1$,路面结构处于弹性状态,不会产生早期破坏现象。

5. 方案五

计算参数:沥青面层厚度 $H_1=0.305$ m,弹性模量 $E_1=600$ MPa,泊松比 $\nu_1=0.35$,黏聚力 $c=0.142\ 3$ MPa,内摩擦角 $\varphi=41°$;基层厚度 $H_2=0.203$ m,弹性模量 $E_2=552$ MPa,泊松比 $\nu_2=0.35$;土基厚度 $H_3=8$ m,弹性模量 $E_3=166$ MPa,泊松比 $\nu_3=0.4$。沥青面层的 $APPDI_{2D}$ 等值线及其典型的应力莫尔圆如图 3.25 所示。

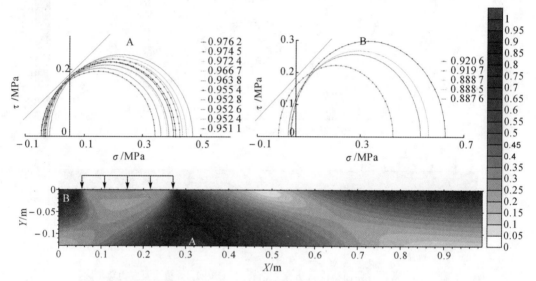

图 3.25　薄沥青路面结构 A 方案五沥青层 $APPDI_{2D}$ 等值线及应力莫尔圆

图 3.25 所示表明:当沥青面层模量为 600 MPa 时,薄沥青路面结构 A 沥青面层的最危险区域主要发生在沥青层底部(A 区域)和两轮轮载中心处(B 区域)。$APPDI_{2D}$ 较大值的节点应力组成为:$|\sigma_1|>|\sigma_3|$,拉强比 $|\sigma_3|:|\sigma_1|<0.5$,应力状态为拉压应力比 $|\sigma_3|:|\sigma_1|<1:6$ 的拉-压复合剪切应力,路面结构处于弹性变形状态,在单次荷载作用下,不会产生破坏;但在循环疲劳荷载作用下,会产生部分不可恢复的塑性应变。

6. 方案六

计算参数:沥青面层厚度 $H_1=0.305$ m,弹性模量 $E_1=200$ MPa,泊松比 $\nu_1=0.35$,黏聚力 $c=0.045\ 5$ MPa,内摩擦角 $\varphi=40°$;基层厚度 $H_2=0.203$ m,弹性模量 $E_2=552$ MPa,泊松比 $\nu_2=0.35$;土基厚度 $H_3=8$ m,弹性模量 $E_3=166$ MPa,泊松比 $\nu_3=0.4$。沥青面层的 $APPDI_{2D}$ 等值线及其典型的应力莫尔圆如图 3.26 所示。

图 3.26 所示表明:当沥青面层模量为 600 MPa 时,薄沥青路面结构 A 沥青面层的早期破坏主要发生在沥青层底部轮载右侧区域(A 区域)、两轮轮载中心处(B 区域)、轮载右侧 0~2 cm 的路表处(C 区域)和轮载外侧 0.2~1.7 m 处的路表(D 区域)。在 A 区域内,$APPDI_{2D}>1$ 区域内节点的应力组成为:$|\sigma_1|>|\sigma_3|$,拉强比 $|\sigma_3|:|\sigma_1|>0.5$,应力状态为拉压应力比 $|\sigma_3|:|\sigma_1|<1:3$ 的拉-压复合剪切应力,在疲劳荷载作用下会诱发层底开裂的产生和扩张。在 B 区

域内,APPDI$_{2D}$>1区域内节点的应力组成为:$|\sigma_1|>|\sigma_3|$,拉强比 0.5<$|\sigma_3|$∶$|\sigma_t|$<1,应力状态为拉压应力比$|\sigma_3|$∶$|\sigma_1|$<1∶5 的拉-压复合剪切应力,早期破坏现象为车辙破坏。在 C 区域内,APPDI$_{2D}$>1区域内节点的应力组成为:$|\sigma_1|>|\sigma_3|$,拉强比 0.5<$|\sigma_3|$∶$|\sigma_t|$<1,应力状态为拉压应力比$|\sigma_3|$∶$|\sigma_1|$<1∶4 的拉-压复合剪切应力,早期破坏现象为车辙破坏。在 D 区域内,APPDI$_{2D}$>1区域内节点的应力组成为:$|\sigma_1|<|\sigma_3|$,拉强比$|\sigma_3|$∶$|\sigma_t|$>0.5,应力状态为纯拉剪切应力,早期破坏现象为 Top-Down 裂纹。

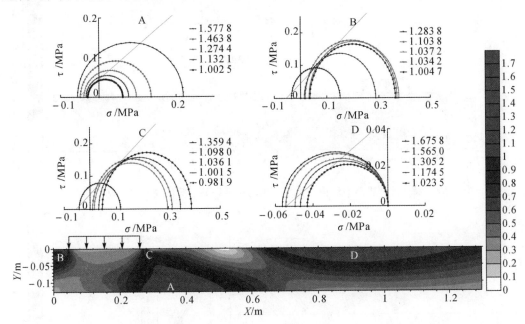

图 3.26　薄沥青路面结构 A 方案六沥青层 APPDI$_{2D}$ 等值线及应力莫尔圆

3.3.2　沥青路面结构 B 力学性能分析

通过改变沥青层强度,分析不同沥青混合料强度下路面结构 B 的力学性能。

1. 方案一

计算参数:沥青面层厚度 $H_1=0.127$ m,弹性模量 $E_1=2\,200$ MPa,泊松比 $\nu_1=0.35$,黏聚力 $c=0.607\,1$ MPa,内摩擦角 $\varphi=45°$;基层厚度 $H_2=0.203$ m,弹性模量 $E_2=276$ MPa,泊松比 $\nu_2=0.35$;土基厚度 $H_3=8$ m,弹性模量 $E_3=83$ MPa,泊松比 $\nu_3=0.4$。沥青面层的 APPDI$_{2D}$ 等值线及其典型的应力莫尔圆如图 3.27 所示。

图 3.27 所示表明:当沥青面层模量为 2 200 MPa 时,薄沥青路面结构 B 沥青面层的早期破坏主要发生在沥青层底部(A 区域)。APPDI$_{2D}$>1区域内节点的应力组成为:$|\sigma_1|<|\sigma_3|$,拉强比$|\sigma_3|$∶$|\sigma_t|$>0.5,应力状态为拉压应力比$|\sigma_3|$∶$|\sigma_1|$>1∶0.65 的拉-压复合剪切应力,早期破坏现象为层底弯拉破坏。

2. 方案二

计算参数:沥青面层厚度 $H_1=0.305$ m,弹性模量 $E_1=1\,800$ MPa,泊松比 $\nu_1=0.35$,黏聚力 $c=0.479\,3$ MPa,内摩擦角 $\varphi=44°$;基层厚度 $H_2=0.203$ m,弹性模量 $E_2=276$ MPa,泊松比 $\nu_2=0.35$;土基厚度 $H_3=8$ m,弹性模量 $E_3=83$ MPa,泊松比 $\nu_3=0.4$。沥青面层的

APPDI$_{2D}$ 等值线及其典型的应力莫尔圆如图 3.28 所示。

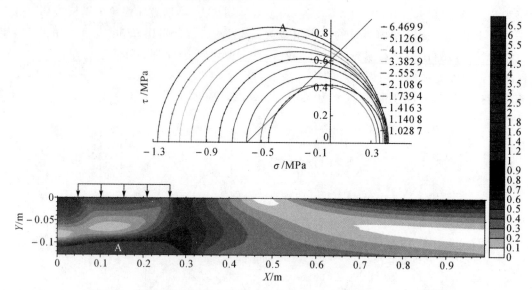

图 3.27　薄沥青路面结构 B 方案一沥青层 APPDI$_{2D}$ 等值线及应力莫尔圆

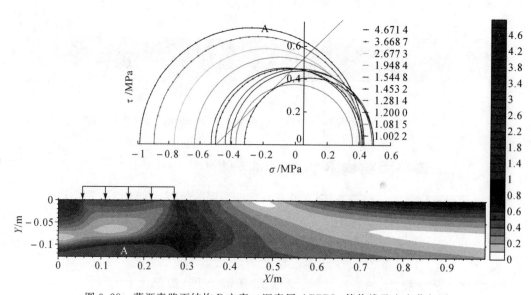

图 3.28　薄沥青路面结构 B 方案二沥青层 APPDI$_{2D}$ 等值线及应力莫尔圆

图 3.28 所示表明：当沥青面层模量为 1 800 MPa 时，薄沥青路面结构 B 沥青面层的早期破坏主要发生在沥青层底部（A 区域）。APPDI$_{2D}$>1 区域内节点的应力组成为：$|\sigma_1|<|\sigma_3|$，拉强比 $|\sigma_3|:|\sigma_t|>0.5$，应力状态为拉压应力比 $|\sigma_3|:|\sigma_1|>1:1$ 的拉-压复合剪切应力，早期破坏现象为层底弯拉破坏。

3. 方案三

计算参数：沥青面层厚度 $H_1=0.305$ m，弹性模量 $E_1=1\ 400$ MPa，泊松比 $\nu_1=0.35$，黏聚力 $c=0.359\ 2$ MPa，内摩擦角 $\varphi=43°$；基层厚度 $H_2=0.203$ m，弹性模量 $E_2=276$ MPa，泊松

比 $\nu_2=0.35$；土基厚度 $H_3=8$ m，弹性模量 $E_3=83$ MPa，泊松比 $\nu_3=0.4$。沥青面层的 $APPDI_{2D}$ 等值线及其典型的应力莫尔圆如图 3.29 所示。

图 3.29 所示表明：当沥青面层模量为 1 400 MPa 时，薄沥青路面结构 B 沥青面层的早期破坏主要发生在沥青层底部（A 区域）和轮载外侧 0.5～0.8 m 处的路面表层（C 区域）。在 A 区域内，$APPDI_{2D}>1$ 区域内节点的应力组成为：$|\sigma_1|<|\sigma_3|$，拉强比 $|\sigma_3|:|\sigma_t|>1$，应力状态为拉压应力比 $|\sigma_3|:|\sigma_1|>1:1$ 的拉-压复合剪切应力，早期破坏现象为层底弯拉破坏；$|\sigma_1|>|\sigma_3|$，拉强比 $0.5<|\sigma_3|:|\sigma_t|<1$，应力状态为拉压应力比 $|\sigma_3|:|\sigma_1|<1:2$ 的拉-压复合剪切应力，早期破坏现象为层底开裂。在 B 区域内，$APPDI_{2D}<1$，应力组成为：$|\sigma_1|>|\sigma_3|$，应力状态为纯压剪切应力，循环疲劳荷载作用下会产生部分不可恢复的塑性应变。在 C 区域内，$APPDI_{2D}>1$ 区域内节点的应力组成为：$|\sigma_1|<|\sigma_3|$，拉强比 $0.5<|\sigma_3|:|\sigma_t|<1$，应力状态为纯拉剪切应力，早期破坏现象为 Top-Down 裂纹。

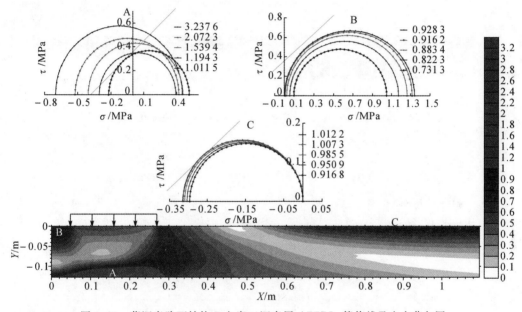

图 3.29　薄沥青路面结构 B 方案三沥青层 $APPDI_{2D}$ 等值线及应力莫尔圆

4. 方案四

计算参数：沥青面层厚度 $H_1=0.305$ m，弹性模量 $E_1=1\ 000$ MPa，泊松比 $\nu_1=0.35$，黏聚力 $c=0.246\ 9$ MPa，内摩擦角 $\varphi=42°$；基层厚度 $H_2=0.203$ m，弹性模量 $E_2=276$ MPa，泊松比 $\nu_2=0.35$；土基厚度 $H_3=8$ m，弹性模量 $E_3=83$ MPa，泊松比 $\nu_3=0.4$。沥青面层的 $APPDI_{2D}$ 等值线及其典型的应力莫尔圆如图 3.30 所示。

图 3.30 所示表明：当沥青面层模量为 1 000 MPa 时，薄沥青路面结构 B 沥青面层的早期破坏主要发生在沥青层底部（A 区域）和轮载外侧 0.35～1 m 处的路面表层（C 区域）。在 A 区域内，$APPDI_{2D}>1$ 区域内节点的应力组成为：$|\sigma_1|>|\sigma_3|$，拉强比 $|\sigma_3|:|\sigma_1|>0.5$，应力状态为拉压应力比 $|\sigma_3|:|\sigma_1|<1:1$ 的拉-压复合剪切应力，早期破坏现象为层底弯拉破坏。在 B 区域内，$APPDI_{2D}<1$，应力组成为：$|\sigma_1|>|\sigma_3|$，应力状态为纯压剪切应力，在循环疲劳荷载作用下会产生部分不可恢复的塑性应变。在 C 区域内，$APPDI_{2D}>1$ 区域内节点的应力组成

为:$|\sigma_1|<|\sigma_3|$,拉强比 $0.5<|\sigma_3|:|\sigma_1|<1$,应力状态为纯拉剪切应力,早期破坏现象为 Top-Down 裂纹。

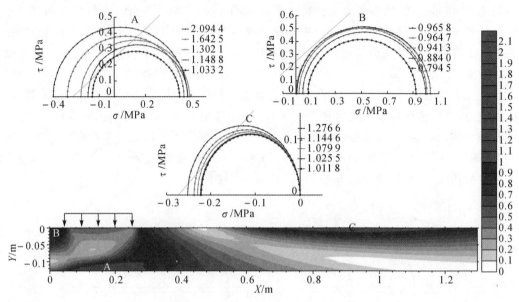

图 3.30 薄沥青路面结构 B 方案四沥青层 APPDI$_{2D}$ 等值线及应力莫尔圆

5. 方案五

计算参数:沥青面层厚度 $H_1=0.305$ m,弹性模量 $E_1=600$ MPa,泊松比 $\nu_1=0.35$,黏聚力 $c=0.142\ 3$ MPa,内摩擦角 $\varphi=41°$;基层厚度 $H_2=0.203$ m,弹性模量 $E_2=276$ MPa,泊松比 $\nu_2=0.35$;土基厚度 $H_3=8$ m,弹性模量 $E_3=83$ MPa,泊松比 $\nu_3=0.4$。沥青面层的 APPDI$_{2D}$ 等值线及其典型的应力莫尔圆如图 3.31 所示。

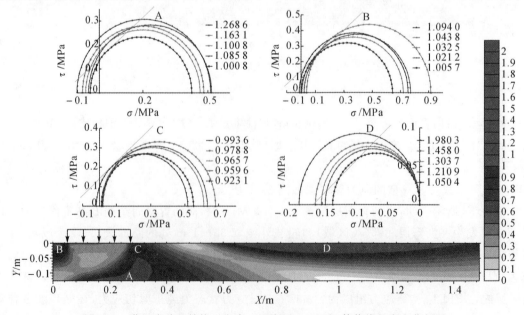

图 3.31 薄沥青路面结构 B 方案五沥青层 APPDI$_{2D}$ 等值线及应力莫尔圆

图3.31所示表明:当沥青面层模量为600 MPa时,薄沥青路面结构B沥青面层的早期破坏主要发生在沥青层底部(A区域)、两轮轮载中心处(B区域)和轮载外侧0.35~1.2 m处的路面表层(D区域)。在A区域内,APPDI$_{2D}$>1区域内节点的应力组成为:$|\sigma_1|>|\sigma_3|$,拉强比0.5<$|\sigma_3|$∶$|\sigma_t|$<1,应力状态为拉压应力比$|\sigma_3|$∶$|\sigma_1|$<1∶7的拉-压复合剪切应力,在疲劳荷载作用下会诱发层底开裂的产生和扩张。在B区域内,APPDI$_{2D}$>1区域内节点的应力组成为:$|\sigma_1|>|\sigma_3|$,应力状态为以压应力为主的拉-压复合剪切应力,早期破坏现象为车辙破坏。在C区域内,APPDI$_{2D}$<1,应力组成为:$|\sigma_1|>|\sigma_3|$,应力状态为以压为主的拉-压复合剪切应力,循环疲劳荷载作用下会产生部分不可恢复的塑性应变。在D区域内,APPDI$_{2D}$>1区域内节点的应力组成为:$|\sigma_1|<|\sigma_3|$,拉强比$|\sigma_3|$∶$|\sigma_1|$>0.5,应力状态为纯拉剪切应力,早期破坏现象为Top-Down裂纹。

6.方案六

计算参数:沥青面层厚度$H_1=0.305$ m,弹性模量$E_1=200$ MPa,泊松比$\nu_1=0.35$,黏聚力$c=0.045\ 5$ MPa,内摩擦角$\varphi=40°$;基层厚度$H_2=0.203$ m,弹性模量$E_2=276$ MPa,泊松比$\nu_2=0.35$;土基厚度$H_3=8$ m,弹性模量$E_3=83$ MPa,泊松比$\nu_3=0.4$。沥青面层的APPDI$_{2D}$等值线及其典型的应力莫尔圆如图3.32所示。

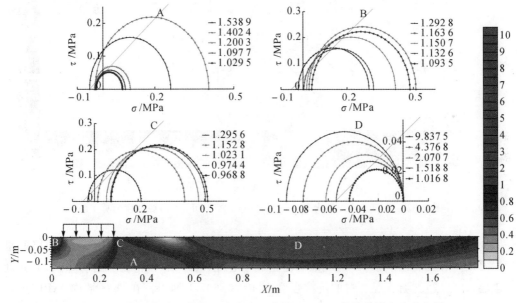

图3.32 薄沥青路面结构B方案六沥青层APPDI$_{2D}$等值线及应力莫尔圆

图3.32所示表明:当沥青面层模量为1 000 MPa时,薄沥青路面结构B沥青面层的早期破坏主要发生在沥青层底部(A区域)、两轮轮载中心处(B区域)、轮载右侧0~2 cm的路表处(C区域)和轮载外侧0.3~1.4 m处的路面表层(D区域)。在A区域内,APPDI$_{2D}$>1区域内节点的应力组成为:$|\sigma_1|>|\sigma_3|$,拉强比0.5<$|\sigma_3|$∶$|\sigma_t|$<1,应力状态为拉压应力比$|\sigma_3|$∶$|\sigma_1|$<1∶5的拉-压复合剪切应力,在疲劳荷载作用下会诱发层底开裂的产生和扩张。在B区域内,APPDI$_{2D}$>1区域内节点的应力组成为:$|\sigma_1|>|\sigma_3|$,拉强比0.5<$|\sigma_3|$∶$|\sigma_t|$<1,应力状态为拉-压复合剪切应力,早期破坏现象为车辙破坏。在C区域内,APPDI$_{2D}$>1区域内

节点的应力组成为:$|\sigma_1|>|\sigma_3|$,拉强比 $0.5<|\sigma_3|:|\sigma_t|<1$,应力状态为拉-压复合剪切应力,早期破坏现象为车辙破坏。在 D 区域内,$APPDI_{2D}>1$ 区域内节点的应力组成为:$|\sigma_1|<|\sigma_3|$,拉强比 $|\sigma_3|:|\sigma_t|>0.5$,应力状态为纯拉剪切应力,早期破坏现象为 Top-Down 裂纹。

3.3.3 沥青路面结构 C 力学性能分析

通过改变沥青层强度,分析不同沥青混合料强度下路面结构 C 的力学性能。

1. 方案一

计算参数:沥青面层厚度 $H_1=0.127$ m,弹性模量 $E_1=2\,200$ MPa,泊松比 $\nu_1=0.35$,黏聚力 $c=0.607\,1$ MPa,内摩擦角 $\varphi=45°$;基层厚度 $H_2=0.203$ m,弹性模量 $E_2=138$ MPa,泊松比 $\nu_2=0.35$;土基厚度 $H_3=8$ m,弹性模量 $E_3=41$ MPa,泊松比 $\nu_3=0.4$。沥青面层的 $APPDI_{2D}$ 等值线及其典型的应力莫尔圆如图 3.33 所示。

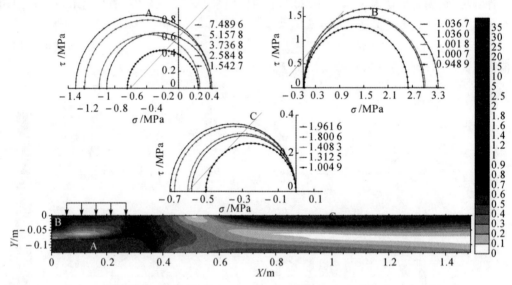

图 3.33 薄沥青路面结构 C 方案一沥青层 $APPDI_{2D}$ 等值线及应力莫尔圆

图 3.33 所示表明:当沥青面层模量为 2 200 MPa 时,薄沥青路面结构 C 沥青面层的早期破坏主要发生在沥青层底部(A 区域)、两轮轮载中心处(B 区域)和轮载外侧 0.5~1.1 m 处的路面表层(C 区域)。沥青混合料的抗拉强度为 $\sigma_t=0.607\,1$ MPa。在 A 区域内,$APPDI_{2D}>1$ 区域内节点的应力组成为:$|\sigma_1|<|\sigma_3|$,拉强比 $|\sigma_3|:|\sigma_t|>0.5$,应力状态为拉压应力比 $|\sigma_3|:|\sigma_1|>1:0.4$ 的拉-压复合剪切应力,早期破坏现象为层底弯拉破坏。在 B 区域内,$APPDI_{2D}>1$ 区域内节点的应力组成为:$|\sigma_1|>|\sigma_3|$,应力状态为拉-压复合剪切应力,早期破坏现象为车辙破坏。在 C 区域内,$APPDI_{2D}>1$ 区域内节点的应力组成为:$|\sigma_1|<|\sigma_3|$,拉强比 $|\sigma_3|:|\sigma_t|>0.5$,应力状态为纯拉剪切应力,早期破坏现象为 Top-Down 裂纹。

2. 方案二

计算参数:沥青面层厚度 $H_1=0.305$ m,弹性模量 $E_1=1\,800$ MPa,泊松比 $\nu_1=0.35$,黏聚力 $c=0.479\,3$ MPa,内摩擦角 $\varphi=44°$;基层厚度 $H_2=0.203$ m,弹性模量 $E_2=138$ MPa,泊松比 $\nu_2=0.35$;土基厚度 $H_3=8$ m,弹性模量 $E_3=41$ MPa,泊松比 $\nu_3=0.4$。沥青面层的

APPDI$_{2D}$等值线及其典型的应力莫尔圆如图 3.34 所示。

图 3.34 所示表明:当沥青面层模量为 1 800 MPa 时,薄沥青路面结构 C 沥青面层的早期破坏主要发生在沥青层底部(A 区域)、两轮轮载中心处(B 区域)和轮载外侧 0.35~1.2 m 处的路面表层(C 区域)。在 A 区域内,APPDI$_{2D}$>1 区域内节点的应力组成为:$|\sigma_1|<|\sigma_3|$,拉强比 $|\sigma_3|:|\sigma_t|>0.5$,应力状态为拉压应力比 $|\sigma_3|:|\sigma_1|>1:0.5$ 的拉-压复合剪切应力,早期破坏现象为层底弯拉破坏。在 B 区域内,APPDI$_{2D}$>1 区域内节点的应力组成为:$|\sigma_1|>|\sigma_3|$,应力状态为拉-压复合剪切应力,早期破坏现象为车辙破坏。在 C 区域内,APPDI$_{2D}$>1 区域内节点的应力组成为:$|\sigma_1|<|\sigma_3|$,拉强比 $|\sigma_3|:|\sigma_1|>0.5$,应力状态为纯拉剪切应力,早期破坏现象为 Top-Down 裂纹。

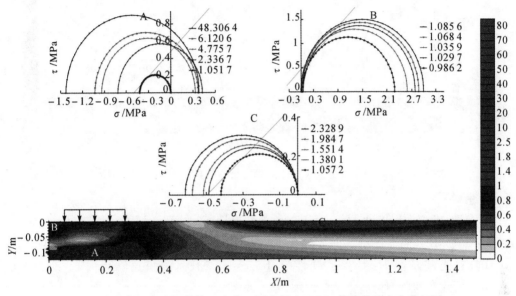

图 3.34 薄沥青路面结构 C 方案二沥青层 APPDI$_{2D}$ 等值线及应力莫尔圆

3. 方案三

计算参数:沥青面层厚度 $H_1=0.305$ m,弹性模量 $E_1=1\,400$ MPa,泊松比 $\nu_1=0.35$,黏聚力 $c=0.359\,2$ MPa,内摩擦角 $\varphi=43°$;基层厚度 $H_2=0.203$ m,弹性模量 $E_2=138$ MPa,泊松比 $\nu_2=0.35$;土基厚度 $H_3=8$ m,弹性模量 $E_3=41$ MPa,泊松比 $\nu_3=0.4$。沥青面层的 APPDI$_{2D}$ 等值线及其典型的应力莫尔圆如图 3.35 所示。

图 3.35 所示表明:当沥青面层模量为 1 400 MPa 时,薄沥青路面结构 C 沥青面层的早期破坏主要发生在沥青层底部(A 区域)、两轮轮载中心处(B 区域)、轮载右侧 0~2 cm 的路表处(C 区域)和轮载外侧 0.35~1.3 m 处的路面表层(D 区域)。在 A 区域内,APPDI$_{2D}$>1 区域内节点的应力组成为:$|\sigma_1|<|\sigma_3|$,拉强比 $|\sigma_3|:|\sigma_t|>1$,应力状态为拉压应力比 $|\sigma_3|:|\sigma_1|>1:0.6$ 的拉-压复合剪切应力,早期破坏现象为层底弯拉破坏;$|\sigma_1|>|\sigma_3|$,拉强比 $0.5<|\sigma_3|:|\sigma_t|<1$,应力状态为拉压应力比 $|\sigma_3|:|\sigma_1|<1:2$ 的拉-压复合剪切应力,早期破坏现象为层底开裂。在 B 区域内,APPDI$_{2D}$>1 区域内节点的应力组成为:$|\sigma_1|>|\sigma_3|$,应力状态为拉-压复合剪切应力,早期破坏现象为车辙破坏。在 C 区域内,APPDI$_{2D}$>1 区域内节点的应力组成为:$|\sigma_1|>|\sigma_3|$,应力状态为拉-压复合剪切应力,早期破坏现象为车辙破坏。在 D 区域

内,APPDI$_{2D}$>1 区域内节点的应力组成为:$|\sigma_1|<|\sigma_3|$,拉强比$|\sigma_3|:|\sigma_1|$>0.5,应力状态为纯拉剪切应力,早期破坏现象为 Top-Down 裂纹。

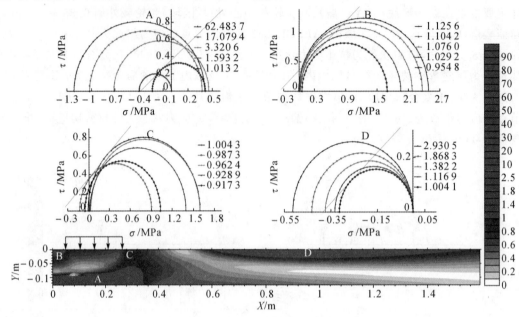

图 3.35 薄沥青路面结构 C 方案三沥青层 APPDI$_{2D}$ 等值线及应力莫尔圆

4. 方案四

计算参数:沥青面层厚度 $H_1=0.305$ m,弹性模量 $E_1=1\,000$ MPa,泊松比 $\nu_1=0.35$,黏聚力 $c=0.246\,9$ MPa,内摩擦角 $\varphi=42°$;基层厚度 $H_2=0.203$ m,弹性模量 $E_2=138$ MPa,泊松比 $\nu_2=0.35$;土基厚度 $H_3=8$ m,弹性模量 $E_3=41$ MPa,泊松比 $\nu_3=0.4$。沥青面层的 APPDI$_{2D}$ 等值线及其典型的应力莫尔圆如图 3.36 所示。

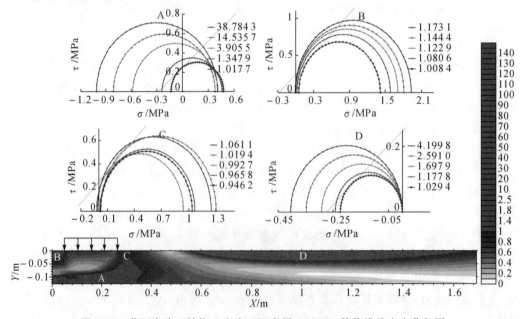

图 3.36 薄沥青路面结构 C 方案四沥青层 APPDI$_{2D}$ 等值线及应力莫尔圆

图 3.36 所示表明：当沥青面层模量为 1 000 MPa 时，薄沥青路面结构 C 沥青面层的早期破坏主要发生在沥青层底部（A 区域）、两轮轮载中心处（B 区域）、轮载右侧 0～2 cm 的路表处（C 区域）和轮载外侧 0.3～1.3 m 处的路面表层（D 区域）。在 A 区域内，$APPDI_{2D}>1$ 区域内节点的应力组成为：$|\sigma_1|<|\sigma_3|$，拉强比 $|\sigma_3|:|\sigma_t|>1$，应力状态为拉压应力比 $|\sigma_3|:|\sigma_1|>1:0.6$ 的拉-压复合剪切应力，早期破坏现象为层底弯拉破坏；$|\sigma_1|>|\sigma_3|$，拉强比 $0.5<|\sigma_3|:|\sigma_t|<1$，应力状态为拉压应力比 $|\sigma_3|:|\sigma_1|<1:3$ 的拉-压复合剪切应力，早期破坏现象为层底开裂。在 B 区域内，$APPDI_{2D}>1$ 区域内节点的应力组成为：$|\sigma_1|>|\sigma_3|$，应力状态为拉-压复合剪切应力，早期破坏现象为车辙破坏。在 C 区域内，$APPDI_{2D}>1$ 区域内节点的应力组成为：$|\sigma_1|>|\sigma_3|$，应力状态为拉-压复合剪切应力，早期破坏现象为车辙破坏。在 D 区域内，$APPDI_{2D}>1$ 区域内节点的应力组成为：$|\sigma_1|<|\sigma_3|$，拉强比 $|\sigma_3|:|\sigma_t|>0.5$，应力状态为纯拉剪切应力，早期破坏现象为 Top-Down 裂纹。

5. 方案五

计算参数：沥青面层厚度 $H_1=0.305$ m，弹性模量 $E_1=600$ MPa，泊松比 $\nu_1=0.35$，黏聚力 $c=0.142\ 3$ MPa，内摩擦角 $\varphi=41°$；基层厚度 $H_2=0.203$ m，弹性模量 $E_2=138$ MPa，泊松比 $\nu_2=0.35$；土基厚度 $H_3=8$ m，弹性模量 $E_3=41$ MPa，泊松比 $\nu_3=0.4$。沥青面层的 $APPDI_{2D}$ 等值线及其典型的应力莫尔圆如图 3.37 所示。

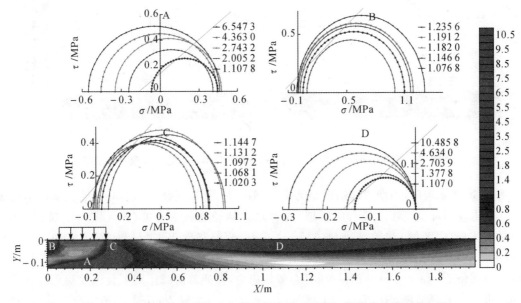

图 3.37 薄沥青路面结构 C 方案五沥青层 $APPDI_{2D}$ 等值线及应力莫尔圆

图 3.37 所示表明：当沥青面层模量为 1 000 MPa 时，薄沥青路面结构 C 沥青面层的早期破坏主要发生在沥青层底部（A 区域）、两轮轮载中心处（B 区域）、轮载右侧 0～2 cm 的路表处（C 区域）和轮载外侧 0.3～1.5 m 处的路面表层（D 区域）。在 A 区域内，$APPDI_{2D}>1$ 区域内节点的应力组成为：$|\sigma_1|<|\sigma_3|$，拉强比 $|\sigma_3|:|\sigma_t|>1$，应力状态为拉压应力比 $|\sigma_3|:|\sigma_1|>1:1$ 的拉-压复合剪切应力，早期破坏现象为层底弯拉破坏；$|\sigma_1|>|\sigma_3|$，拉强比 $0.5<|\sigma_3|:|\sigma_t|<1$，应力状态为拉压应力比 $|\sigma_3|:|\sigma_1|<1:3$ 的拉-压复合剪切应力，早期破坏现象为层底开裂。在 B 区域内，$APPDI_{2D}>1$ 区域内节点的应力组成为：$|\sigma_1|>|\sigma_3|$，应力状态为

拉-压复合剪切应力,早期破坏现象为车辙破坏。在 C 区域内,APPDI$_{2D}$>1 区域内节点的应力组成为:$|\sigma_1|>|\sigma_3|$,应力状态为拉-压复合剪切应力,早期破坏现象为车辙破坏。在 D 区域内,APPDI$_{2D}$>1 区域内节点的应力组成为:$|\sigma_1|<|\sigma_3|$,拉强比$|\sigma_3|:|\sigma_t|>1$,应力状态为纯拉剪切应力,早期破坏现象为 Top-Down 裂纹。

6.方案六

计算参数:沥青面层厚度 $H_1=0.305$ m,弹性模量 $E_1=200$ MPa,泊松比 $\nu_1=0.35$,黏聚力 $c=0.0455$ MPa,内摩擦角 $\varphi=40°$;基层厚度 $H_2=0.203$ m,弹性模量 $E_2=138$ MPa,泊松比 $\nu_2=0.35$;土基厚度 $H_3=8$ m,弹性模量 $E_3=41$ MPa,泊松比 $\nu_3=0.4$。沥青面层的 APPDI$_{2D}$ 等值线及其典型的应力莫尔圆如图 3.38 所示。

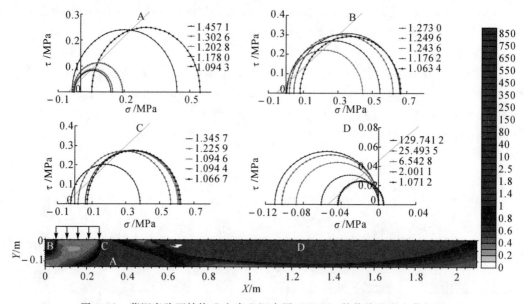

图 3.38 薄沥青路面结构 C 方案六沥青层 APPDI$_{2D}$ 等值线及应力莫尔圆

图 3.38 所示表明:当沥青面层模量为 200 MPa 时,薄沥青路面结构 C 沥青面层的早期破坏主要发生在沥青层底部轮载右侧区域(A 区域)、两轮轮载中心处(B 区域)、轮载右侧 0～2 cm 的路表处(C 区域)和轮载外侧 0.2～1.7 m 处的路面表层(D 区域)。在 A 区域内,APPDI$_{2D}$>1 区域内节点的应力组成为:$|\sigma_1|>|\sigma_3|$,拉强比 $0.5<|\sigma_3|:|\sigma_t|<1$,应力状态为拉压应力比 $|\sigma_3|:|\sigma_1|<1:6$ 的拉-压复合剪切应力,在疲劳荷载作用下会诱发层底开裂的产生和扩张。在 B 区域内,APPDI$_{2D}$>1 区域内节点的应力组成为:$|\sigma_1|>|\sigma_3|$,应力状态为拉-压复合剪切应力,早期破坏现象为车辙破坏。在 C 区域内,APPDI$_{2D}$>1 区域内节点的应力组成为:$|\sigma_1|>|\sigma_3|$,应力状态为拉-压复合剪切应力,早期破坏现象为车辙破坏。在 D 区域内,APPDI$_{2D}$>1 区域内节点的应力组成为:$|\sigma_1|<|\sigma_3|$,拉强比 $|\sigma_3|:|\sigma_t|>1$,应力状态为拉压应力比 $|\sigma_3|:|\sigma_1|>1:0.2$ 的拉-压复合剪切应力,破坏现象为 Top-Down 裂纹。

薄沥青路面在不同的路基-地基强度下,表现出的潜在早期破坏现象是不同的:相同的沥青层强度条件下,路基-地基强度越低,沥青面层表层的早期破坏现象越明显;相同的路基-地基强度下,沥青层、基层与路基-地基组合结构的整体结构性越好,越不容易产生早期破坏。

3.4 实际病害分析

Richard Y. Kim 及 C. Baek 为了探究 Top-Down 裂纹的机理,首先进行了野外实地调查,并结合收集的资料分析了 Top-Down 开裂的原因,然后通过室内试验,从材料特性、结构差异性、性能预测角度进行试验,确定了加速荷载试验的力学参数,进而对典型的厚沥青路面结构和薄沥青路面结构进行了数值模拟分析,并选取佛罗里达州、华盛顿州和怀俄明州三个地方的道路作为研究和调查对象,分析路面结构出现破坏的时间和位置,并与实际调查结果进行对比研究。

研究方法为:以夏季、冬季早上 5:00 和下午 2:00 时的温度为影响因素,在相同的厚、薄沥青路面结构条件下,考虑了沥青混合料的弹塑性的性能、老化和愈合的能力,对沥青路面结构的早期破坏进行研究,定义了一种评价指标——条件指数 CI(Condition Index),其计算公式如下:

$$CI = \frac{C_i - C_{fi}}{C_{intact} - C_{fi}} \quad (3.1)$$

式中 CI——条件指数,$0 \leqslant CI \leqslant 1$;
C_i——某一时刻的刚度值;
C_{fi}——某一时刻的损伤刚度值;
C_{intact}——完整的刚度值。

CI=0,表示材料开始产生损伤破坏;CI=1,表示材料处于初始完整状态。

数值模拟结果如图 3.39 和图 3.40 所示。

图 3.39 和图 3.40 的结果表明:由于佛罗里达州、华盛顿州和怀俄明州三个地区的气温差异,沥青面层所处的温度不同引起破坏的时间长度不等,同一个地区的不同结构的破坏现象也不一样。

对三个地区不同结构类型沥青路面结构破坏位置进行调查,不同路基强度的沥青路面调查结果见表 3.1。

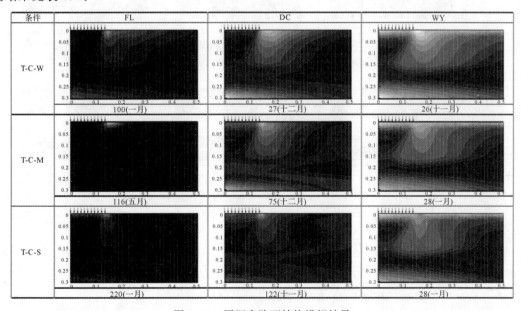

图 3.39 厚沥青路面结构模拟结果

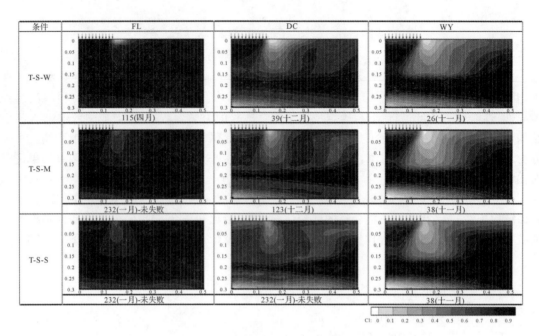

续图 3.39　厚沥青路面结构模拟结果

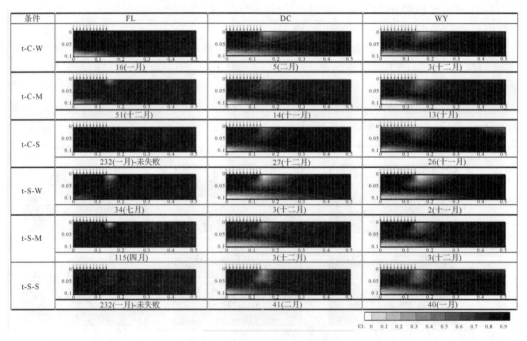

图 3.40　厚沥青路面结构模拟结果

表 3.1 表明：两种沥青路面结构的主要破坏位置均位于沥青层的顶部和底部。厚沥青路面结构的顶部破坏现象较突出，而薄沥青路面结构在底部的破坏现象则更明显。路基强度和沥青混合料的强度对破坏模式影响较大，路基强度和沥青混合料的强度越高，厚沥青路面越不

容易产生破坏；薄沥青路面结构的破坏位置与路基强度和沥青混合料强度的组合方式有关，数值模拟的结果表明：高温条件下沥青路面底部的拉应变较大；随着温度的升高，沥青层的模量值随之降低，应力大小也发生变化，会逐渐减小；昼夜温度的变化对应力的分布影响不大，而平均温度的变化是应力的分布变化的重要因素。高温时材料是柔性的，温度变化引起的应力变化不大，但应变改变较大，尤其是在薄路面结构中。薄沥青路面结构沥青层底部的拉应变大于同等条件下厚沥青路面结构中的拉应变。

表 3.1 不同结构下不同强度的沥青路面结构破坏位置调查表

结构类型	路基强度/MPa	沥青类型	破坏位置 顶部	破坏位置 底部	结构类型	路基强度/MPa	沥青类型	破坏位置 顶部	破坏位置 底部
厚沥青路面	166	SBS改性沥青	+	++ ++	薄沥青路面	166	SBS改性沥青		++ ++
厚沥青路面	166	常规沥青	+ +		薄沥青路面	166	常规沥青		++ ++
厚沥青路面	83	SBS改性沥青	+	+ +	薄沥青路面	83	SBS改性沥青	+	++ ++
厚沥青路面	83	常规沥青	+ +	+	薄沥青路面	83	常规沥青	+	++ ++
厚沥青路面	41	SBS改性沥青	+ + +	+	薄沥青路面	41	SBS改性沥青	+	++ ++
厚沥青路面	41	常规沥青	+ +	+ +	薄沥青路面	41	常规沥青	+	++ ++

对本次研究的结果进行总结，分析不同路面结构类型、不同路基强度和不同沥青混合料强度下路面结构沥青层的早期破坏位置，分析结果见表 3.2。

表 3.2 表明：两种沥青路面结构的主要破坏位置均位于沥青层的顶部和底部。厚沥青路面结构的顶部和底部破坏现象较突出，而薄沥青路面结构在底部的破坏现象则更明显。温度较高时，沥青强度降低，路面结构的整体承载能力下降，路面表层的车辙现象和开裂现象加重，会影响路面结构的行车性能。

本次沥青路面结构的数值分析结果与 C. Baek 数值分析和实际调查结果一致，验证了

APPDI$_{2D}$可以作为路面结构破坏的一项新的评价指标,APPDI$_{2D}$值结合应力莫尔圆及其位置,能够解释沥青面层不同破坏模式,表明拉-压复合剪切破坏理论作为沥青路面的统一破坏力学模式,为后续的研究工作开展奠定了理论基础。

表 3.2 不同结构下不同强度的沥青路面结构破坏位置分析结果

结构类型	路基强度 MPa	沥青强度 MPa	破坏位置 顶部	破坏位置 底部	结构类型	路基强度 MPa	沥青强度 MPa	破坏位置 顶部	破坏位置 底部
厚沥青路面	166	2 200		+	薄沥青路面	166	2 200		+
		1 800		+			1 800		+
		1 400		+			1 400		
		1 000		+			1 000		
		600		+			600		
		200	+				200	+	+
	83	2 200		+		83	2 200		+
		1 800		+			1 800		+
		1 400	+	+			1 400		
		1 000	+	+			1 000	+	
		600		+			600	+	
		200	+				200	+	+
	41	2 200		+		41	2 200		+
		1 800	+	+			1 800		+
		1 400	+	+			1 400	+	+
		1 000	+	+			1 000	+	+
		600	+	+			600		+
		200	+	+			200		+

3.5 本章小结

对厚沥青路面结构和薄沥青路面结构在不同的路基-地基强度下进行了力学性能分析,对比了不同沥青混合料强度、不同基层强度(不含厚路面结构)和不同路基-地基强度条件下,沥青路面潜在的早期破坏现象,得到以下结论:

(1)在相同路基强度条件下,随着沥青面层强度的降低,沥青层的潜在早期破坏由沥青层底部的层底弯拉破坏变化为沥青层底部的层底弯拉破坏、沥青层表层的车辙破坏和 Top-Down 裂纹共存。在相同的沥青面层强度条件下,路基强度越高,沥青面层的潜在早期破坏区域越小。

(2)相同沥青面层和路基强度条件下,薄沥青路面结构比厚沥青路面结构安全性能高,这是由于基层的存在,承载了大部分的上部荷载,使路基承载上部荷载减弱,基层强度、厚度对整体路面结构的影响较大,在路面结构设计时,要充分考虑基层的影响。

(3)本章的研究结论与国外学者 C. Baek 的研究结论一致,验证了采用 $APPDI_{2D}$ 作为沥青路面结构多种破坏现象的统一力学模式的合理性。

(4)不同结构分析结果发现:路面结构层的安全性能与强度之间并非成正相关关系,这要求在路面结构设计时,协调好各个结构层之间的强度关系。

第 4 章 济青高速公路沥青路面破坏模式的力学分析

济青高速公路是山东省的首条高速公路,西起济南市,东至青岛市,为双向四车道,设计时速为 120 km/h,设计标准轴载为 BZZ-100 kN,全线均为整体式路基,路基宽度为 26 m,采用沥青混凝土路面,设计日车流量 3 万辆标准车,于 1993 年年底主线工程建成通车。济青高速公路采用半刚性基层沥青路面结构,本章从三种不同简化模型的角度,在不同的路面温度条件下分析济青高速公路的破坏现象,并与实际的破坏现象进行对比分析,为解释济青高速公路的早期破坏提供依据。

4.1 平面应变简化模型的力学分析

将路面结构模型简化为二维的平面应变模型,采用单轴双圆均布垂直荷载作用下的弹性层状连续体系理论进行有限元计算,荷载 q 为 0.7 MPa,荷载作用区域的半径 r 为 10.65 cm,双轮轮胎中心间距为 $3r$;采用四节点等参单元、轴对称结构建模。边界条件:左侧 X 方向位移约束,底部全约束。有限元网格模型共有单元 27 160 个,节点 27 538 个。基于 M-C 准则条件下的评价指标 $APPDI_{2D}$ 对其进行合理性评价。

4.1.1 低温条件下沥青路面结构分析

低温条件下(路面温度为 0℃时)济青高速公路沥青面层的 $APPDI_{2D}$ 等值线和不同深度 $APPDI_{2D}$ 分布图及其典型的应力莫尔圆,如图 4.1 所示。

图 4.1 所示表明:$APPDI_{2D}$ 大于 1 的区域主要分布于沥青层底部(A 区域)。$APPDI_{2D}$ 最大值为 1.156 7,σ_1=0.335 3 MPa,σ_3=-0.117 4 MPa,位于轮载右侧 18 cm 的沥青层底部(A 区域),$|\sigma_1|>|\sigma_3|$,且拉强比(拉应力和抗拉强度的比值)$|\sigma_3|:|\sigma_t|$=0.47<0.5,应力状态为拉压应力比$|\sigma_3|:|\sigma_1|$=1:2.86 的拉-压复合剪切应力。$APPDI_{2D}$ 次大值为 1.126 5,σ_1=0.346 8 MPa,σ_3=-0.109 5 MPa,位于轮载右侧 23 cm 的沥青层底部(A 区域),$|\sigma_1|>|\sigma_3|$,且拉强比$|\sigma_3|:|\sigma_t|$=0.44<0.5,应力状态为拉压应力比$|\sigma_3|:|\sigma_1|$=1:3.17 的拉-压复合剪切应力。

在 A 区域,$APPDI_{2D}$>1,拉-压复合剪切应力作用下会产生部分的不可恢复变形。同时,由于主应力中拉应力的存在,在循环疲劳荷载下有可能诱发拉剪裂纹的产生和扩展,推断主要的破坏模式为层底开裂。

4.1.2 常温条件下沥青路面结构分析

常温条件下(路面温度为 20℃时)济青高速公路沥青面层的 $APPDI_{2D}$ 等值线和不同深度

APPDI$_{2D}$分布图及其典型的应力莫尔圆,如图4.2所示。

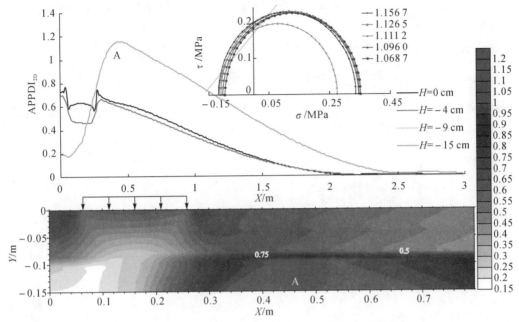

图4.1 低温条件下济青高速公路沥青面层APPDI$_{2D}$等值线图和
不同深度APPDI$_{2D}$分布图及典型的应力莫尔圆

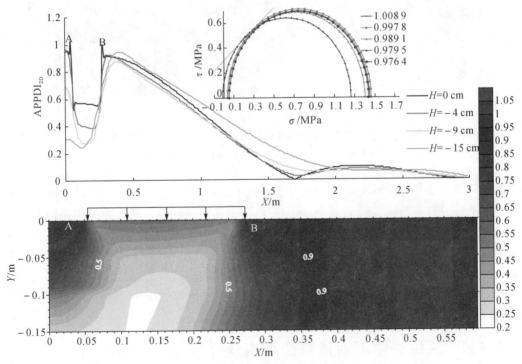

图4.2 常温条件下济青高速公路沥青面层APPDI$_{2D}$等值线图和
不同深度APPDI$_{2D}$分布图及典型的应力莫尔圆

图 4.2 所示表明：APPDI$_{2D}$ 大于 1 的区域主要分布于两轮中心处（A 区域）。APPDI$_{2D}$ 最大值为 1.008 9，σ_1＝1.264 0 MPa，σ_3＝－0.013 7 MPa，位于轮载左侧 1 cm 的路表处（A 区域），$|\sigma_1|>|\sigma_3|$，且拉强比 $|\sigma_3|：|\sigma_1|\approx0$，应力状态为拉压应力比 $|\sigma_3|：|\sigma_1|=1：96$，近似于纯压剪切应力。由于 APPDI$_{2D}$ 接近于 1，基本处于弹性状态，路面较安全。

4.1.3　中温条件下沥青路面结构分析

中温条件下（路面温度为 40 ℃时）济青高速公路沥青面层的 APPDI$_{2D}$ 等值线和不同深度 APPDI$_{2D}$ 分布图及其典型的应力莫尔圆，如图 4.3 所示。

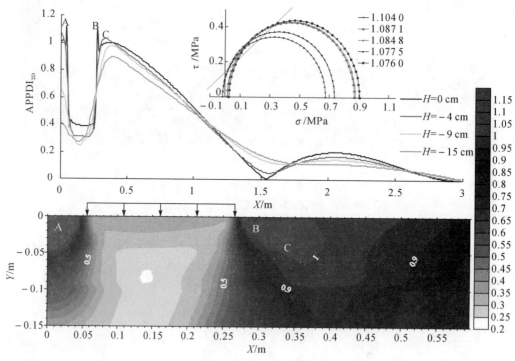

图 4.3　中温条件下济青高速公路沥青面层 APPDI$_{2D}$ 等值线图和不同深度 APPDI$_{2D}$ 分布图及典型的应力莫尔圆

图 4.3 所示表明：APPDI$_{2D}$＞1 的区域主要位于两轮中心处（A 区域）、轮载右侧 1～10 cm 的上面层（B 区域）和轮载右侧 5～12 cm 的中面层上部（C 区域）。沥青面层中 APPDI$_{2D}$ 最大值为 1.104 0，σ_1＝0.733 6 MPa，σ_3＝－0.016 2 MPa，位于轮载左侧 1 cm 的路表处（A 区域），$|\sigma_1|>|\sigma_3|$，且拉强比 $|\sigma_3|：|\sigma_t|\approx0$，应力状态为拉压应力比 $|\sigma_3|：|\sigma_1|=1：46$ 的近似于纯压剪切应力。APPDI$_{2D}$ 次大值为 1.087 1，σ_1＝0.869 2 MPa，σ_3＝0.014 6 MPa，位于两轮中心处（A 区域），$|\sigma_1|>|\sigma_3|$，且无拉应力存在，应力状态为纯压剪切应力。推断破坏模式为轻微的车辙。

4.1.4　高温条件下沥青路面结构分析

高温条件下即沥青路面温度为 60 ℃时，一般出现在炎热的夏季的午后，沥青混合料的高温敏感性表现得异常突出，对路面结构的力学性能影响较大，尤其是抗永久变形的能力。

高温条件下(路面温度60℃时),济青高速公路沥青面层的 APPDI$_{2D}$ 等值线和不同深度 APPDI$_{2D}$ 分布图及其典型的应力莫尔圆,如图4.4所示。

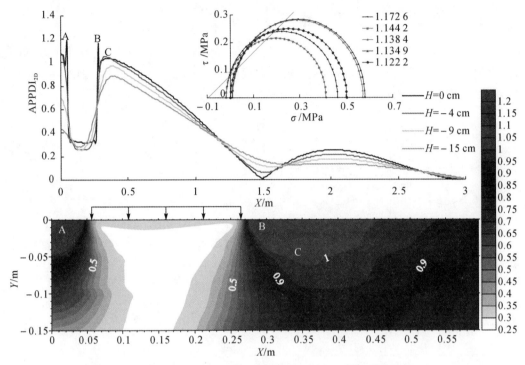

图 4.4 高温条件下济青高速公路沥青面层 APPDI$_{2D}$ 等值线图和不同深度 APPDI$_{2D}$ 分布图及典型的应力莫尔圆

图 4.4 所示表明:APPDI$_{2D}$>1 的区域主要位于两轮中心处(A 区域)、轮载右侧 1~20 cm 的上面层(B 区域)和轮载右侧 3~18 cm 的中面层上部(C 区域)。APPDI$_{2D}$ 最大值为 1.172 6,$\sigma_1 = 0.463\ 3$ MPa,$\sigma_3 = -0.017\ 8$ MPa,位于轮载左侧 1 cm 的路表处(A 区域),$|\sigma_1| > |\sigma_3|$,且拉强比 $|\sigma_3| : |\sigma_t| < 0.5$,应力状态为拉压应力比 $|\sigma_3| : |\sigma_1| = 1 : 27$ 的近似于纯压剪切应力。APPDI$_{2D}$ 次大值为 1.144 2,$\sigma_1 = 0.412\ 8$ MPa,$\sigma_3 = -0.018\ 8$ MPa,位于轮载右侧 1 cm 的路表处(B 区域),$|\sigma_1| > |\sigma_3|$,且拉强比 $|\sigma_3| : |\sigma_t| < 0.5$,应力状态为拉压应力比 $|\sigma_3| : |\sigma_1| = 1 : 22$ 的近似于纯压剪切应力。推断破坏模式为车辙。

综上所述,在二维平面应变简化模型条件下,低温时沥青路面的破坏模式表现为层底开裂,其他三种温度条件下沥青路面的破坏模式均表现为车辙破坏。

4.2 双圆均布荷载简化模型的力学分析

将路面结构模型简化为三维的双圆均布荷载模型,采用单轴双圆均布垂直荷载作用下的弹性层状连续体系理论进行有限元计算,荷载 q 为 0.7 MPa,荷载作用区域的半径 r 为 10.65 cm,双轮轮胎中心间距为 $3r$;采用八节点等参单元建模。边界条件假设为:底面完全约束,X 方向两侧面没有 X 方向位移,Y 方向两侧面没有 Y 方向位移。有限元网格模型共有单元 511 050 个,节点 513 240 个。基于 D-P 准则条件下的评价指标 APPDI$_{3D}$ 对其进行合理性评价。

4.2.1 低温条件下沥青路面结构分析

低温条件下(路面温度为 0 ℃ 时),济青高速公路沥青面层的 APPDI$_{3D}$ 较大值的分布位置和典型的危险点的应力莫尔圆,如图 4.5 所示。根据分析结果,选择沥青面层中 $y=0$ 剖面和 $y=r/4$ 剖面,绘制 APPDI$_{3D}$ 的等值线图,如图 4.6 所示。

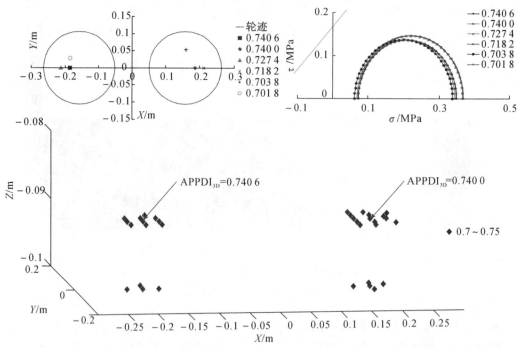

图 4.5 低温条件下济青高速公路沥青面层 APPDI$_{3D}$ 点的分布位置及其典型的危险点的应力莫尔圆

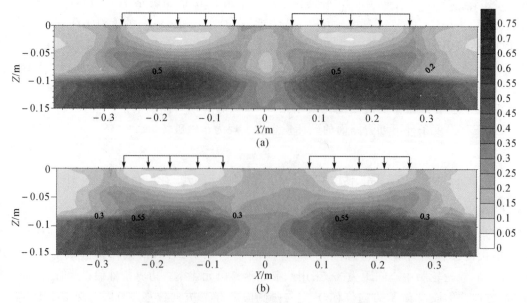

图 4.6 低温条件下济青高速公路沥青面层不同剖面 APPDI$_{3D}$ 等值线图

图 4.5 和图 4.6 所示表明:$APPDI_{3D}$ 较大值主要分布于轮载下方的中面层底部和下面层顶部,且关于 Y 轴对称。$APPDI_{3D}$ 最大值为 0.740 6,小于 1,$\sigma_1 > \sigma_3 > 0$,应力状态为纯压剪切应力。路面结构处于安全状态,变形为弹性变形,卸荷后可恢复。

4.2.2 常温条件下沥青路面结构分析

常温条件下(路面温度为 20℃时),分析济青高速公路沥青面层的 $APPDI_{3D}$ 较大值的分布位置和典型的危险点的应力莫尔圆,如图 4.7 所示。根据分析结果,选择沥青面层中 $y=0$ 剖面和 $y=r/4$ 剖面,绘制了 $APPDI_{3D}$ 的等值线图,如图 4.8 所示。

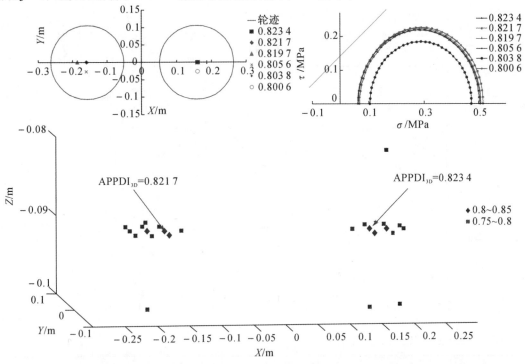

图 4.7 常温条件下济青高速公路沥青面层 $APPDI_{3D}$ 点的分布位置及其典型的危险点的应力莫尔圆

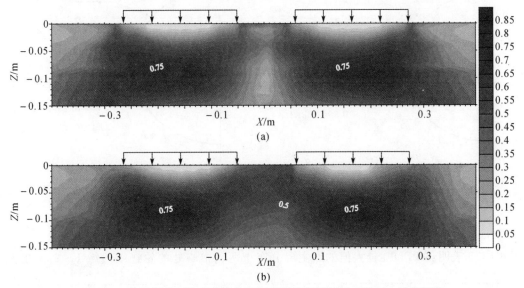

图 4.8 常温条件下济青高速公路沥青面层不同剖面 $APPDI_{3D}$ 等值线图

图 4.7 和图 4.8 所示表明:$APPDI_{3D}$ 较大值主要分布于轮载下方的中面层底部和下面层顶部,且关于 Y 轴对称。$APPDI_{3D}$ 最大值为 0.823 4,小于 1,$\sigma_1 > \sigma_3 > 0$,应力状态为纯压剪切应力。路面结构处于安全状态,变形为弹性变形,卸荷后可恢复。

4.2.3 中温条件下沥青路面结构分析

中温条件下(路面温度为 40 ℃时),分析济青高速公路沥青面层的 $APPDI_{3D}$ 较大值的分布位置和典型危险点的应力莫尔圆、危险点在 π 平面上的投影,如图 4.9 所示。

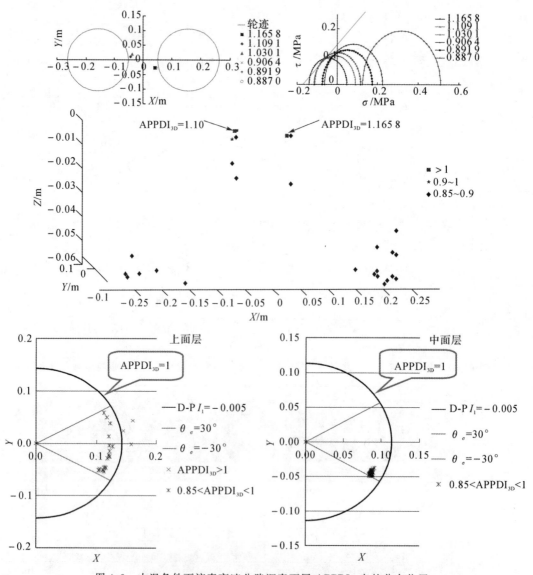

图 4.9 中温条件下济青高速公路沥青面层 $APPDI_{3D}$ 点的分布位置、典型的危险点的应力莫尔圆及 π 平面投影图

图 4.9 表明:$APPDI_{3D}$ 较大值的点主要分布于两轮中心处的轮迹线边缘 1～2 cm 的路面

表层处和轮载下方的中面层中部。$APPDI_{3D}>1$ 的节点共有 3 个。$APPDI_{3D}$ 最大值为 1.165 8，$\sigma_1=0.048\ 0$ MPa，$\sigma_3=-0.139\ 7$ MPa，位于右侧轮载靠近两轮中心处的轮迹线边缘 1.4 cm 的路面表层处，$|\sigma_1|<|\sigma_3|$，且拉强比 $|\sigma_3|:|\sigma_t|>0.5$，应力状态为拉压应力比 $|\sigma_3|:|\sigma_1|=1:0.344$ 的拉-压复合剪切应力，破坏模式推断为 Top-Down 裂纹。$APPDI_{3D}$ 次大值为 1.109 1，$\sigma_1=0.117\ 1$ MPa，$\sigma_3=-0.112\ 1$ MPa，位于两轮中心处的轮迹线边缘 1 cm 的路面表层处，$|\sigma_1|>|\sigma_3|$，且拉强比 $|\sigma_3|:|\sigma_t|>0.5$，应力状态为拉压应力比 $|\sigma_3|:|\sigma_1|$ 为 $1:1.045$ 的拉-压复合剪切应力，破坏模式推断为 Top-Down 裂纹。

根据分析结果，选择沥青面层中 $y=-r/4$ 剖面和 $y=0$ 剖面，绘制了 $APPDI_{3D}$ 的等值线图，如图 4.10 所示。

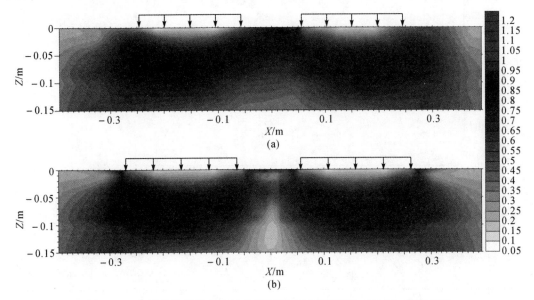

图 4.10　中温条件下济青高速公路沥青面层不同剖面 $APPDI_{3D}$ 等值线图

由图 4.10 可知：$y=-r/4$ 剖面中出现 $APPDI_{3D}>1$ 的区域，主要分布于右侧车辆轮迹线左侧 1~2 cm 的路表处。$APPDI_{3D}$ 较大值从路表处轮载边缘处以微小的角度向轮载下方扩展，在疲劳荷载的作用下，可能产生 Top-Down 裂纹。

4.2.4　高温条件下沥青路面结构分析

高温条件下（路面温度为 60 ℃），分析济青高速公路沥青面层的 $APPDI_{3D}$ 较大值的分布位置和典型危险点的应力莫尔圆、危险点在 π 平面上的投影，如图 4.11 所示。

图 4.11 所示表明：$APPDI_{3D}$ 较大值的点主要分布于两轮中心处的轮迹线边缘 0~2 cm 的上面层及中面层顶部。$APPDI_{3D}>1$ 的节点共有 30 个。$APPDI_{3D}$ 最大值为 1.262 4，$\sigma_1=0.029\ 1$ MPa，$\sigma_3=-0.082\ 2$ MPa，位于两轮外侧的轮迹线边缘 1.4 cm 的路面表层处，$|\sigma_1|<|\sigma_3|$，且拉强比 $|\sigma_3|:|\sigma_t|>0.5$，应力状态为拉压应力比 $|\sigma_3|:|\sigma_1|=1:0.354$ 的拉-压复合剪切应力，破坏模式推断为 Top-Down 裂纹。$APPDI_{3D}$ 次大值为 1.223 2，$\sigma_1=0.041\ 4$ MPa，$\sigma_3=-0.081\ 5$ MPa，位于两轮中心处的轮迹线边缘 1 cm 的路面表层处，$|\sigma_1|<|\sigma_3|$，且拉强比 $|\sigma_3|:|\sigma_t|>0.5$，应力状态为拉压应力比 $|\sigma_3|:|\sigma_1|=1:0.509$ 的拉-压复合剪切应力，破坏模

式推断为 Top-Down 裂纹。当 $APPDI_{3D}=1.183$ 时,位于右侧轮载靠近两轮中心处的轮迹线边缘 0.7 cm 处,$|\sigma_1|>|\sigma_3|$,且拉强比 $|\sigma_3|:|\sigma_1|<0.5$,应力状态为拉压应力比 $|\sigma_3|:|\sigma_1|=1:2.552$ 的拉-压复合剪切应力,破坏模式推断为车辙破坏。

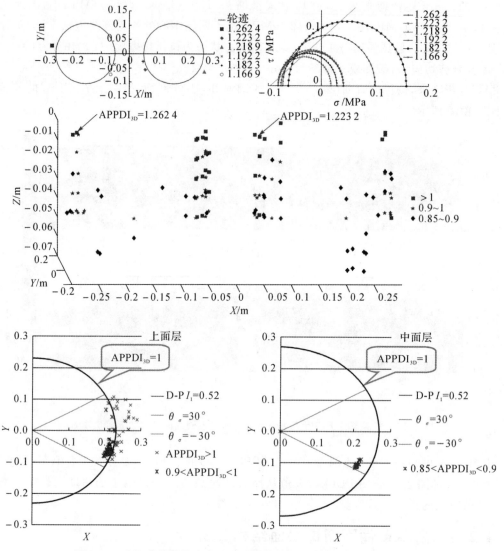

图 4.11 高温条件下济青高速公路沥青面层 $APPDI_{3D}$ 点的分布位置、
典型的危险点的应力莫尔圆及 π 平面投影图

根据分析结果,选择沥青面层中 $y=-r/4$ 剖面和 $y=0$ 剖面,绘制 $APPDI_{3D}$ 的等值线图,如图 4.12 所示。

由图 4.12 可知:不同剖面中均出现 $APPDI_{3D}>1$ 的区域,主要分布于轮迹线外侧 1~2 cm 的路表处。$APPDI_{3D}$ 较大值从路表处轮载边缘以微小的角度向轮载下方扩展,在疲劳荷载的作用下,可能产生 Top-Down 裂纹或者 Top-Down 裂纹与车辙共存,且关于 Y 轴对称。

因此在该温度下，沥青路面的破坏模式为车辙和 Top-Down 裂纹共存。

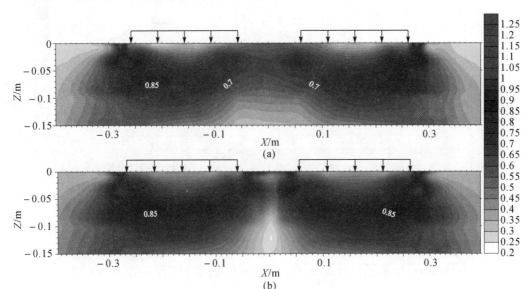

图 4.12　高温条件下济青高速公路沥青面层不同剖面 $APPDI_{3D}$ 等值线图

综上所述，在三维双圆均布荷载简化模型条件下，低温和常温条件下，沥青路面表现为理想弹性状态，不会产生破坏；中温和高温条件下，沥青路面的破坏模式均表现为以压应力为主的车辙破坏，并出现局部的以拉应力为主的 Top-Down 裂纹。

4.3　车列荷载模式的力学分析

将路面结构模型简化为三维的车列荷载模式，采用单轴双圆均布垂直荷载作用下的弹性层状连续体系理论进行有限元计算。

对不同温度条件下，不同轴载、不同行车状态下的沥青路面纵剖面进行分析，根据评价指标的大小和响应的应力莫尔圆及其出现的位置，评价其不同沥青面层的破坏模式。

4.3.1　六轴半挂车正常行驶状态时沥青路面结构分析

荷载作用区域的半径 r 为 10.65 cm，荷载 q 为 0.7 MPa，双轮轮胎中心间距为 $3r$。采用八节点等参单元建模。边界条件假设为底面完全约束，X 方向两侧面没有 X 方向位移，Y 方向两侧面没有 Y 方向位移。有限元网格模型共有单元 670 830 个，节点 659 610 个。根据路面结构层材料的抗剪强度参数、基于 D-P 准则条件下的评价指标 $APPDI_{3D}$ 对其进行合理性评价。

1. 低温条件下沥青路面结构分析

低温条件下（路面温度为 0℃时），济青高速公路沥青面层的 $APPDI_{3D}$ 等值线及其典型的应力莫尔圆如图 4.13 所示。

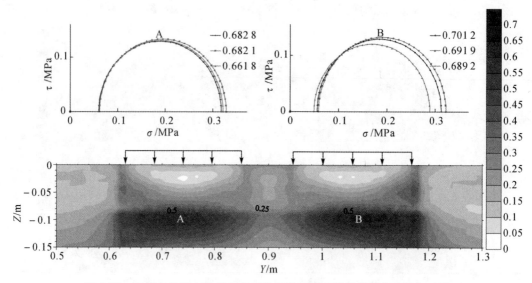

图 4.13 低温条件下六轴半挂车正常行驶状态时济青高速公路沥青面层 APPDI$_{3D}$ 等值线图及其典型的应力莫尔圆

图 4.13 所示表明:APPDI$_{3D}$ 较大值主要分布于轮载下方的中面层底部和下面层顶部,且关于 Y 轴对称。APPDI$_{3D}$ 最大值为 0.701 2,小于 1,$\sigma_1>\sigma_3>0$,应力状态为纯压剪切应力,出现在外侧轮载下方的中面层底部。路面结构处于安全状态,变形为弹性变形,卸荷后变形可恢复。

2. 常温条件下沥青路面结构分析

常温条件下(路面温度为 20 ℃时),济青高速公路沥青面层的 APPDI$_{3D}$ 等值线及其典型的应力莫尔圆如图 4.14 所示。

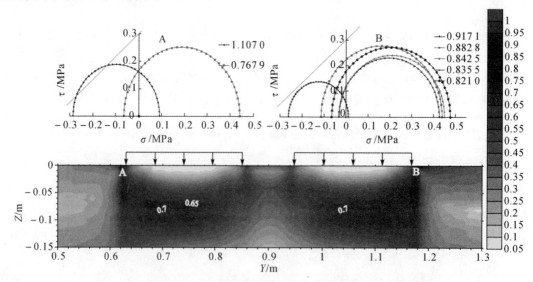

图 4.14 常温条件下六轴半挂车正常行驶状态时济青高速公路沥青面层 APPDI$_{3D}$ 等值线图及其典型的应力莫尔圆

图 4.14 所示表明:$APPDI_{3D}$ 大于 1 的区域位于内侧轮载内侧 0~2 cm 的路表处(A 区域)。$APPDI_{3D}$ 最大值为 1.107 0,$\sigma_1=0.091\ 3$ MPa,$\sigma_3=-0.286\ 7$ MPa,位于内侧轮载左侧 1 cm 的路表处(A 区域),$|\sigma_1|<|\sigma_3|$,且拉强比 $|\sigma_3|:|\sigma_t|>0.5$,应力状态为拉压应力比 $|\sigma_3|:|\sigma_1|=1:0.32$ 的拉-压复合剪切应力,破坏模式推断为 Top-Down 裂纹。

3. 中温条件下沥青路面结构分析

中温条件下(路面温度为 40 ℃ 时),济青高速公路沥青面层的 $APPDI_{3D}$ 等值线及其典型的应力莫尔圆如图 4.15 所示。

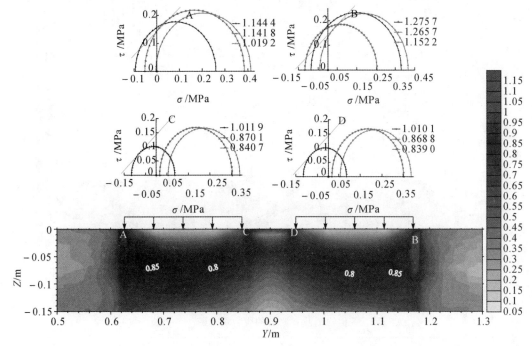

图 4.15 中温条件下六轴半挂车正常行驶状态时济青高速公路沥青面层 $APPDI_{3D}$ 等值线图及其典型的应力莫尔圆

图 4.15 所示表明:$APPDI_{3D}$ 大于 1 的区域主要位于内侧轮载内侧 0~2 cm、深度为 -2~-4 cm 处(A 区域),外侧轮载外侧 0~2 cm、深度为 -1~-2 cm 处(B 区域),内侧轮载外侧 0~2 cm 的路表处(C 区域)和外侧轮载内侧 0~2 cm 的路表处(D 区域)。沥青面层中 $APPDI_{3D}$ 最大值为 1.275 7,$\sigma_1=0.380\ 1$ MPa,$\sigma_3=-0.085\ 2$ MPa,位于外侧轮载外侧 1 cm、深度 -2 cm 处(B 区域),拉强比 $|\sigma_3|:|\sigma_t|>0.5$,应力状态为拉压应力比 $|\sigma_3|:|\sigma_1|=1:4.47$ 的拉-压复合剪切应力,破坏模式推断为车辙。$APPDI_{3D}$ 次大值为 1.265 7,$\sigma_1=0.253\ 4$ MPa,$\sigma_3=-0.116\ 5$ MPa,位于外侧轮载外侧 1 cm、深度 -1 cm 处(B 区域),且拉强比 $|\sigma_3|:|\sigma_t|>0.5$,应力状态为拉压应力比 $|\sigma_3|:|\sigma_1|=1:2.2$ 的拉-压复合剪切应力。在 A 区域内,最大 APPDI 值为 1.144,$\sigma_1=0.260\ 3$ MPa,$\sigma_3=-0.094\ 2$ MPa,位于内侧轮载内侧 1 cm、深度 -1 cm 处,$|\sigma_1|>|\sigma_3|$,拉强比 $|\sigma_3|:|\sigma_t|<0.5$,应力状态为拉压应力比 $|\sigma_3|:|\sigma_1|=1:2.6$ 的拉-压复合剪切应力,破坏模式推断为车辙。在 C 区域,最大 $APPDI_{3D}$ 值为 1.011 9,$\sigma_1=0.086\ 9$ MPa,$\sigma_3=-0.115\ 4$ MPa,位于内侧轮载外侧 1 cm 的路表处,$|\sigma_1|<|\sigma_3|$,拉强比 $|\sigma_3|:|\sigma_t|>0.5$,应力状态为拉压应力比 $|\sigma_3|:|\sigma_1|=1:0.77$ 的拉-压复合剪切应力。在 D

区域,最大 APPDI$_{3D}$ 值为 1.010 1,$\sigma_1=0.086\ 1$ MPa,$\sigma_3=-0.115\ 2$ MPa,位于外侧轮载内侧 1 cm 的路表处,$|\sigma_1|<|\sigma_3|$,拉强比 $|\sigma_3|:|\sigma_t|>0.5$,应力状态为拉压应力比 $|\sigma_3|:|\sigma_1|=1:0.747$ 的拉-压复合剪切应力,破坏模式推断为 Top-Down 裂纹。

4.高温条件下沥青路面结构分析

高温条件下(路面温度为 60 ℃时),济青高速公路沥青面层的 APPDI$_{3D}$ 等值线及其典型的应力莫尔圆如图 4.16 所示。

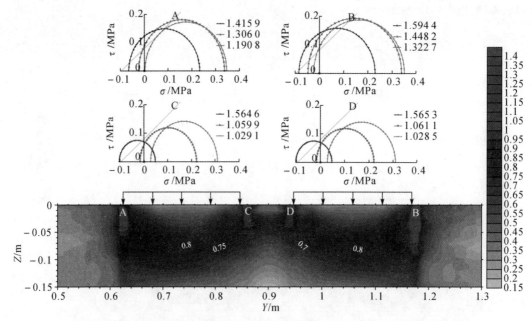

图 4.16 高温条件下六轴半挂车正常行驶状态时济青高速公路沥青面层
APPDI$_{3D}$ 等值线图及其典型的应力莫尔圆

图 4.16 所示表明:APPDI$_{3D}$ 大于 1 的区域主要位于内侧轮载内侧 0~2 cm、深度为 -1~ -5 cm 处(A 区域),外侧轮载外侧 0~2 cm、深度为 -1~ -9 cm 处(B 区域),内侧轮载外侧 0~2 cm 的路表处(C 区域)和外侧轮载内侧 0~2 cm 的路表处(D 区域)。沥青面层中 APPDI$_{3D}$ 最大值为 1.594 4,$\sigma_1=0.229\ 9$ MPa,$\sigma_3=-0.084\ 8$ MPa,位于外侧轮载外侧 1 cm、深度 -1 cm 处(B 区域),$|\sigma_1|>|\sigma_3|$,拉强比 $|\sigma_3|:|\sigma_t|>0.5$,应力状态为拉压应力比 $|\sigma_3|:|\sigma_1|=1:2.7$ 的拉-压复合剪切应力,破坏模式推断为车辙。APPDI$_{3D}$ 次大值为 1.565 3,$\sigma_1=0.045\ 3$ MPa,$\sigma_3=-0.103\ 6$ MPa,位于外侧轮载内侧 1 cm 的路表处(D 区域),$|\sigma_1|<|\sigma_3|$,拉强比 $|\sigma_3|:|\sigma_t|>1$,应力状态为拉压应力比 $|\sigma_3|:|\sigma_1|=1:0.437$ 的拉-压复合剪切应力,破坏模式推断为 Top-Down 裂纹。在 A 区域内,最大 APPDI$_{3D}$ 值为 1.415 9,$\sigma_1=0.232\ 9$ MPa,$\sigma_3=-0.064\ 8$ MPa,位于内侧轮载内侧 1 cm、深度 -1 cm 处,$|\sigma_1|>|\sigma_3|$,拉强比 $|\sigma_3|:|\sigma_t|>0.5$,应力状态为拉压应力比 $|\sigma_3|:|\sigma_1|=1:3.6$ 的拉-压复合剪切应力,破坏模式推断为车辙。在 C 区域,最大 APPDI$_{3D}$ 值为 1.564 6,$\sigma_1=0.046\ 3$ MPa,$\sigma_3=-0.103\ 7$ MPa,位于内侧轮载外侧 1 cm 的路表处,$|\sigma_1|<|\sigma_3|$,拉强比 $|\sigma_3|:|\sigma_t|>0.5$,应力状态为拉压应力比 $|\sigma_3|:|\sigma_1|=1:0.446$ 的拉-压复合剪切应力,破坏模式推断为 Top-Down 裂纹。除仅有两个节点的破坏表现为 Top-Down 裂纹外,其余 APPDI$_{3D}>1$ 的均表现为以压应力为主的车辙

破坏。

由上述分析可知:六轴半挂车在正常行驶状态下,低温时沥青面层不会产生破坏现象;常温时内侧轮载内侧路表处会出现 Top-Down 裂纹;中温和高温时整体破坏现象是以轮迹带两侧的车辙破坏为主的。

4.3.2 六轴半挂车拥堵状态时沥青路面结构分析

荷载作用区域的半径 r 为 10.65 cm,荷载 q 为 0.7 MPa,双轮轮胎中心间距为 $3r$。采用八节点等参单元建模。边界条件:假设为底面完全约束,X 方向两侧面没有 X 方向位移,Y 方向两侧面没有 Y 方向位移。有限元网格模型共有单元 643 440 个,节点 632 340 个。根据路面结构层材料的抗剪强度参数、基于 D-P 准则条件下的评价指标 $APPDI_{3D}$ 对其进行合理性评价。

1. 低温条件下沥青路面结构分析

低温条件下(路面温度为 0 ℃ 时),济青高速公路沥青面层的 $APPDI_{3D}$ 等值线及其典型的应力莫尔圆如图 4.17 所示。

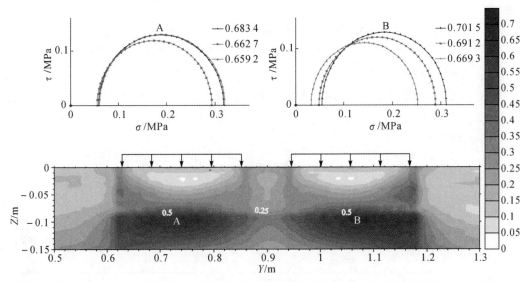

图 4.17　低温条件下六轴半挂车拥堵状态时济青高速公路沥青面层
$APPDI_{3D}$ 等值线图及其典型的应力莫尔圆

图 4.17 所示表明:$APPDI_{3D}$ 较大值主要分布于轮载下方的中面层底部和下面层顶部,且关于 Y 轴对称。$APPDI_{3D}$ 最大值为 0.701 5,小于 1,$\sigma_1 > \sigma_3 > 0$,应力状态为以压为主的压剪应力,出现在外侧轮载下方的中面层底部。路面结构处于安全状态,变形为弹性变形,卸荷后变形可恢复。

2. 常温条件下沥青路面结构分析

常温条件下(路面温度为 20 ℃ 时),济青高速公路沥青面层的 $APPDI_{3D}$ 等值线及其典型的应力莫尔圆如图 4.18 所示。

图 4.18 所示表明:$APPDI_{3D}$ 大于 1 的区域主要位于内侧轮载内侧 1~2 cm 的路表处(A 区域)。$APPDI_{3D}$ 最大值为 1.108 5,$\sigma_1 = 0.096\ 3$ MPa,$\sigma_3 = -0.287\ 7$ MPa,位于内侧轮载左

侧 1 cm 的路表处（A 区域），$|\sigma_1|<|\sigma_3|$，拉强比 $|\sigma_3|:|\sigma_t|>0.5$，应力状态为拉压应力比 $|\sigma_3|:|\sigma_1|=1:0.336$ 的拉-压复合剪切应力，破坏模式推断为 Top-Down 裂纹。

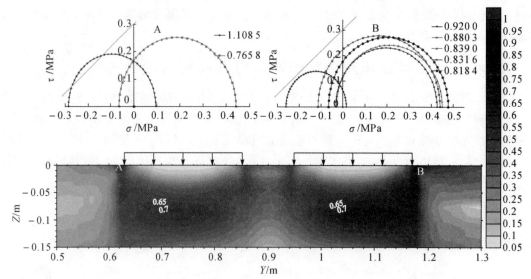

图 4.18　常温条件下六轴半挂车拥堵状态时济青高速公路沥青面层 $APPDI_{3D}$ 等值线图及其典型的应力莫尔圆

3. 中温条件下沥青路面结构分析

中温条件下（路面温度为 40 ℃ 时），济青高速公路沥青面层的 $APPDI_{3D}$ 等值线及其典型的应力莫尔圆如图 4.19 所示。

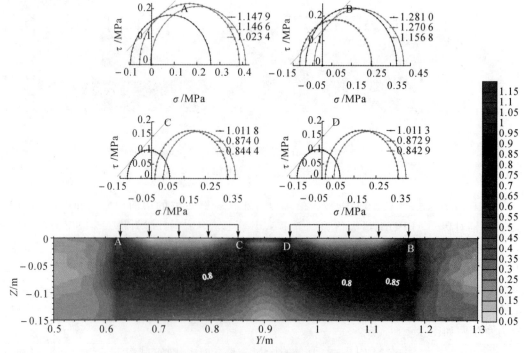

图 4.19　中温条件下六轴半挂车拥堵状态时济青高速公路沥青面层 $APPDI_{3D}$ 等值线图及其典型的应力莫尔圆

图 4.19 所示表明：APPDI$_{3D}$大于 1 的区域主要位于内侧轮载内侧 0~2 cm、深度为-2~-4 cm 处(A 区域)，外侧轮载外侧 0~2 cm、深度为-2~-7 cm 处(B 区域)，内侧轮载外侧 0~2 cm 的路表处(C 区域)和外侧轮载内侧 0~2 cm 的路表处(D 区域)。沥青面层中 APPDI$_{3D}$最大值为 1.281 0，$\sigma_1=0.379\ 9$ MPa，$\sigma_3=-0.085\ 2$ MPa，位于外侧轮载外侧 1 cm、深度-2 cm 处(B 区域)，$|\sigma_1|>|\sigma_3|$，拉强比$|\sigma_3|:|\sigma_t|>0.5$，应力状态为拉压应力比$|\sigma_3|:|\sigma_1|=1:4.45$的拉-压复合剪切应力，破坏模式推断为车辙。APPDI$_{3D}$次大值为 1.270 6，$\sigma_1=0.253\ 1$ MPa，$\sigma_3=-0.116\ 5$ MPa，位于外侧轮载外侧 1 cm、深度-1 cm 处(B 区域)，$|\sigma_1|>|\sigma_3|$，拉强比$|\sigma_3|:|\sigma_t|>0.5$，应力状态为拉压应力比$|\sigma_3|:|\sigma_1|=1:2.17$的拉-压复合剪切应力，破坏模式推断为车辙。在 A 区域内，最大 APPDI$_{3D}$值为 1.147 9，$\sigma_1=0.260\ 4$ MPa，$\sigma_3=-0.094\ 0$ MPa，位于内侧轮载内侧 1 cm、深度-1 cm 处，$|\sigma_1|>|\sigma_3|$，拉强比$|\sigma_3|:|\sigma_t|>0.5$，应力状态为拉压应力比$|\sigma_3|:|\sigma_1|=1:2.77$的拉-压复合剪切应力，破坏模式推断为车辙。在 C 区域，最大 APPDI$_{3D}$值为 1.011 8，$\sigma_1=0.083\ 7$ MPa，$\sigma_3=-0.110\ 6$ MPa，位于内侧轮载外侧 1 cm 的路表处，$|\sigma_1|<|\sigma_3|$，拉强比$|\sigma_3|:|\sigma_t|>0.5$，应力状态为拉压应力比$|\sigma_3|:|\sigma_1|=1:0.756$的拉-压复合剪切应力，破坏模式推断为 Top-Down 裂纹。在 D 区域，最大 APPDI$_{3D}$值为 1.011 3，$\sigma_1=0.086\ 7$ MPa，$\sigma_3=-0.106$ MPa，位于外侧轮载内侧 1 cm 的路表处，$|\sigma_1|<|\sigma_3|$，拉强比$|\sigma_3|:|\sigma_t|>0.5$，应力状态为拉压应力比$|\sigma_3|:|\sigma_1|=1:0.82$的拉-压复合剪切应力，破坏模式推断为 Top-Down 裂纹。

4. 高温条件下沥青路面结构分析

高温条件下(路面温度为 60 ℃时)，济青高速公路沥青面层的 APPDI$_{3D}$等值线及其典型的应力莫尔圆如图 4.20 所示。

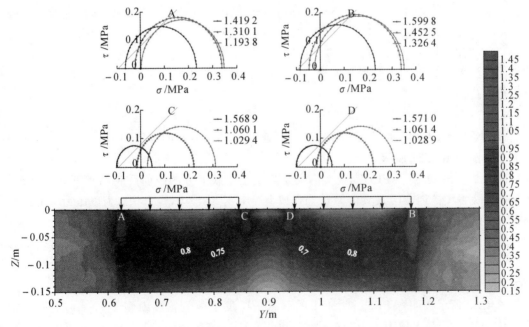

图 4.20 高温条件下六轴半挂车拥堵状态时济青高速公路沥青面层 APPDI$_{3D}$等值线图及其典型的应力莫尔圆

图 4.20 所示表明：$APPDI_{3D}$ 大于 1 的区域主要位于内侧轮载内侧 $0\sim 2$ cm、深度为 $-1\sim -5$ cm 处（A 区域），外侧轮载外侧 $0\sim 2$ cm、深度为 $-1\sim -9$ cm 处（B 区域），内侧轮载外侧 $0\sim 2$ cm 的路表处（C 区域）和外侧轮载内侧 $0\sim 2$ cm 的路表处（D 区域）。沥青面层中 $APPDI_{3D}$ 最大值为 1.598 8，$\sigma_1=0.229\,7$ MPa，$\sigma_3=-0.084\,8$ MPa，位于外侧轮载外侧 1 cm、深度 -1 cm 处（B 区域），$|\sigma_1|>|\sigma_3|$，拉强比 $|\sigma_3|:|\sigma_t|>0.5$，应力状态为拉压应力比 $|\sigma_3|:|\sigma_1|=1:2.7$ 的拉-压复合剪切应力，破坏模式推断为车辙。$APPDI_{3D}$ 次大值为 1.571 0，$\sigma_1=0.046\,4$ MPa，$\sigma_3=-0.103\,9$ MPa，位于外侧轮载内侧 1 cm 的路表处（D 区域），$|\sigma_1|<|\sigma_3|$，拉强比 $|\sigma_3|:|\sigma_t|>0.5$，应力状态为拉压应力比 $|\sigma_3|:|\sigma_1|=1:0.447$ 的拉-压复合剪切应力，破坏模式推断为 Top-Down 裂纹。在 A 区域内，最大 $APPDI_{3D}$ 值为 1.419 2，$\sigma_1=0.233\,1$ MPa，$\sigma_3=-0.064\,6$ MPa，位于内侧轮载内侧 1 cm、深度 -1 cm 处，$|\sigma_1|>|\sigma_3|$，拉强比 $|\sigma_3|:|\sigma_t|>0.5$，应力状态为拉压应力比 $|\sigma_3|:|\sigma_1|=1:3.6$ 的拉-压复合剪切应力，破坏模式推断为车辙。在 C 区域，最大 $APPDI_{3D}$ 值为 1.568 9，$\sigma_1=0.045\,7$ MPa，$\sigma_3=-0.103\,9$ MPa，位于内侧轮载外侧 1 cm 的路表处，$|\sigma_1|<|\sigma_3|$，拉强比 $|\sigma_3|:|\sigma_t|>0.5$，应力状态为拉压应力比 $|\sigma_3|:|\sigma_1|=1:0.44$ 的拉-压复合剪切应力，破坏模式推断为 Top-Down 裂纹。除仅有两个节点的破坏表现为 Top-Down 裂纹外，其余 $APPDI_{3D}>1$ 的均表现为以压应力为主的车辙破坏。

由上述分析可知：六轴半挂车在拥堵状态下，低温时沥青面层不会产生破坏现象；常温时内侧轮载内侧路表处会出现 Top-Down 裂纹；中温和高温时整体破坏现象是以轮迹带两侧的车辙破坏为主的。

4.3.3　六轴全挂车正常行驶状态时沥青路面结构分析

荷载作用区域的半径 r 为 10.65 cm，荷载 q 根据图 2.5 所示换算可得，双轮轮胎中心间距为 $3r$；采用八节点等参单元建模。边界条件：假设为底面完全约束，X 方向两侧面没有 X 方向位移，Y 方向两侧面没有 Y 方向位移。有限元网格模型共有单元 682 410 个，节点 680 160 个。根据路面结构层材料的抗剪强度参数、基于 D-P 准则条件下的评价指标 $APPDI_{3D}$ 对其进行合理性评价。

1. 低温条件下沥青路面结构分析

低温条件下（路面温度为 0℃时），济青高速公路沥青面层的 $APPDI_{3D}$ 等值线及其典型的应力莫尔圆如图 4.21 所示。

图 4.21 所示表明：$APPDI_{3D}$ 较大值主要分布于轮载下方的中面层底部和下面层顶部，且关于 Y 轴对称。$APPDI_{3D}$ 最大值为 0.717 4，小于 1，$\sigma_1>\sigma_3>0$，应力状态为以压为主的压剪应力，出现在外侧轮载下方的中面层底部。路面结构处于安全状态，变形为弹性变形。

2. 常温条件下沥青路面结构分析

常温条件下（路面温度为 20℃时），济青高速公路沥青面层的 $APPDI_{3D}$ 等值线及其典型的应力莫尔圆如图 4.22 所示。

图 4.22 所示表明：$APPDI_{3D}$ 大于 1 的区域主要位于内侧轮载内侧 $1\sim 2$ cm 的路表处（A 区域）。$APPDI_{3D}$ 最大值为 1.107 9，$\sigma_1=0.096\,7$ MPa，$\sigma_3=-0.281\,7$ MPa，位于内侧轮载左侧 1 cm 的路表处（A 区域），$|\sigma_1|<|\sigma_3|$，拉强比 $|\sigma_3|:|\sigma_t|>0.5$，应力状态为拉压应力比 $|\sigma_3|:|\sigma_1|=1:0.343$ 的拉-压复合剪切应力，破坏模式推断为 Top-Down 裂纹。

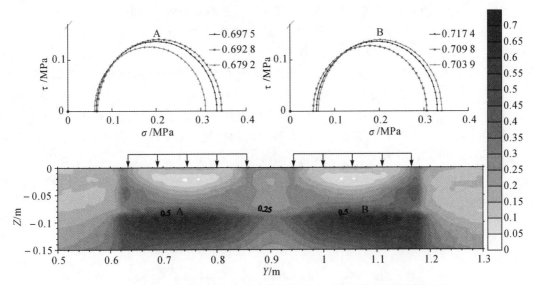

图 4.21 低温条件下六轴全挂车正常行驶状态时济青高速公路沥青面层 APPDI$_{3D}$ 等值线图及其典型的应力莫尔圆

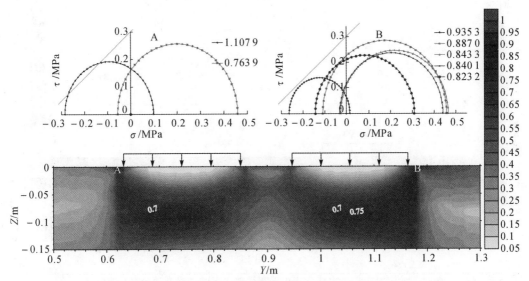

图 4.22 常温条件下六轴全挂车正常行驶状态时济青高速公路沥青面层 APPDI$_{3D}$ 等值线图及其典型的应力莫尔圆

3. 中温条件下沥青路面结构分析

中温条件下(路面温度为 40℃时),济青高速公路沥青面层的 APPDI$_{3D}$ 等值线及其典型的应力莫尔圆如图 4.23 所示。

图 4.23 所示表明:APPDI$_{3D}$ 大于 1 的区域主要位于内侧轮载内侧 0~2 cm、深度为 -2~-4 cm 处(A 区域),外侧轮载外侧 0~2 cm、深度为 -2~-7 cm 处(B 区域)。沥青面层中 APPDI$_{3D}$ 最大值为 1.273 3,$\sigma_1 = 0.396\ 3$ MPa,$\sigma_3 = -0.082\ 9$ MPa,位于外侧轮载外侧 1 cm、深度 -2 cm 处(B 区域),$|\sigma_1| > |\sigma_3|$,拉强比 $|\sigma_3| : |\sigma_t| < 0.5$,应力状态为拉压应力比

$|\sigma_3|:|\sigma_1|=1:4.78$ 的拉-压复合剪切应力,破坏模式推断为车辙。APPDI$_{3D}$次大值为 1.272 0,$\sigma_1=0.266\ 5$ MPa,$\sigma_3=-0.115\ 9$ MPa,位于外侧轮载外侧 1 cm、深度-1 cm 处(B 区域),$|\sigma_1|>|\sigma_3|$,拉强比$|\sigma_3|:|\sigma_t|>0.5$,应力状态为拉压应力比$|\sigma_3|:|\sigma_1|=1:2.29$的拉-压复合剪切应力,破坏模式推断为车辙。在 A 区域内,最大 APPDI$_{3D}$值为 1.144 8,$\sigma_1=0.272\ 5$ MPa,$\sigma_3=-0.092\ 4$ MPa,位于内侧轮载内侧 1 cm、深度-1 cm 处,$|\sigma_1|>|\sigma_3|$,拉强比$|\sigma_3|:|\sigma_t|>0.5$,应力状态为拉压应力比$|\sigma_3|:|\sigma_1|=1:294\ 9$的拉-压复合剪切应力,破坏模式推断为车辙。在 C 区域,最大 APPDI$_{3D}$值为 0.984 4,位于内侧轮载外侧 1 cm 的路表处,$|\sigma_1|<|\sigma_3|$,拉强比$|\sigma_3|:|\sigma_t|>0.5$,应力状态为拉压应力比$|\sigma_3|:|\sigma_1|=1:1.1$的拉-压复合剪切应力,将会产生部分塑性应变变形。在 D 区域,最大 APPDI 值为 0.985 4,位于外侧轮载内侧 1 cm 的路表处,$|\sigma_1|<|\sigma_3|$,拉强比$|\sigma_3|:|\sigma_t|>0.5$,应力状态为拉压应力比$|\sigma_3|:|\sigma_1|=1:0.947$的拉-压复合剪切应力,将会产生部分塑性应变变形。APPDI>1 的结果均表现为以压应力为主的车辙破坏。

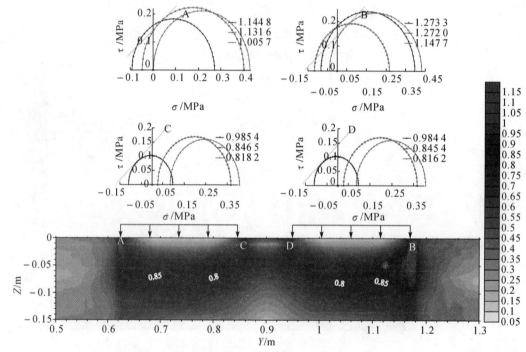

图 4.23　中温条件下六轴全挂车正常行驶状态时济青高速公路沥青面层
APPDI$_{3D}$等值线图及其典型的应力莫尔圆

4. 高温条件下沥青路面结构分析

高温条件下(路面温度为 60 ℃时),济青高速公路沥青面层的 APPDI$_{3D}$等值线及其典型的应力莫尔圆如图 4.24 所示。

图 4.24 所示表明:APPDI$_{3D}$大于 1 的区域主要位于内侧轮载内侧 0~2 cm、深度为-1~-5 cm 处(A 区域),外侧轮载外侧 0~2 cm、深度为-1~-9 cm 处(B 区域),内侧轮载外侧 0~2 cm 的路表处(C 区域)和外侧轮载内侧 0~2 cm 的路表处(D 区域)。沥青面层中 APPDI$_{3D}$最大值为 1.602 4,$\sigma_1=0.242\ 7$ MPa,$\sigma_3=-0.085\ 9$ MPa,位于外侧轮载外侧 1 cm、

深度－1 cm 处(B 区域)，$|\sigma_1|>|\sigma_3|$，拉强比 $|\sigma_3|:|\sigma_t|>0.5$，应力状态为拉压应力比 $|\sigma_3|:|\sigma_1|=1:2.825$ 的拉-压复合剪切应力，破坏模式推断为车辙。APPDI$_{3D}$ 次大值为 1.495 3，$\sigma_1=0.051\ 2$ MPa，$\sigma_3=-0.099\ 7$ MPa，位于外侧轮载内侧 1 cm 的路表处(D 区域)，$|\sigma_1|<|\sigma_3|$，拉强比 $|\sigma_3|:|\sigma_t|>0.5$，应力状态为拉压应力比 $|\sigma_3|:|\sigma_1|=1:0.514$ 的拉-压复合剪切应力，破坏模式推断为 Top-Down 裂纹。在 A 区域内，最大 APPDI$_{3D}$ 值为 1.414 8，$\sigma_1=0.245\ 5$ MPa，$\sigma_3=-0.064\ 1$ MPa，位于内侧轮载内侧 1 cm、深度－1 cm 处，$|\sigma_1|>|\sigma_3|$，拉强比 $|\sigma_3|:|\sigma_t|>0.5$，应力状态为拉压应力比 $|\sigma_3|:|\sigma_1|=1:3.83$ 的拉-压复合剪切应力，破坏模式推断为车辙。在 C 区域，最大 APPDI$_{3D}$ 值为 1.493，$\sigma_1=0.051\ 7$ MPa，$\sigma_3=-0.097\ 7$ MPa，位于内侧轮载外侧 1 cm 的路表处，$|\sigma_1|<|\sigma_3|$，拉强比 $|\sigma_3|:|\sigma_t|>0.5$，应力状态为拉压应力比 $|\sigma_3|:|\sigma_1|=1:0.529$ 的拉-压复合剪切应力，破坏模式推断为 Top-Down 裂纹。

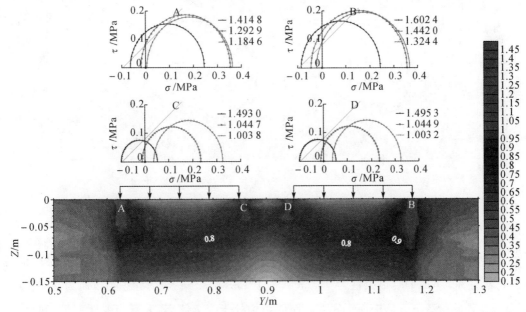

图 4.24 高温条件下六轴全挂车正常行驶状态时济青高速公路沥青面层 APPDI$_{3D}$ 等值线图及其典型的应力莫尔圆

除仅有两个节点的破坏表现为 Top-Down 裂纹外，其余 APPDI$_{3D}>1$ 的均表现为以压应力为主的车辙破坏。

由上述分析可知：六轴全挂车在正常行驶状态下，低温时沥青面层不会产生破坏现象；常温时内侧轮载内侧路表处会出现 Top-Down 裂纹；中温和高温时整体破坏现象以轮迹带两侧的车辙破坏为主。

4.3.4 六轴全挂车拥堵状态时沥青路面结构分析

荷载作用区域的半径 r 为 10.65 cm，荷载 q 根据图 2.5 所示换算可得，双轮轮胎中心间距为 $3r$；采用八节点等参单元建模。边界条件：假设为底面完全约束，X 方向两侧面没有 X 方向位移，Y 方向两侧面没有 Y 方向位移。有限元网格模型共有单元 650 130 个，节点 647 790 个。

根据路面结构层材料的抗剪强度参数、基于 D-P 准则条件下的评价指标 $APPDI_{3D}$ 对其进行合理性评价。

1. 低温条件下沥青路面结构分析

低温条件下(路面温度为 0℃时)济青高速公路沥青面层的 $APPDI_{3D}$ 等值线及其典型的应力莫尔圆,如图 4.25 所示。

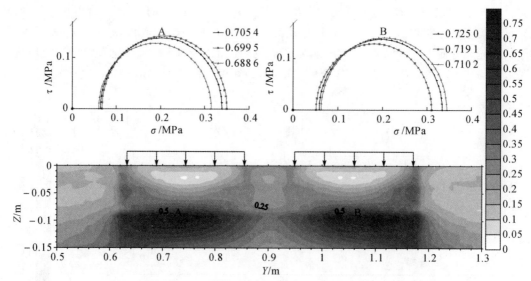

图 4.25 低温条件下六轴全挂车拥堵状态时济青高速公路沥青面层
$APPDI_{3D}$ 等值线图及应力莫尔圆

图 4.25 所示表明:$APPDI_{3D}$ 较大值主要分布于轮载下方的中面层底部和下面层顶部,且关于 Y 轴对称。$APPDI_{3D}$ 最大值为 0.717 4,小于 1,$\sigma_1 > \sigma_3 > 0$,应力状态为以压为主的压剪应力,出现在外侧轮载下方的中面层底部。路面结构处于安全状态,变形为弹性变形,卸荷后变形可恢复。

2. 常温条件下沥青路面结构分析

常温条件下(路面温度为 20℃时),济青高速公路沥青面层的 $APPDI_{3D}$ 等值线及其典型的应力莫尔圆如图 4.26 所示。

图 4.26 所示表明:APPDI 大于 1 的区域主要位于内侧轮载内侧 1~2 cm 的路表处(A 区域)。$APPDI_{3D}$ 最大值为 1.112 6,$\sigma_1 = 0.103\ 2$ MPa,$\sigma_3 = -0.282\ 7$ MPa,位于内侧轮载左侧 1 cm 的路表处(A 区域),$|\sigma_1| < |\sigma_3|$,拉强比 $|\sigma_3| : |\sigma_t| > 0.5$,应力状态为拉压应力比 $|\sigma_3| : |\sigma_1| = 1 : 0.365$ 的拉-压复合剪切应力,推断破坏模式为 Top-Down 裂纹。

3. 中温条件下沥青路面结构分析

中温条件下(路面温度为 40℃时),济青高速公路沥青面层的 $APPDI_{3D}$ 等值线及其典型的应力莫尔圆如图 4.27 所示。

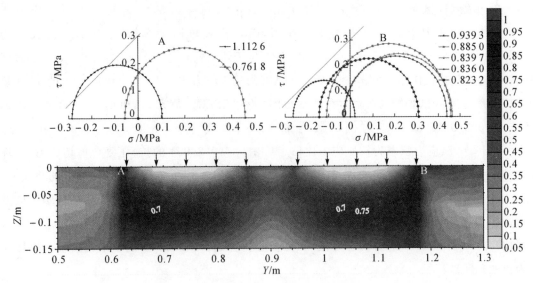

图 4.26 常温条件下六轴全挂车拥堵状态时济青高速公路沥青面层
APPDI$_{3D}$ 等值线图及其典型的应力莫尔圆

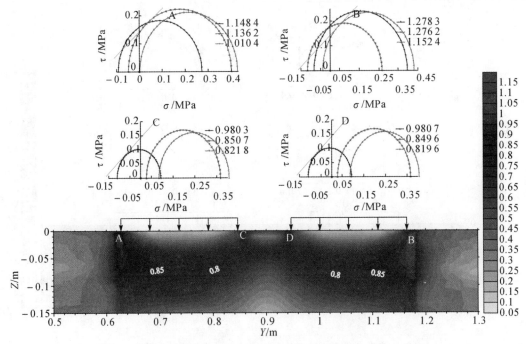

图 4.27 中温条件下六轴全挂车拥堵状态时济青高速公路沥青面层
APPDI$_{3D}$ 等值线图及其典型的应力莫尔圆

图 4.27 所示表明:APPDI$_{3D}$ 大于 1 的区域主要位于内侧轮载内侧 0~2 cm、深度为 -2~-4 cm 处(A 区域),外侧轮载外侧 0~2 cm、深度为 -2~-7 cm 处(B 区域)。沥青面层中 APPDI$_{3D}$ 最大值为 1.278 3,σ_1 = 0.396 3 MPa,σ_3 = -0.082 7 MPa,位于外侧轮载外侧 1 cm、

深度-2 cm处（B区域），$|\sigma_1|>|\sigma_3|$，拉强比$|\sigma_3|:|\sigma_t|<0.5$，应力状态为拉压应力比$|\sigma_3|:|\sigma_1|=1:4.792$的拉-压复合剪切应力，破坏模式推断为车辙。APPDI$_{3D}$次大值为1.276 2，$\sigma_1=0.266\,3$ MPa，$\sigma_3=-0.115\,8$ MPa，位于外侧轮载外侧1 cm、深度-1 cm处（B区域），$|\sigma_1|>|\sigma_3|$，拉强比$|\sigma_3|:|\sigma_t|>0.5$，应力状态为拉压应力比$|\sigma_3|:|\sigma_1|=1:2.3$的拉-压复合剪切应力，破坏模式推断为车辙。在A区域内，最大APPDI$_{3D}$值为1.148 4，$\sigma_1=0.272\,7$ MPa，$\sigma_3=-0.092\,3$ MPa，位于内侧轮载内侧1 cm、深度-1 cm处，$|\sigma_1|>|\sigma_3|$，拉强比$|\sigma_3|:|\sigma_t|>0.5$，应力状态为拉压应力比$|\sigma_3|:|\sigma_1|=1:2.954$的拉-压复合剪切应力，破坏模式推断为车辙。在C区域，最大APPDI$_{3D}$值为0.980 3，位于内侧轮载外侧1 cm的路表处，$|\sigma_1|<|\sigma_3|$，拉强比$|\sigma_3|:|\sigma_t|>0.5$，应力状态为拉-压复合剪切应力，将会产生部分塑性应变变形。在D区域，最大APPDI$_{3D}$值为0.980 7，位于外侧轮载内侧1 cm的路表处，$|\sigma_1|<|\sigma_3|$，拉强比$|\sigma_3|:|\sigma_t|>0.5$，应力状态为拉-压复合剪切应力，APPDI>1的结果均表现为以压应力为主的车辙破坏。

4. 高温条件下沥青路面结构分析

高温条件下（路面温度为60℃时），济青高速公路沥青面层的APPDI$_{3D}$等值线及其典型的应力莫尔圆如图4.28所示。

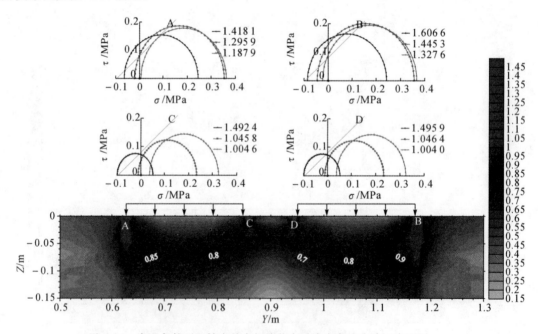

图4.28　高温条件下六轴全挂车拥堵状态时济青高速公路沥青面层APPDI$_{3D}$等值线图及其典型的应力莫尔圆

图4.28所示表明：APPDI$_{3D}$大于1的区域主要位于内侧轮载内侧0～2 cm、深度为-1～-5 cm处（A区域），外侧轮载外侧0～2 cm、深度为-1～-9 cm处（B区域），内侧轮载外侧0～2 cm的路表处（C区域）和外侧轮载内侧0～2 cm的路表处（D区域）。沥青面层中APPDI$_{3D}$最大值为1.606 6，$\sigma_1=0.242\,5$ MPa，$\sigma_3=-0.085\,6$ MPa，位于外侧轮载外侧1 cm、

深度-1 cm处(B区域),$|\sigma_1|>|\sigma_3|$,拉强比$|\sigma_3|:|\sigma_t|>0.5$,应力状态为拉压应力比$|\sigma_3|:|\sigma_1|=1:2.83$的拉-压复合剪切应力,破坏模式推断为车辙。$APPDI_{3D}$次大值为1.495 9,$\sigma_1=0.051\ 3$ MPa,$\sigma_3=-0.099\ 7$ MPa,位于外侧轮载内侧1 cm的路表处(D区域),$|\sigma_1|<|\sigma_3|$,拉强比$|\sigma_3|:|\sigma_t|>1$,应力状态为拉压应力比$|\sigma_3|:|\sigma_1|=1:0.514$的拉-压复合剪切应力,破坏模式推断为Top-Down裂纹。在A区域内,最大$APPDI_{3D}$值为1.418 1,$\sigma_1=0.245\ 6$ MPa,$\sigma_3=-0.063\ 9$ MPa,位于内侧轮载内侧1 cm、深度-1 cm处,$|\sigma_1|>|\sigma_3|$,拉强比$|\sigma_3|:|\sigma_t|>0.5$,应力状态为拉压应力比$|\sigma_3|:|\sigma_1|=1:3.84$的拉-压复合剪切应力,破坏模式推断为车辙。在C区域,最大$APPDI_{3D}$值为1.492 4,$\sigma_1=0.050\ 8$ MPa,$\sigma_3=-0.099\ 6$ MPa,位于内侧轮载外侧1 cm的路表处,$|\sigma_1|<|\sigma_3|$,拉强比$|\sigma_3|:|\sigma_t|>1$,应力状态为拉压应力比$|\sigma_3|:|\sigma_1|=1:0.51$的拉-压复合剪切应力,破坏模式推断为Top-Down裂纹。除仅有两个节点的破坏表现为Top-Down裂纹外,其余$APPDI_{3D}>1$的均表现为以压应力为主的车辙破坏。

由上述分析可知:六轴全挂车在拥堵状态下,低温时沥青面层不会产生破坏现象;常温时内侧轮载内侧路表处会出现Top-Down裂纹;中温和高温时整体破坏现象以轮迹带两侧的车辙破坏为主。

4.4　分析结果与实际病害对比

王亚军等人对济青高速公路不同路段的实地调查结果表明:沥青路面表层的破坏现象比较严重,有横向裂纹、纵向裂纹、车辙、沉陷及龟裂等;主要的病害形式可归纳为裂纹、车辙,由于上行和下行路段中超载车与交通量的不同,上行路段比下行路段车辙现象严重,裂纹现象也有所差异。Yao Zhanyong等人通过ABAQUS有限元软件分析了济青高速公路的力学响应,分析了车辙的深度与横向荷载的关系,并对沥青混合料的抗车辙能力进行评估。

本章分析结果表明:不同的简化模型条件下济青高速公路的主要破坏模式为车辙和裂纹。该分析结果与以往的实际现场调查结果一致,验证书中采用APPDI评价沥青路面破坏的可行性,数值分析结果符合实际情况。

4.5　沥青面层材料设计

分析结果表明:二维的平面应变简化模型计算结果偏大,三维的双圆均布荷载简化模型计算结果偏小,车列荷载模式简化模型计算结果在二者之间。

从路用性能和安全性能出发,对二维的平面应变简化模型和三维的双圆均布荷载简化模型下沥青路面材料强度进行设计。以材料的拉压应力比和黏聚力为衡量指标,取不同温度下,沥青路面结构中各沥青层的评价指标APPDI<1时的强度参数,同时满足材料的拉强比$|\sigma_3|:|\sigma_t|<0.5$,即路面结构处于弹性变形阶段。分析结果见表4.1和表4.2。

表 4.1 平面应变简化模型下济青高速公路沥青面层材料参数设计表

温度/℃	E_1/MPa	c_1/MPa	φ_1/(°)	E_2/MPa	c_2/MPa	φ_2/(°)	E_3/MPa	c_3/MPa	φ_3/(°)
0	2 210	0.61	40	1 340	0.34	42	900	0.22	42
20	1 230	0.31		800	0.19		640	0.15	
40	800	0.19		560	0.13		600	0.14	
60	560	0.13		560	0.13		600	0.14	

表 4.2 双圆均布荷载简化模型下济青高速公路沥青面层材料参数设计表

温度/℃	E_1/MPa	c_1/MPa	φ_1/(°)	E_2/MPa	c_2/MPa	φ_2/(°)	E_3/MPa	c_3/MPa	φ_3/(°)
0	1 200	0.3	40	2 200	0.6	42	350	0.08	45
20	830	0.2		710	0.17		430	0.1	
40	710	0.17		350	0.08		400	0.09	
60	600	0.14		400	0.09		400	0.09	

表 4.1 和表 4.2 表明：随着温度的升高，沥青面层达到安全设计要求的材料强度参数降低。高温时，由于沥青的黏弹特性，强度降低，可能达不到安全设计要求，可以通过配合比设计或添加改性剂，提高沥青混合料的高温性能，减弱高温时的车辙现象；低温时，为防止低温开裂现象，要提高沥青混合料的延度和抗拉强度，增大其拉伸应变。因此，为同时满足面层的沥青混合料的高温稳定性和低温稳定性，需从集料级配、配合比设计以及改性剂角度，改善沥青混合料的性能，降低感温性。

4.6 本章小结

综合分析，可得下述结论：

(1)在二维平面应变简化模型条件下，除了低温时沥青路面的破坏模式表现为层底开裂外，随着温度的升高，沥青路面的破坏模式均表现为车辙破坏，破坏位置位于轮迹带两侧。

(2)在三维双圆均布荷载简化模型条件下，低温和常温时，沥青路面表现为理想弹性状态，不会产生破坏；中温和高温时，沥青路面的破坏模式均表现为车辙破坏为主，并出现局部的Top-Down裂纹。

(3)车列荷载模式条件下，低温时沥青面层不会产生破坏现象；常温时内侧轮载内侧路表处会出现 Top-Down 裂纹；中温和高温时整体破坏现象以轮迹带两侧的车辙破坏为主。

济青高速公路的主要破坏模式为车辙和裂纹，数值分析结果与实际情况一致。通过材料参数设计，可以实现在荷载作用下路面结构的安全设计。

第5章　京津塘高速公路沥青路面破坏模式的力学分析

京津塘高速公路是连接北京、天津和塘沽的双向四车道、全封闭、全立交的高等级公路,北京段限速 90 km/h,北京以外全线限速 110 km/h。设计标准轴载为 BZZ-100 kN,全线均为整体式路基,路基宽度为 26 m,采用沥青混凝土路面,设计使用年限 15 年,于 1993 年全线工程建成通车。京津塘高速公路采用半刚性基层沥青路面结构设计,本章从三种不同简化模型的角度,在不同的路面温度条件下分析京津塘高速的破坏现象,并与实际的破坏现象进行对比分析,为解释京津塘高速的早期破坏提供依据。

5.1　平面应变简化模型的力学分析

将路面结构模型简化为二维的平面应变模型,采用单轴双圆均布垂直荷载作用下的弹性层状连续体系理论进行有限元计算,荷载 q 为 0.7 MPa,荷载作用区域的半径 r 为 10.65 cm,双轮轮胎中心间距为 $3r$;采用四节点等参单元、轴对称结构建模。边界条件:左侧 X 方向位移约束,底部全约束。有限元网格模型共有单元 28 840 个,节点 29 224 个。基于 M-C 准则条件下的评价指标 $APPDI_{2D}$ 对其进行合理性评价。

5.1.1　低温条件下沥青路面结构分析

低温条件下(路面温度为 0 ℃时),京津塘高速公路沥青面层的 $APPDI_{2D}$ 等值线和不同深度 $APPDI_{2D}$ 分布图及其典型的应力莫尔圆如图 5.1 所示。

图 5.1 所示表明:$APPDI_{2D}$ 大于 1 的区域主要分布于沥青层底部(A 区域)。$APPDI_{2D}$ 最大值为 1.371 3,$\sigma_1 = 0.267\ 3$ MPa,$\sigma_3 = -0.161\ 1$ MPa;$APPDI_{2D}$ 次大值为 1.364 8,$\sigma_1 = 0.289\ 5$ MPa,$\sigma_3 = -0.159\ 7$ MPa;位于轮载右侧 1~60 cm 的沥青层底部(A 区域),$|\sigma_1| > |\sigma_3|$,拉强比 $|\sigma_3| : |\sigma_t| > 0.5$,应力状态为拉压应力比 $|\sigma_3| : |\sigma_1| = 1 : 1.66$ 的拉-压复合剪切应力。

在 A 区域,$APPDI_{2D} > 1$,拉-压复合剪切应力作用下会产生部分的不可恢复变形。同时,由于主应力中拉应力的存在,在循环疲劳荷载下有可能诱发拉剪裂纹的产生和扩展,推断主要的破坏模式为层底开裂。

5.1.2　常温条件下沥青路面结构分析

常温条件下(路面温度为 20 ℃时),京津塘高速公路沥青面层的 $APPDI_{2D}$ 等值线和不同深度的 $APPDI_{2D}$ 分布图及其典型的应力莫尔圆如图 5.2 所示。

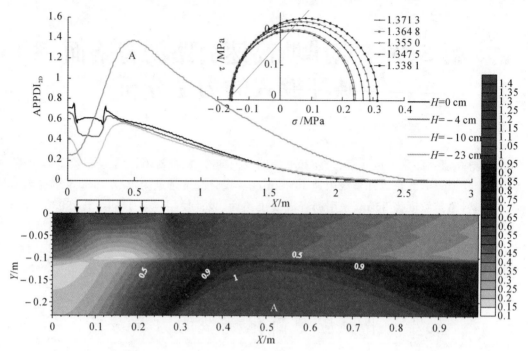

图 5.1 低温条件下京津塘高速公路沥青面层 APPDI$_{2D}$ 等值线图和不同深度 APPDI$_{2D}$ 分布图及典型的应力莫尔圆

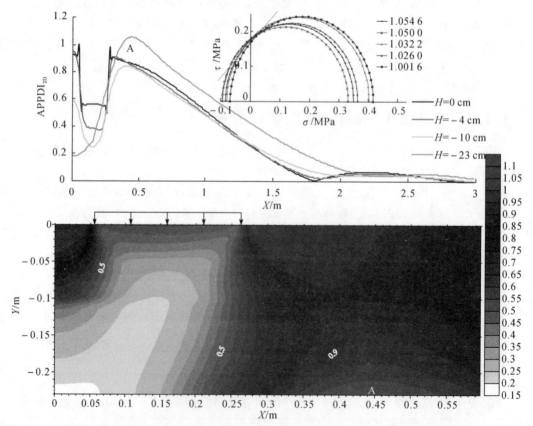

图 5.2 常温条件下京津塘高速公路沥青面层 APPDI$_{2D}$ 等值线图和不同深度 APPDI$_{2D}$ 分布图及典型的应力莫尔圆

图 5.2 所示表明：APPDI$_{2D}$ 大于 1 的区域主要分布于沥青层底部（A 区域）。APPDI 最大值为 1.054 6，$\sigma_1=0.350\ 3$ MPa，$\sigma_3=-0.092\ 3$ MPa。次大值为 1.05，$\sigma_1=0.370\ 4$ MPa，$\sigma_3=-0.088\ 8$ MPa，位于轮载右侧 10～30 cm 的沥青层底部（A 区域），$|\sigma_1|>|\sigma_3|$，拉强比 $|\sigma_3|:|\sigma_t|>0.5$，应力状态为拉压应力比 $|\sigma_3|:|\sigma_1|=1:3.7$ 的拉-压复合剪切应力。推断主要的破坏模式为层底开裂。

5.1.3 中温条件下沥青路面结构分析

中温条件下（路面温度为 40℃时），京津塘高速公路沥青面层的 APPDI$_{2D}$ 等值线和不同深度的 APPDI$_{2D}$ 分布图及其典型的应力莫尔圆如图 5.3 所示。

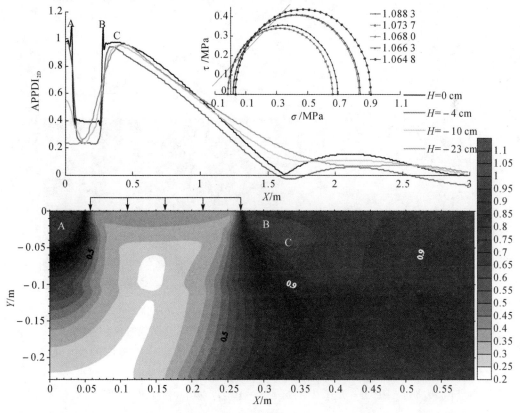

图 5.3　中温条件下京津塘高速公路沥青面层 APPDI$_{2D}$ 等值线图和不同深度
　　　　APPDI$_{2D}$ 分布图及典型的应力莫尔圆

图 5.3 所示表明：APPDI$_{2D}$ 大于 1 的区域主要位于两轮中心处（A 区域）、轮载右侧 1～10 cm 的上面层（B 区域）和轮载右侧 5～10 cm 的中面层顶部（C 区域）。沥青面层中 APPDI$_{2D}$ 最大值为 1.088 3，$\sigma_1=0.695\ 5$ MPa，$\sigma_3=-0.016\ 6$ MPa，位于轮载左侧 1 cm 的路表处（A 区域），$|\sigma_1|>|\sigma_3|$，拉强比 $|\sigma_3|:|\sigma_t|\approx 0$，应力状态为拉压应力比 $|\sigma_3|:|\sigma_1|=1:41$ 的纯压剪切应力，破坏模式推断为车辙。APPDI$_{2D}$ 次大值为 1.073 7，$\sigma_1=0.663\ 2$ MPa，$\sigma_3=-0.016\ 9$ MPa，位于轮载右侧 1 cm 的路表处（B 区域），$|\sigma_1|>|\sigma_3|$，拉强比 $|\sigma_3|:|\sigma_t|\approx 0$，应力状态为拉压应力比 $|\sigma_3|:|\sigma_1|=1:39$ 的纯压剪切应力，破坏模式推断为车辙。

5.1.4 高温条件下沥青路面结构分析

高温条件下(路面温度为60℃时),京津塘高速公路沥青面层的$APPDI_{2D}$等值线和不同深度的$APPDI_{2D}$分布图及其典型的应力莫尔圆如图5.4所示。

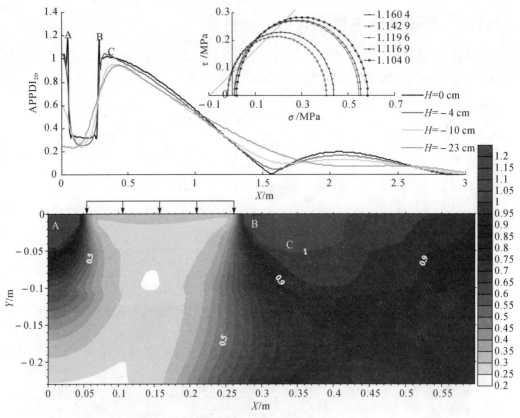

图5.4 高温条件下京津塘高速公路沥青面层$APPDI_{2D}$等值线图和不同深度$APPDI_{2D}$分布图及典型的应力莫尔圆

图5.4所示表明:$APPDI_{2D}$大于1的区域主要位于两轮中心处(A区域)、轮载右侧1~18 cm的上面层(B区域)和轮载右侧5~17 cm的中面层顶部(C区域)。沥青面层中$APPDI_{2D}$最大值为1.160 4,$\sigma_1=0.439\ 9$ MPa,$\sigma_3=-0.018\ 4$ MPa,位于轮载左侧1 cm的路表处(A区域),$|\sigma_1|>|\sigma_3|$,拉强比$|\sigma_3|:|\sigma_1|\approx 0$,应力状态为拉压应力比$|\sigma_3|:|\sigma_1|=1:23.9$的纯压剪切应力。$APPDI_{2D}$次大值为1.142 9,$\sigma_1=0.408\ 2$ MPa,$\sigma_3=-0.019\ 2$ MPa,位于轮载右侧1 cm的路表处(B区域),$|\sigma_1|>|\sigma_3|$,拉强比$|\sigma_3|:|\sigma_1|\approx 0$,应力状态为拉压应力比$|\sigma_3|:|\sigma_1|=1:21.2$的纯压剪切应力,破坏模式推断为车辙。

综上所述:平面应变简化模型条件下,低温和常温时,沥青路面的破坏模式表现为层底开裂;中温和高温条件下沥青路面的破坏模式均为以压应力为主的车辙破坏。

5.2 双圆均布荷载简化模型的力学分析

将路面结构模型简化为三维的双圆均布荷载模型,采用单轴双圆均布垂直荷载作用下的弹性层状连续体系理论进行有限元计算,荷载 q 为 0.7 MPa,荷载作用区域的半径 r 为 10.65 cm,双轮轮胎中心间距为 $3r$;采用八节点等参单元建模。边界条件:假设为底面完全约束,X 方向两侧面没有 X 方向位移,Y 方向两侧面没有 Y 方向位移。有限元网格模型共有单元 698 435 个,节点 701 428 个。基于 D-P 准则条件下的评价指标 $APPDI_{3D}$ 对其进行合理性评价。

5.2.1 低温条件下沥青路面结构分析

低温条件下(路面温度为 0℃时),分析京津塘高速公路沥青面层的 $APPDI_{3D}$ 较大值的分布位置和典型的危险点的应力莫尔圆,如图 5.5 所示;根据分析结果,选择沥青面层中 $y=0$ 剖面和 $y=r/4$ 剖面,绘制 $APPDI_{3D}$ 的等值线图,如图 5.6 所示。

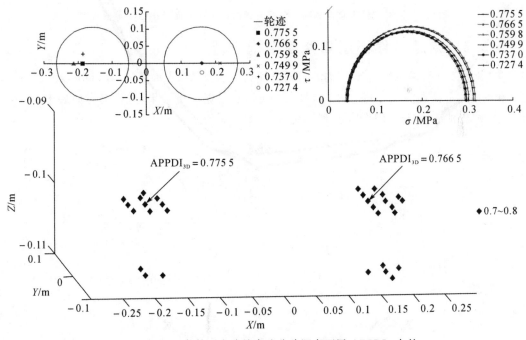

图 5.5 低温条件下京津塘高速公路沥青面层 $APPDI_{3D}$ 点的
分布位置及其典型的应力莫尔圆

图 5.5 和图 5.6 所示表明:$APPDI_{3D}$ 较大值主要分布于轮载下方的中面层底部和下面层顶部。$APPDI_{3D}$ 最大值为 0.775 5,小于 1,$\sigma_1 > \sigma_3 > 0$,应力状态为纯压剪切应力。路面结构处于安全状态,变形为弹性变形,卸荷后变形可恢复。

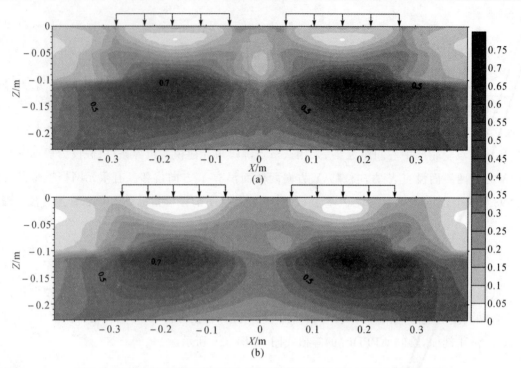

图 5.6 低温条件下京津塘高速公路沥青面层不同剖面 APPDI$_{3D}$ 等值线图

5.2.2 常温条件下沥青路面结构分析

常温条件下(路面温度为20℃时),分析京津塘高速公路沥青面层的 APPDI$_{3D}$ 较大值的分布位置和典型的危险点的应力莫尔圆,如图 5.7 所示。根据分析结果,选择沥青面层中 $y=0$ 剖面和 $y=r/4$ 剖面,绘制 APPDI$_{3D}$ 的等值线图,如图 5.8 所示。

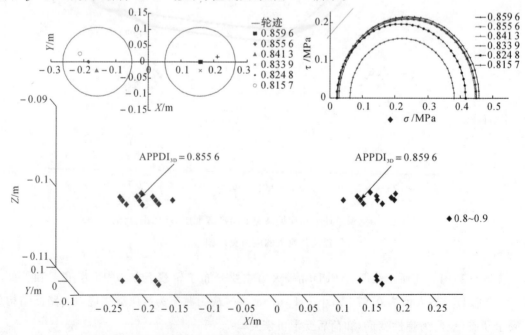

图 5.7 常温条件下京津塘高速公路沥青面层 APPDI$_{3D}$ 点的分布位置及其典型的应力莫尔圆

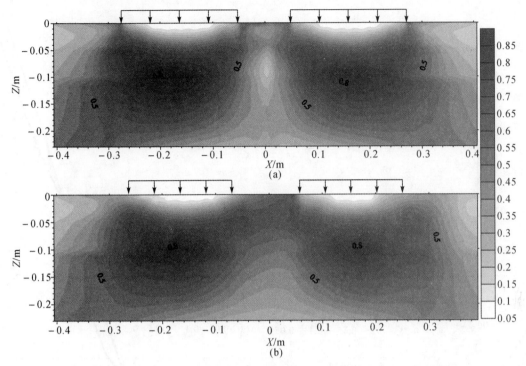

图 5.8 常温条件下京津塘高速公路沥青面层不同剖面 APPDI$_{3D}$ 等值线图

图 5.7 和图 5.8 所示表明:APPDI$_{3D}$ 较大值主要分布于轮载下方的中面层底部和下面层顶部。APPDI$_{3D}$ 最大值为 0.855 6,小于 1,$\sigma_1 > \sigma_3 > 0$,应力状态为纯压剪切应力。路面结构处于安全状态,变形为弹性变形,卸荷后变形可恢复。

5.2.3 中温条件下沥青路面结构分析

中温条件下(路面温度为 40℃时),分析京津塘高速公路沥青面层的 APPDI$_{3D}$ 较大值的分布位置和典型危险点的应力莫尔圆、危险点在 π 平面上的投影如图 5.9 所示。

图 5.9 所示表明:APPDI$_{3D}$ 较大值的点主要分布于靠近两轮中心处的轮迹线边缘 1~2 cm 的路面表层处和轮载下方的中面层中下部。APPDI$_{3D}$ > 1 的节点共有 3 个。APPDI$_{3D}$ 最大值为 1.244 3,$\sigma_1 = 0.0615$ MPa,$\sigma_3 = -0.1451$ MPa,位于右侧轮载靠近两轮中心处的轮迹线边缘 1.5 cm 的路面表层处,$|\sigma_1| < |\sigma_3|$,拉强比 $|\sigma_3| : |\sigma_t| > 0.5$,应力状态为拉压应力比 $|\sigma_3| : |\sigma_1| = 1 : 0.424$ 的拉-压复合剪切应力,破坏模式推断为 Top-Down 裂纹。APPDI$_{3D}$ 次大值为 1.172 1,$\sigma_1 = 0.1379$ MPa,$\sigma_3 = -0.1132$ MPa,位于左侧轮载靠近两轮中心处的轮迹线边缘 1 cm 的路面表层处,$|\sigma_1| > |\sigma_3|$,拉强比 $|\sigma_3| : |\sigma_t| > 0.5$,应力状态为拉压应力比 $|\sigma_3| : |\sigma_1| = 1 : 1.218$ 的拉-压复合剪切应力,破坏模式推断为车辙。

根据分析结果,选择沥青面层中 $y=0$ 剖面和 $y=r/4$ 剖面,绘制 APPDI$_{3D}$ 的等值线图,如图 5.10 所示。

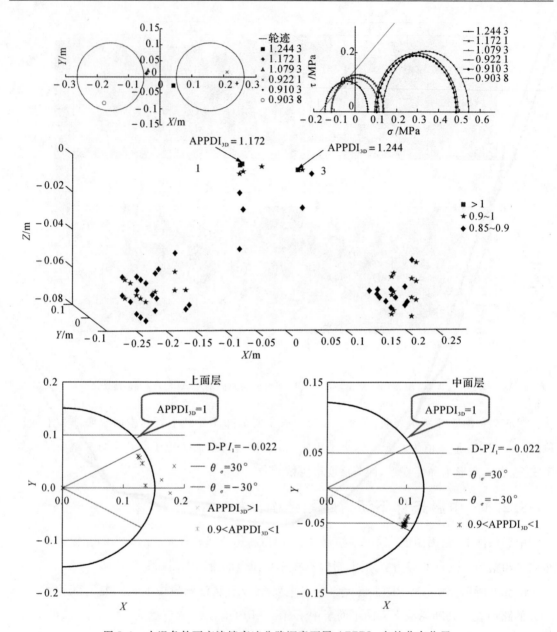

图 5.9 中温条件下京津塘高速公路沥青面层 APPDI$_{3D}$ 点的分布位置、
典型危险点的应力莫尔圆及 π 平面投影图

从图 5.10 中可知：$y=r/4$ 剖面中出现 APPDI$_{3D}>1$ 的区域，主要分布于右侧车辆轮迹线左侧 1~2 cm 的路表处。APPDI$_{3D}$ 较大值从路表处轮载边缘处以微小的角度向轮载下方扩展，在疲劳荷载的作用下，可能产生 Top-Down 裂纹或者 Top-Down 裂纹与车辙共存，且关于 Y 轴对称。

故在该温度下，沥青路面的破坏模式为 Top-Down 裂纹和车辙共存。

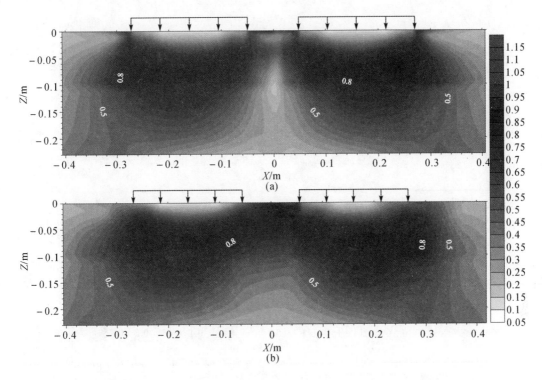

图 5.10 中温条件下京津塘高速公路沥青面层不同剖面 APPDI$_{3D}$ 等值线图

5.2.4 高温条件下沥青路面结构分析

高温条件下(路面温度为 60℃),分析京津塘高速公路沥青面层的 APPDI$_{3D}$ 较大值的分布位置和典型危险点的应力莫尔圆、危险点在 π 平面上的投影,如图 5.11 所示。

图 5.11 所示表明:APPDI$_{3D}$ 较大值的点主要分布于轮迹线边缘 1~2 cm 的路面表层处和轮载下方的中面层的中下部。APPDI$_{3D}$>1 的节点共有 44 个。APPDI$_{3D}$ 最大值为 1.294, $\sigma_1=0.0386$ MPa, $\sigma_3=-0.0829$ MPa,位于左侧轮载外侧的轮迹线边缘 1.44 cm 的路面表层处,$|\sigma_1|<|\sigma_3|$,拉强比 $|\sigma_3|:|\sigma_t|>0.5$,应力状态为拉压应力比 $|\sigma_3|:|\sigma_1|=1:0.465$ 的拉-压复合剪切应力,破坏模式推断为 Top-Down 裂纹。APPDI$_{3D}$ 次大值为 1.2635, $\sigma_1=0.0514$ MPa, $\sigma_3=-0.0823$ MPa,位于右侧轮载靠近两轮中心处的轮迹线边缘 1.1 cm 的路面表层处,$|\sigma_1|<|\sigma_3|$,拉强比 $|\sigma_3|:|\sigma_t|>0.5$,应力状态为拉压应力比 $|\sigma_3|:|\sigma_1|=1:0.624$ 的拉-压复合剪切应力,破坏模式推断为 Top-Down 裂纹。当 APPDI$_{3D}=1.1886$ 时,位于右侧轮载靠近两轮中心处的轮迹线边缘 0.7 cm 处,$|\sigma_1|>|\sigma_3|$,拉强比 $|\sigma_3|:|\sigma_t|>0.5$,应力状态为拉压应力比 $|\sigma_3|:|\sigma_1|=1:2.052$ 的拉-压复合剪切应力,破坏模式推断为车辙破坏。

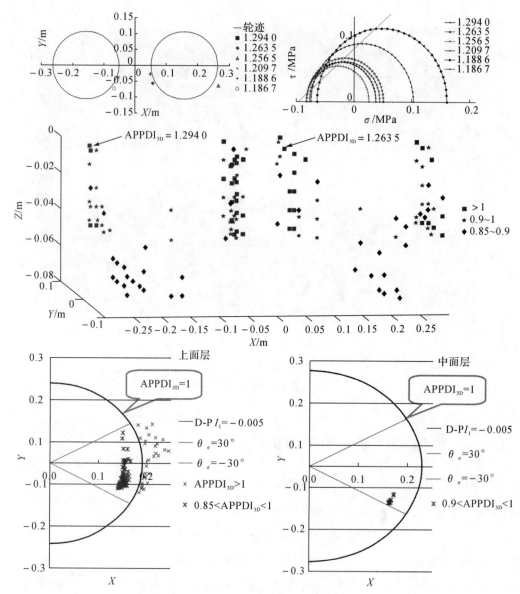

图 5.11 高温条件下京津塘高速公路沥青面层 APPDI$_{3D}$ 点的分布位置、典型危险点的应力莫尔圆及 π 平面投影图

根据分析结果,选择沥青面层中 $y=-r/4$ 剖面和 $y=0$ 剖面,绘制了 APPDI$_{3D}$ 的等值线图,如图 5.12 所示。

由图 5.12 可知:不同剖面中均出现 APPDI$_{3D}>1$ 的区域,主要分布于轮迹线外侧 1~2 cm 的路表处。APPDI$_{3D}$ 较大值从路表处轮载边缘处以微小的角度向轮载下方扩展,在疲劳荷载的作用下,可能产生 Top-Down 裂纹或者 Top-Down 裂纹与车辙共存,且关于 Y 轴对称。

因此在该温度下,沥青路面的破坏模式主要为车辙,并伴随有 Top-Down 裂纹。

综上所述:在三维双圆均布荷载简化模型条件下,低温和常温时,沥青路面表现为理想弹性状态,不会产生破坏;中温和高温时,沥青路面的破坏模式均表现为以压应力为主的车辙破坏为主,并出现局部的以拉应力为主的 Top-Down 裂纹。

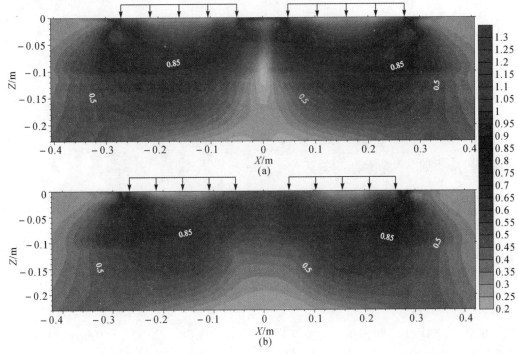

图 5.12　高温条件下京津塘高速公路沥青面层不同剖面 APPDI$_{3D}$ 等值线图

5.3　车列荷载模式的力学分析

将路面结构模型简化为三维的车列荷载模式,采用单轴双圆均布垂直荷载作用下的弹性层状连续体系理论进行有限元计算。

对不同温度条件下,不同轴载、不同行车状态下的沥青路面纵剖面进行分析,根据评价指标的大小和响应的应力莫尔圆及其出现的位置,评价其不同沥青面层的破坏模式。

5.3.1　六轴半挂车正常行驶状态时沥青路面结构分析

荷载作用区域的半径 r 为 10.65 cm,荷载 q 为 0.7 MPa,双轮轮胎中心间距为 $3r$;采用八节点等参单元建模。边界条件:假设为底面完全约束,X 方向两侧面没有 X 方向位移,Y 方向两侧面没有 Y 方向位移。有限元网格模型共有单元 759 764 个,节点 747 558 个。根据路面结构层材料的抗剪强度参数,基于 D-P 准则条件下的评价指标 APPDI$_{3D}$ 对其进行合理性评价。

1.低温条件下沥青路面结构分析

低温条件下(路面温度为 0 ℃ 时),京津塘高速公路沥青面层的 APPDI$_{3D}$ 等值线及其典型的应力莫尔圆如图 5.13 所示。

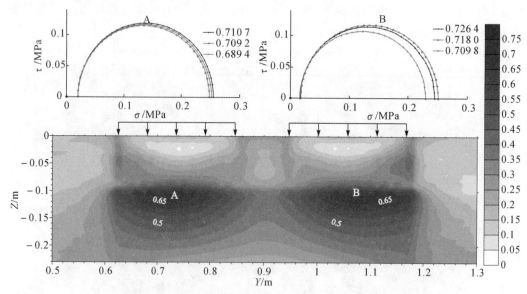

图 5.13　低温条件下六轴半挂车正常行驶状态时京津塘高速公路沥青面层 APPDI$_{3D}$ 等值线图及其典型的应力莫尔圆

图 5.13 所示表明：APPDI$_{3D}$ 较大值主要分布于轮载下方的中面层底部和下面层顶部，且关于 Y 轴对称。APPDI$_{3D}$ 最大值为 0.726 4，小于 1，$\sigma_1 > \sigma_3 > 0$，应力状态为纯压剪切应力，出现在外侧轮载下方的中面层底部。路面结构处于安全状态，变形为弹性变形，卸荷后变形可恢复。

2. 常温条件下沥青路面结构分析

常温条件下（路面温度为 20℃时），京津塘高速公路沥青面层的 APPDI$_{3D}$ 等值线及其典型的应力莫尔圆如图 5.14 所示。

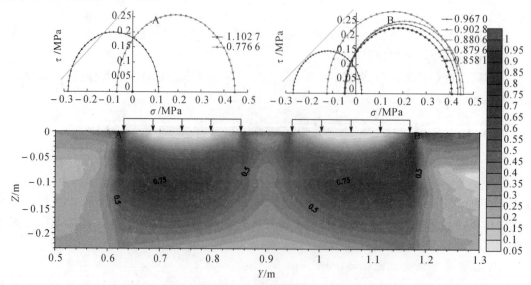

图 5.14　常温条件下六轴半挂车正常行驶状态时京津塘高速公路沥青面层 APPDI$_{3D}$ 等值线图及其典型的应力莫尔圆

图 5.14 所示表明:$APPDI_{3D}$ 大于 1 的区域主要位于内侧轮载内侧 0～2 cm 的路表处(A 区域)。$APPDI_{3D}$ 最大值为 1.102 7,$\sigma_1=0.112\ 4$ MPa,$\sigma_3=-0.286\ 7$ MPa,位于内侧轮载左侧 1 cm 的路表处(A 区域),$|\sigma_1|<|\sigma_3|$,拉强比 $|\sigma_3|:|\sigma_t|>0.5$,应力状态为拉压应力比 $|\sigma_3|:|\sigma_1|=1:0.39$ 的拉-压复合剪切应力,破坏模式推断为 Top-Down 裂纹。

3. 中温条件下沥青路面结构分析

中温条件下(路面温度为 40 ℃时),京津塘高速公路沥青面层的 $APPDI_{3D}$ 等值线及其典型的应力莫尔圆如图 5.15 所示。

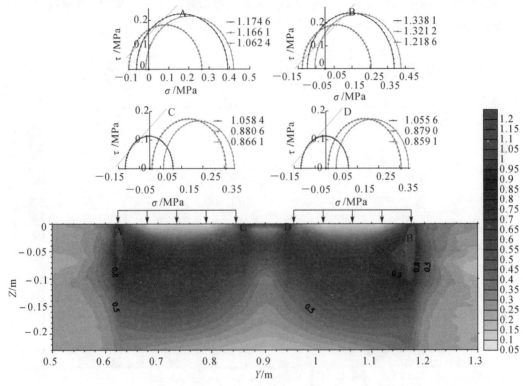

图 5.15 中温条件下六轴半挂车正常行驶状态时京津塘高速公路沥青面层
$APPDI_{3D}$ 等值线图及其典型的应力莫尔圆

图 5.15 所示表明:$APPDI_{3D}$ 大于 1 的区域主要位于内侧轮载内侧 0～2 cm、深度为 -2～-6 cm 处(A 区域),外侧轮载外侧 0～2 cm、深度为 -2～-9 cm 处(B 区域),内侧轮载外侧 0～2 cm 的路表处(C 区域)和外侧轮载内侧 0～2 cm 的路表处(D 区域)。沥青面层中 $APPDI_{3D}$ 最大值为 1.338 1,$\sigma_1=0.386\ 9$ MPa,$\sigma_3=-0.099\ 4$ MPa,位于外侧轮载外侧 1 cm、深度 -2 cm 处(B 区域),$|\sigma_1|>|\sigma_3|$,拉强比 $|\sigma_3|:|\sigma_t|>0.5$,应力状态为拉压应力比 $|\sigma_3|:|\sigma_1|=1:3.89$ 的拉-压复合剪切应力。$APPDI_{3D}$ 次大值为 1.321 2,$\sigma_1=0.256\ 1$ MPa,$\sigma_3=-0.127\ 6$ MPa,位于外侧轮载外侧 1 cm、深度 -1 cm 处(B 区域),$|\sigma_1|>|\sigma_3|$,拉强比 $|\sigma_3|:|\sigma_1|>0.5$,应力状态为拉压应力比 $|\sigma_3|:|\sigma_1|=1:2$ 的拉-压复合剪切应力,破坏模式推断为车辙。在 A 区域内,最大 $APPDI_{3D}$ 值为 1.174 6,$\sigma_1=0.392\ 1$ MPa,$\sigma_3=-0.061$ MPa,位于内侧轮载内侧 1 cm、深度 -1 cm 处,$|\sigma_1|>|\sigma_3|$,拉强比 $|\sigma_3|:|\sigma_t|<0.5$,应力状态为拉压应力比 $|\sigma_3|:|\sigma_1|=1:6.4$ 的拉-压复合剪切应力,破坏模式推断为车辙。在 C 区域,最大

APPDI$_{3D}$值为 1.058 4,σ_1=0.109 0 MPa,σ_3=−0.117 4 MPa,位于内侧轮载外侧 1 cm 的路表处,$|\sigma_1|<|\sigma_3|$,拉强比$|\sigma_3|:|\sigma_t|>0.5$,应力状态为拉压应力比$|\sigma_3|:|\sigma_1|=1:0.928$的拉-压复合剪切应力,破坏模式推断为 Top-Down 裂纹。在 D 区域,最大 APPDI$_{3D}$值为 1.055 6,σ_1=0.107 9 MPa,σ_3=−0.117 2 MPa,位于外侧轮载内侧 1 cm 的路表处,$|\sigma_1|<|\sigma_3|$,拉强比$|\sigma_3|:|\sigma_t|>0.5$,应力状态为拉压应力比$|\sigma_3|:|\sigma_1|=1:0.921$的拉-压复合剪切应力,破坏模式推断为 Top-Down 裂纹。

4. 高温条件下沥青路面结构分析

高温条件下(路面温度为 60℃时),京津塘高速公路沥青面层的 APPDI$_{3D}$等值线及其典型的应力莫尔圆如图 5.16 所示。

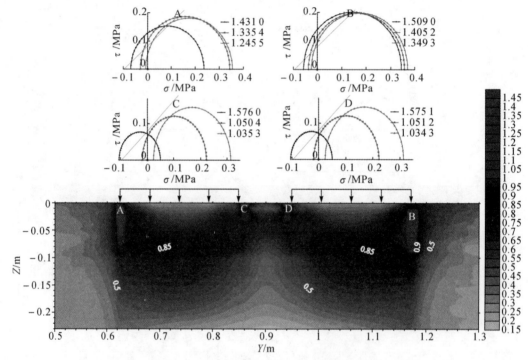

图 5.16 高温条件下六轴半挂车正常行驶状态时京津塘高速公路沥青面层 APPDI$_{3D}$等值线图及其典型的应力莫尔圆

图 5.16 所示表明:APPDI$_{3D}$大于 1 的区域主要位于内侧轮载内侧 0~2 cm、深度为−1~−6 cm 处(A 区域),外侧轮载外侧 0~2 cm、深度为−2~−9 cm 处(B 区域),内侧轮载外侧 0~2 cm 的路表处(C 区域)和外侧轮载内侧 0~2 cm 的路表处(D 区域)。沥青面层中 APPDI$_{3D}$最大值为 1.576 0,σ_1=0.049 1 MPa,σ_3=−0.105 2 MPa,位于外侧轮载内侧 1 cm 的路表处(D 区域),$|\sigma_1|<|\sigma_3|$,拉强比$|\sigma_3|:|\sigma_t|>1$,应力状态为拉压应力比$|\sigma_3|:|\sigma_1|=1:0.467$的拉-压复合剪切应力,破坏模式推断为 Top-Down 裂纹。APPDI$_{3D}$次大值为 1.575 1,σ_1=0.049 5 MPa,σ_3=−0.105 1 MPa,位于内侧轮载外侧 1 cm 的路表处(C 区域),$|\sigma_1|<|\sigma_3|$,拉强比$|\sigma_3|:|\sigma_t|>1$,应力状态为拉压应力比$|\sigma_3|:|\sigma_1|=1:0.471$的拉-压复合剪切应力,破坏模式推断为 Top-Down 裂纹。在 A 区域内,最大 APPDI$_{3D}$值为 1.431 0,σ_1=0.235 8 MPa,σ_3=−0.085 4 MPa,位于内侧轮载内侧 1 cm、深度−2 cm 处,$|\sigma_1|>|\sigma_3|$,

拉强比$|\sigma_3|:|\sigma_t|>0.5$,应力状态为拉压应力比$|\sigma_3|:|\sigma_1|=1:2.76$的拉-压复合剪切应力,破坏模式推断为车辙。在B区域,最大APPDI$_{3D}$值为1.509 0,$\sigma_1=0.344\ 1$ MPa,$\sigma_3=-0.057\ 5$ MPa,位于外侧轮载外侧1 cm、深度-2 cm处,$|\sigma_1|>|\sigma_3|$,拉强比$|\sigma_3|:|\sigma_t|>0.5$,应力状态为拉压应力比$|\sigma_3|:|\sigma_1|=1:5.98$的拉-压复合剪切应力,破坏模式推断为车辙。

除最大值和次大值路面破坏表现为Top-Down裂纹外,其余APPDI$_{3D}>1$的均表现为以压应力为主的车辙破坏。

由上述分析可知:六轴半挂车在正常行驶状态下,低温时沥青面层不会产生破坏现象;常温时内侧轮载内侧路表处会出现Top-Down裂纹;高温和中温时整体破坏现象以轮迹带两侧的车辙破坏为主,在两轮内侧会出现Top-Down裂纹。

5.3.2 六轴半挂车拥堵状态时沥青路面结构分析

荷载作用区域的半径r为10.65 cm,荷载q为0.7 MPa,双轮轮胎中心间距为$3r$;采用八节点等参单元建模。边界条件:假设为底面完全约束,X方向两侧面没有X方向位移,Y方向两侧面没有Y方向位移。有限元网格模型共有单元729 232个,节点716 652个。根据路面结构层材料的抗剪强度参数,基于D-P准则条件下的评价指标APPDI$_{3D}$对其进行合理性评价。

1. 低温条件下沥青路面结构分析

低温条件下(路面温度为0℃时),京津塘高速公路沥青面层的APPDI$_{3D}$等值线及其典型的应力莫尔圆如图5.17所示。

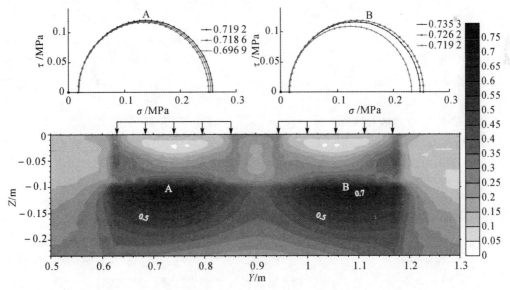

图5.17 低温条件下六轴半挂车拥堵状态时京津塘高速公路沥青面层
APPDI$_{3D}$等值线图及其典型的应力莫尔圆

图5.17所示表明:APPDI$_{3D}$较大值主要分布于轮载下方的中面层底部和下面层顶部,且关于Y轴对称。APPDI$_{3D}$最大值为0.735 3,小于1,$\sigma_1>\sigma_3>0$,应力状态为纯压剪切应力,出

现在外侧轮载下方的中面层底部。路面结构处于安全状态,变形为弹性变形,卸荷后变形可恢复。

2. 常温条件下沥青路面结构分析

常温条件下(路面温度为 20℃时),京津塘高速公路沥青面层的 APPDI$_{3D}$ 等值线及其典型的应力莫尔圆如图 5.18 所示。

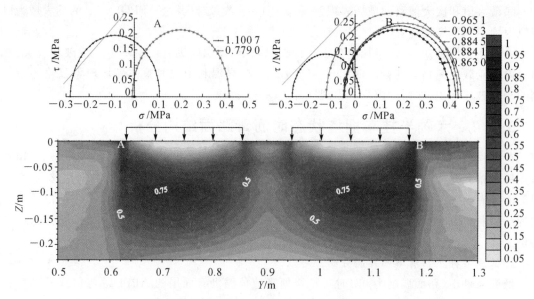

图 5.18　常温条件下六轴半挂车拥堵状态时京津塘高速公路沥青面层 APPDI$_{3D}$ 等值线图及其典型的应力莫尔圆

图 5.18 所示表明:APPDI$_{3D}$ 大于 1 的区域主要位于内侧轮载内侧 1～2 cm 的路表处(A 区域)。APPDI$_{3D}$ 最大值为 1.100 7,$\sigma_1=0.109\ 6$ MPa,$\sigma_3=-0.288\ 3$ MPa,位于内侧轮载左侧 1 cm 的路表处(A 区域),$|\sigma_1|<|\sigma_3|$,拉强比 $|\sigma_3|:|\sigma_t|>0.5$,应力状态为拉压应力比 $|\sigma_3|:|\sigma_1|=1:0.38$ 的拉-压复合剪切应力,破坏模式推断为 Top-Down 裂纹。

3. 中温条件下沥青路面结构分析

中温条件下(路面温度为 40℃时),京津塘高速公路沥青面层的 APPDI$_{3D}$ 等值线及其典型的应力莫尔圆如图 5.19 所示。

图 5.19 所示表明:APPDI$_{3D}$ 大于 1 的区域主要位于内侧轮载内侧 0～2 cm、深度为 -1～-4 cm 处(A 区域),外侧轮载外侧 0～2 cm、深度为 -1～-9 cm 处(B 区域),内侧轮载外侧 0～2 cm 的路表处(C 区域)和外侧轮载内侧 0～2 cm 的路表处(D 区域)。沥青面层中 APPDI$_{3D}$ 最大值为 1.281 0,$\sigma_1=0.379\ 9$ MPa,$\sigma_3=-0.085\ 2$ MPa,位于外侧轮载外侧 1 cm、深度 -2 cm 处(B 区域),$|\sigma_1|>|\sigma_3|$,拉强比 $|\sigma_3|:|\sigma_t|>0.5$,应力状态为拉压应力比 $|\sigma_3|:|\sigma_1|=1:4.45$ 的拉-压复合剪切应力,破坏模式推断为车辙。APPDI$_{3D}$ 次大值为 1.270 6,$\sigma_1=0.253\ 1$ MPa,$\sigma_3=-0.116\ 5$ MPa,位于外侧轮载外侧 1 cm、深度 -1 cm 处(B 区域),$|\sigma_1|>|\sigma_3|$,拉强比 $|\sigma_3|:|\sigma_t|>0.5$,应力状态为拉压应力比 $|\sigma_3|:|\sigma_1|=1:2.17$ 的拉-压复合剪切应力,破坏模式推断为车辙。在 A 区域内,最大 APPDI$_{3D}$ 值为 1.147 9,$\sigma_1=0.260\ 4$ MPa,$\sigma_3=-0.094\ 0$ MPa,位于内侧轮载内侧 1 cm、深度 -1 cm 处,$|\sigma_1|>|\sigma_3|$,拉强比 $|\sigma_3|:|\sigma_t|>0.5$,应力状态为拉压应力比 $|\sigma_3|:|\sigma_1|=1:2.77$ 的拉-压复合剪切应力,破坏模式推断为车

辙。在 C 区域,最大 APPDI$_{3D}$ 值为 1.011 8,σ_1=0.083 7 MPa,σ_3=−0.110 6 MPa,位于内侧轮载外侧 1 cm 的路表处,$|\sigma_1|<|\sigma_3|$,拉强比 $|\sigma_3|:|\sigma_t|>0.5$,应力状态为拉压应力比 $|\sigma_3|:|\sigma_1|=1:0.756$ 的拉-压复合剪切应力,破坏模式推断为 Top - Down 裂纹。在 D 区域,最大 APPDI$_{3D}$ 值为 1.011 3,σ_1=0.083 4 MPa,σ_3=−0.116 MPa,位于外侧轮载内侧 1 cm 的路表处,$|\sigma_1|<|\sigma_3|$,拉强比 $|\sigma_3|:|\sigma_t|>0.5$,应力状态为拉压应力比 $|\sigma_3|:|\sigma_1|=1:0.724$ 的拉-压复合剪切应力,破坏模式推断为 Top - Down 裂纹。

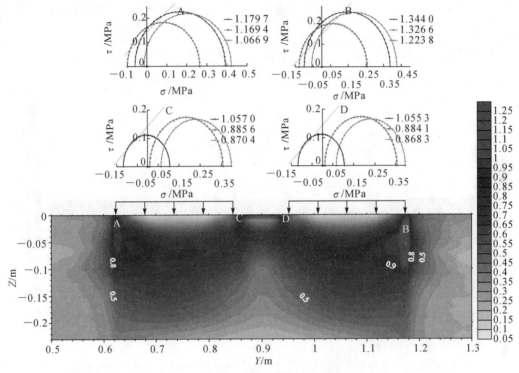

图 5.19　中温条件下六轴半挂车拥堵状态时京津塘高速公路沥青面层
APPDI$_{3D}$ 等值线图及其典型的应力莫尔圆

4. 高温条件下沥青路面结构分析

高温条件下(路面温度为 60℃时),京津塘高速公路沥青面层的 APPDI$_{3D}$ 等值线及其典型的应力莫尔圆如图 5.20 所示。

图 5.20 所示表明:APPDI$_{3D}$ 大于 1 的区域主要位于内侧轮载内侧 0~2 cm、深度为−1~−7 cm 处(A 区域),外侧轮载外侧 0~2 cm、深度为−1~−10 cm 处(B 区域),内侧轮载外侧 0~2 cm 的路表处(C 区域)和外侧轮载内侧 0~2 cm 的路表处(D 区域)。沥青面层中 APPDI$_{3D}$ 最大值为 1.581 6,σ_1=0.049 3 MPa,σ_3=−0.105 5 MPa,位于外侧轮载内侧 1 cm 的路表处(D 区域),$|\sigma_1|>|\sigma_3|$,拉强比 $|\sigma_3|:|\sigma_t|>1$,应力状态为拉压应力比 $\sigma_3:\sigma_1=1:0.467$ 的拉-压复合剪切应力,破坏模式推断为 Top - Down 裂纹。APPDI$_{3D}$ 次大值为 1.581 2,σ_1=0.048 8 MPa,σ_3=−0.105 5 MPa,位于内侧轮载外侧 1 cm 的路表处(C 区域),$|\sigma_1|<|\sigma_3|$,拉强比 $|\sigma_3|:|\sigma_t|>1$,应力状态为拉压应力比 $|\sigma_3|:|\sigma_1|=1:0.463$ 的拉-压复合剪切应力,破坏模式推断为 Top - Down 裂纹。在 A 区域内,最大 APPDI$_{3D}$ 值为 1.434 2,σ_1=0.236 0 MPa,σ_3=−0.068 6 MPa,位于内侧轮载内侧 1 cm、深度−1 cm 处,$|\sigma_1|>|\sigma_3|$,

拉强比$|\sigma_3|:|\sigma_t|>0.5$,应力状态为拉压应力比$|\sigma_3|:|\sigma_1|=1:3.44$的拉-压复合剪切应力,破坏模式推断为车辙。在 B 区域,最大 $APPDI_{3D}$ 值为 1.513 8,$\sigma_1=0.344\ 2$ MPa,$\sigma_3=-0.057\ 6$ MPa,位于外侧轮载外侧 1 cm、深度-2 cm 处,$|\sigma_1|>|\sigma_3|$,拉强比$|\sigma_3|:|\sigma_t|>0.5$,应力状态为拉压应力比$|\sigma_3|:|\sigma_1|=1:5.96$的拉-压复合剪切应力,破坏模式推断为车辙。除最大值和次大值路面破坏表现为 Top-Down 裂纹外,其余 $APPDI_{3D}>1$ 的均表现为以压应力为主的车辙破坏。

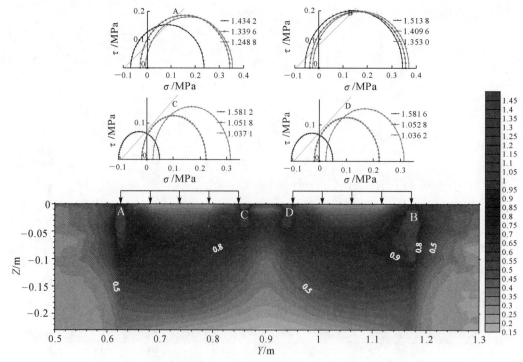

图 5.20　高温条件下六轴半挂车拥堵状态时京津塘高速公路沥青面层
$APPDI_{3D}$ 等值线图及其典型的应力莫尔圆

由上述分析可知:六轴半挂车在拥堵状态下,低温时沥青面层不会产生破坏现象;常温时内侧轮载内侧路表处会出现 Top-Down 裂纹;中温和高温时整体破坏现象以轮迹带两侧的车辙破坏为主,在两轮内侧会出现 Top-Down 裂纹。

5.3.3　六轴全挂车正常行驶状态时沥青路面结构分析

荷载作用区域的半径 r 为 10.65 cm,荷载 q 根据图 2.5 所示换算可得,双轮轮胎中心间距为 $3r$;采用八节点等参单元建模。边界条件:假设为底面完全约束,X 方向两侧面没有 X 方向位移,Y 方向两侧面没有 Y 方向位移。有限元网格模型共有单元 773 898 个,节点 770 848 个。根据路面结构层材料的抗剪强度参数,基于 D-P 准则条件下的评价指标 $APPDI_{3D}$ 对其进行合理性评价。

1.低温条件下沥青路面结构分析

低温条件下(路面温度为 0 ℃时)京津塘高速公路沥青面层的 $APPDI_{3D}$ 等值线及其典型的应力莫尔圆如图 5.21 所示。

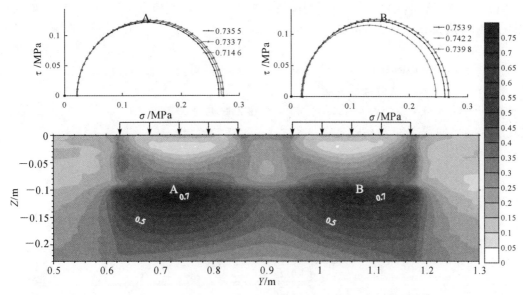

图 5.21　低温条件下六轴全挂车正常行驶状态时京津塘高速公路沥青面层 $APPDI_{3D}$ 等值线图及其典型的应力莫尔圆

图 5.21 所示表明：$APPDI_{3D}$ 较大值主要分布于轮载下方的中面层底部和下面层顶部，且关于 Y 轴对称。$APPDI_{3D}$ 最大值为 0.753 9，小于 1，$\sigma_1 > \sigma_3 > 0$，应力状态为纯压剪切应力，出现在外侧轮载下方的中面层底部。路面结构处于安全状态，变形为弹性变形，卸荷后变形可恢复。

2. 常温条件下沥青路面结构分析

常温条件下（路面温度为 20℃时）京津塘高速公路沥青面层的 $APPDI_{3D}$ 等值线及其典型的应力莫尔圆，如图 5.22 所示。

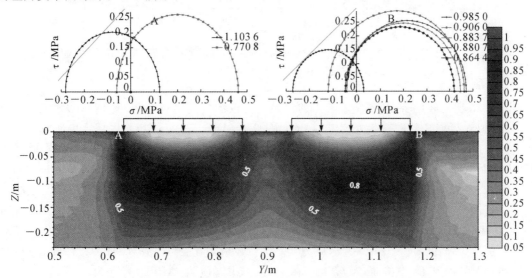

图 5.22　常温条件下六轴全挂车正常行驶状态时京津塘高速公路沥青面层 $APPDI_{3D}$ 等值线图及其典型的应力莫尔圆

图 5.22 所示表明:APPDI 大于 1 的区域主要位于内侧轮载内侧 1~2 cm 的路表处(A 区域)。APPDI 最大值为 1.103 6，$\sigma_1=0.120\ 3$ MPa，$\sigma_3=-0.289\ 6$ MPa，位于内侧轮载左侧 1 cm 的路表处(A 区域)，$|\sigma_1|<|\sigma_3|$，拉强比 $|\sigma_3|:|\sigma_t|>0.5$，应力状态为拉压应力比 $|\sigma_3|:|\sigma_1|=1:0.415$ 的拉-压复合剪切应力，破坏模式推断为 Top-Down 裂纹。

3. 中温条件下沥青路面结构分析

中温条件下(路面温度为 40℃时)京津塘高速公路沥青面层的 $APPDI_{3D}$ 等值线及其典型的应力莫尔圆，如图 5.23 所示。

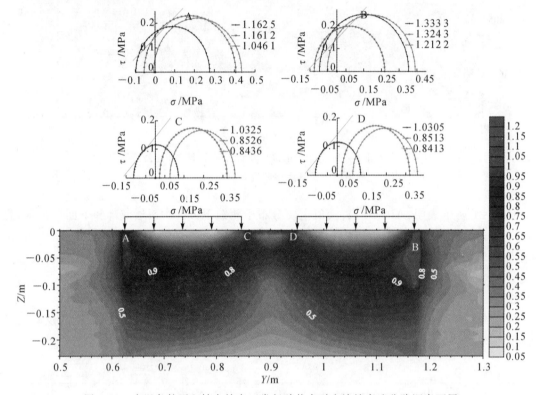

图 5.23　中温条件下六轴全挂车正常行驶状态时京津塘高速公路沥青面层 $APPDI_{3D}$ 等值线图及其典型的应力莫尔圆

图 5.23 所示表明:$APPDI_{3D}$ 大于 1 的区域主要位于内侧轮载内侧 0~2 cm、深度为 $-1\sim-6$ cm 处(A 区域)，外侧轮载外侧 0~2 cm、深度为 $-1\sim-10$ cm 处(B 区域)，内侧轮载外侧 0~2 cm 的路表处(C 区域)和外侧轮载内侧 0~2 cm 的路表处(D 区域)。沥青面层中 $APPDI_{3D}$ 最大值为 1.333 3，$\sigma_1=0.403\ 0$ MPa，$\sigma_3=-0.096\ 9$ MPa，位于外侧轮载外侧 1 cm、深度 -2 cm 处(B 区域)，$|\sigma_1|>|\sigma_3|$，拉强比 $|\sigma_3|:|\sigma_t|>0.5$，应力状态为拉压应力比 $|\sigma_3|:|\sigma_1|=1:4.16$ 的拉-压复合剪切应力，破坏模式推断为车辙。$APPDI_{3D}$ 次大值为 1.324 3，$\sigma_1=0.269\ 1$ MPa，$\sigma_3=-0.126\ 7$ MPa，位于外侧轮载外侧 1 cm、深度 -1 cm 处(B 区域)，$|\sigma_1|>|\sigma_3|$，拉强比 $|\sigma_3|:|\sigma_t|>0.5$，应力状态为拉压应力比 $|\sigma_3|:|\sigma_1|=1:2.12$ 的拉-压复合剪切应力，破坏模式推断为车辙。在 A 区域内，最大 $APPDI_{3D}$ 值为 1.162 5，$\sigma_1=0.276\ 8$ MPa，$\sigma_3=-0.097\ 4$ MPa，位于内侧轮载内侧 1 cm、深度 -1 cm 处，$|\sigma_1|>|\sigma_3|$，拉强比 $|\sigma_3|:|\sigma_t|>0.5$，应力状态为拉压应力比 $|\sigma_3|:|\sigma_1|=1:2.85$ 的拉-压复合剪切应力，破坏

模式推断为车辙。在 C 区域,最大 $APPDI_{3D}$ 值为 1.032 5,σ_1＝0.119 9 MPa,σ_3＝－0.111 1 MPa,位于内侧轮载外侧 1 cm 的路表处,$|\sigma_1|<|\sigma_3|$,拉强比 $|\sigma_3|:|\sigma_t|>0.5$,应力状态为拉压应力比 $|\sigma_3|:|\sigma_1|$＝1∶1.08 的拉-压复合剪切应力,破坏模式推断为 Top-Down 裂纹。在 D 区域,最大 $APPDI_{3D}$ 值为 1.030 5,σ_1＝0.118 8 MPa,σ_3＝－0.110 6 MPa,位于外侧轮载内侧 1 cm 的路表处,$|\sigma_1|<|\sigma_3|$,拉强比 $|\sigma_3|:|\sigma_t|>0.5$,应力状态为拉压应力比 $|\sigma_3|:|\sigma_1|$＝1∶1.07 的拉-压复合剪切应力,破坏模式推断为 Top-Down 裂纹。

4. 高温条件下沥青路面结构分析

高温条件下(路面温度为 60℃时),京津塘高速公路沥青面层的 $APPDI_{3D}$ 等值线及其典型的应力莫尔圆如图 5.24 所示。

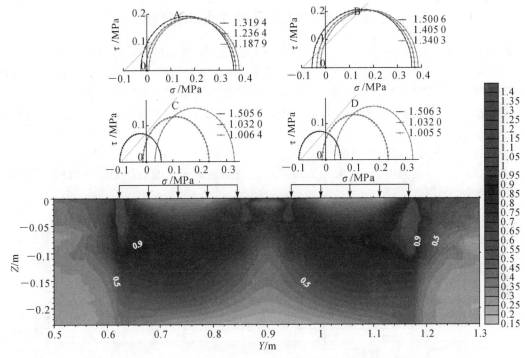

图 5.24　高温条件下六轴全挂车正常行驶状态时京津塘高速公路沥青面层 $APPDI_{3D}$ 等值线图及其典型的应力莫尔圆

图 5.24 所示表明:$APPDI_{3D}$ 大于 1 的区域主要位于内侧轮载内侧 0～2 cm、深度为 －1～ －7 cm 处(A 区域),外侧轮载外侧 0～2 cm、深度为 －1～ －10 cm 处(B 区域),内侧轮载外侧 0～2 cm 的路表处(C 区域)和外侧轮载内侧 0～2 cm 的路表处(D 区域)。沥青面层中 $APPDI_{3D}$ 最大值为 1.506 3,σ_1＝0.055 8 MPa,σ_3＝－0.100 1 MPa,位于外侧轮载内侧 1 cm 的路表处(D 区域),$|\sigma_1|<|\sigma_3|$,拉强比 $|\sigma_3|:|\sigma_t|>1$,应力状态为拉压应力比 $|\sigma_3|:|\sigma_1|$＝1∶0.558 的拉-压复合剪切应力,破坏模式推断为 Top-Down 裂纹。$APPDI_{3D}$ 次大值为 1.505 6,σ_1＝0.055 8 MPa,σ_3＝－0.100 1 MPa,位于内侧轮载外侧 1 cm 的路表处(C 区域),$|\sigma_1|<|\sigma_3|$,拉强比 $|\sigma_3|:|\sigma_t|>1$,应力状态为拉压应力比 $|\sigma_3|:|\sigma_1|$＝1∶0.558 的拉-压复合剪切应力,破坏模式推断为 Top-Down 裂纹。在 A 区域内,最大 $APPDI_{3D}$ 值为 1.319 4,σ_1＝0.359 3 MPa,σ_3＝－0.025 5 MPa,位于内侧轮载内侧 1 cm、深度 －2 cm 处,$|\sigma_1|>|\sigma_3|$,

拉强比$|\sigma_3|:|\sigma_t|<0.5$，应力状态为拉压应力比$|\sigma_3|:|\sigma_t|=1:14$的拉-压复合剪切应力，破坏模式推断为车辙。在 B 区域，最大 $APPDI_{3D}$ 值为 1.500 6，$\sigma_1=0.360\ 9$ MPa，$\sigma_3=-0.055\ 7$ MPa，位于外侧轮载外侧 1 cm，深度-2 cm 处，$|\sigma_1|>|\sigma_3|$，拉强比$|\sigma_3|:|\sigma_t|>0.5$，应力状态为拉压应力比$|\sigma_3|:|\sigma_t|=1:6.48$的拉-压复合剪切应力，破坏模式推断为车辙。

除最大值和次大值路面破坏表现为 Top-Down 裂纹外，其余 $APPDI_{3D}>1$ 的均表现为以压应力为主的车辙破坏。

由上述分析可知：六轴全挂车在正常行驶状态下，低温时沥青面层不会产生破坏现象；常温时内侧轮载内侧路表处会出现 Top-Down 裂纹；中温和高温时整体破坏现象以轮迹带两侧的车辙破坏为主，在两轮内侧会出现 Top-Down 裂纹。

5.3.4 六轴全挂车拥堵态时沥青路面结构分析

荷载作用区域的半径 r 为 10.65 cm，荷载 q 根据图 2.5 所示换算可得，双轮轮胎中心间距为 $3r$；采用八节点等参单元建模。边界条件：假设为底面完全约束，X 方向两侧面没有 X 方向位移，Y 方向两侧面没有 Y 方向位移。有限元网格模型共有单元 736 814 个，节点 734 162 个。根据路面结构层材料的抗剪强度参数、基于 D-P 准则条件下的评价指标 $APPDI_{3D}$ 对其进行合理性评价。

1. 低温条件下沥青路面结构分析

低温条件下（路面温度为 0 ℃时），京津塘高速公路沥青面层的 $APPDI_{3D}$ 等值线及其典型的应力莫尔圆，如图 5.25 所示。

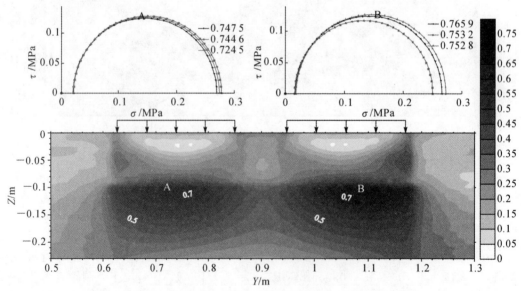

图 5.25　低温条件下六轴全挂车拥堵状态时京津塘高速公路沥青面层
$APPDI_{3D}$ 等值线图及其典型的应力莫尔圆

图 5.25 所示表明：$APPDI_{3D}$ 较大值主要分布于轮载下方的中面层底部和下面层顶部，且关于 Y 轴对称。$APPDI_{3D}$ 最大值为 0.765 9，小于 1，$\sigma_1>\sigma_3>0$，应力状态为纯压剪切应力，出现在外侧轮载下方的中面层底部。路面结构处于安全状态，变形为弹性变形。

2. 常温条件下沥青路面结构分析

常温条件下(路面温度为20℃时),京津塘高速公路沥青面层的APPDI$_{3D}$等值线及其典型的应力莫尔圆如图5.26所示。

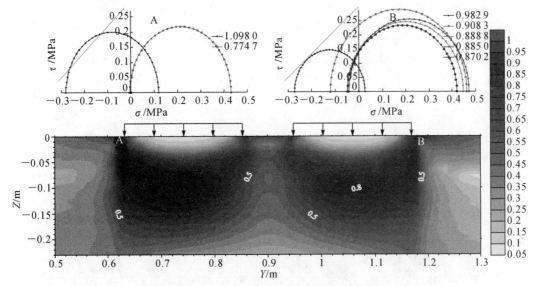

图5.26　常温条件下六轴全挂车拥堵状态时京津塘高速公路沥青面层APPDI$_{3D}$等值线图及其典型的应力莫尔圆

图5.26所示表明:APPDI$_{3D}$大于1的区域主要位于内侧轮载内侧1～2 cm的路表处(A区域)。APPDI$_{3D}$最大值为1.098 0,$\sigma_1=0.112\,6$ MPa,$\sigma_3=-0.287\,6$ MPa,位于内侧轮载左侧1 cm的路表处(A区域),$|\sigma_1|<|\sigma_3|$,拉强比$|\sigma_3|:|\sigma_t|>0.5$,应力状态为拉压应力比$|\sigma_3|:|\sigma_1|=1:0.39$的拉-压复合剪切应力,破坏模式推断为Top-Down裂纹。

3. 中温条件下沥青路面结构分析

中温条件下(路面温度为40℃时),京津塘高速公路沥青面层的APPDI$_{3D}$等值线及其典型的应力莫尔圆如图5.27所示。

图5.27所示表明:APPDI$_{3D}$大于1的区域主要位于内侧轮载内侧0～2 cm、深度为-1～-5 cm处(A区域),外侧轮载外侧0～2 cm、深度为-1～-10 cm处(B区域),内侧轮载外侧0～2 cm的路表处(C区域)和外侧轮载内侧0～2 cm的路表处(D区域)。沥青面层中APPDI$_{3D}$最大值为1.339 1,$\sigma_1=0.403\,0$ MPa,$\sigma_3=-0.096\,8$ MPa,位于外侧轮载外侧1 cm、深度-2 cm处(B区域),$|\sigma_1|>|\sigma_3|$,拉强比$|\sigma_3|:|\sigma_t|>0.5$,应力状态为拉压应力比$|\sigma_3|:|\sigma_1|=1:4.16$的拉-压复合剪切应力,破坏模式推断为车辙。APPDI$_{3D}$次大值为1.329 1,$\sigma_1=0.268\,7$ MPa,$\sigma_3=-0.126\,7$ MPa,位于外侧轮载外侧1 cm、深度-1 cm处(B区域),$|\sigma_1|>|\sigma_3|$,拉强比$|\sigma_3|:|\sigma_t|>0.5$,应力状态为拉压应力比$|\sigma_3|:|\sigma_1|=1:2.12$的拉-压复合剪切应力,破坏模式推断为车辙。在A区域内,最大APPDI$_{3D}$值为1.165 9,$\sigma_1=0.277\,0$ MPa,$\sigma_3=-0.097\,2$ MPa,位于内侧轮载内侧1 cm、深度-1 cm处,$|\sigma_1|>|\sigma_3|$,拉强比$|\sigma_3|:|\sigma_t|>0.5$,应力状态为拉压应力比$|\sigma_3|:|\sigma_1|=1:2.85$的拉-压复合剪切应力,破坏模式推断为车辙。在C区域,最大APPDI$_{3D}$值为1.026 1,$\sigma_1=0.115\,6$ MPa,$\sigma_3=-0.111\,2$ MPa,位于内侧轮载外侧1 cm的路表处,$|\sigma_1|<|\sigma_3|$,拉强比$|\sigma_3|:|\sigma_t|>0.5$,应力状态为拉压应力比

$|\sigma_3|:|\sigma_1|=1:1.04$ 的拉-压复合剪切应力,破坏模式推断为 Top - Down 裂纹。在 D 区域,最大 APPDI$_{3D}$值为 1.025 6,$\sigma_1=0.114\ 9$ MPa,$\sigma_3=-0.111\ 2$ MPa,位于外侧轮载内侧 1 cm 的路表处,$|\sigma_1|<|\sigma_3|$,拉强比$|\sigma_3|:|\sigma_t|>0.5$,应力状态为拉压应力比$|\sigma_3|:|\sigma_1|=1:1.03$ 的拉-压复合剪切应力,破坏模式推断为 Top - Down 裂纹。

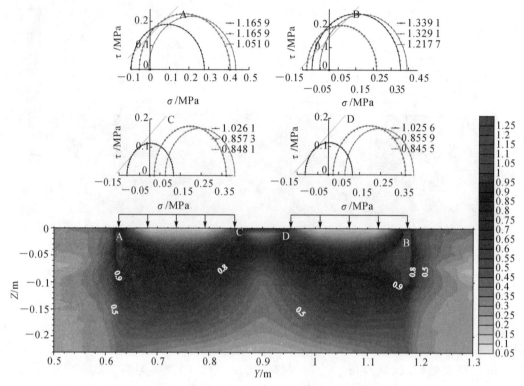

图 5.27 中温条件下六轴全挂车拥堵状态时京津塘高速公路沥青面层
APPDI$_{3D}$等值线图及其典型的应力莫尔圆

4. 高温条件下沥青路面结构分析

高温条件下(路面温度为 60 ℃时),京津塘高速公路沥青面层的 APPDI$_{3D}$等值线及其典型的应力莫尔圆如图 5.28 所示。

图 5.28 所示表明:APPDI$_{3D}$大于 1 的区域主要位于内侧轮载内侧 0~2 cm、深度为-1~-7 cm 处(A 区域),外侧轮载外侧 0~2 cm、深度为-1~-10 cm 处(B 区域),内侧轮载外侧 0~2 cm 的路表处(C 区域)和外侧轮载内侧 0~2 cm 的路表处(D 区域)。沥青面层中 APPDI$_{3D}$最大值为 1.507 5,$\sigma_1=0.055\ 4$ MPa,$\sigma_3=-0.101\ 0$ MPa,位于外侧轮载内侧 1 cm 的路表处(D 区域),$|\sigma_1|>|\sigma_3|$,拉强比$|\sigma_3|:|\sigma_t|>1$,应力状态为拉压应力比$|\sigma_3|:|\sigma_1|=1:0.54$ 的拉-压复合剪切应力,破坏模式推断为 Top - Down 裂纹。APPDI$_{3D}$次大值为 1.505 5,$\sigma_1=0.054\ 4$ MPa,$\sigma_3=-0.101\ 0$ MPa,位于内侧轮载外侧 1 cm 的路表处(C 区域),$|\sigma_1|<|\sigma_3|$,拉强比$|\sigma_3|:|\sigma_t|>1$,应力状态为拉压应力比$|\sigma_3|:|\sigma_1|=1:0.54$ 的拉-压复合剪切应力,破坏模式推断为 Top - Down 裂纹。在 A 区域内,最大 APPDI$_{3D}$值为 1.429 6,$\sigma_1=0.248\ 5$ MPa,$\sigma_3=-0.067\ 5$ MPa,位于内侧轮载内侧 1 cm、深度-1 cm 处,$|\sigma_1|>|\sigma_3|$,拉强比$|\sigma_3|:|\sigma_t|>0.5$,应力状态为拉压应力比$|\sigma_3|:|\sigma_1|=1:3.68$ 的拉-压复合剪切应力,破坏

模式推断为车辙。在 B 区域,最大 APPDI$_{3D}$ 值为 1.504 7,σ_1=0.360 8 MPa,σ_3=－0.055 7 MPa,位于外侧轮载外侧 1 cm、深度－2 cm 处,$|\sigma_1|>|\sigma_3|$,拉强比 $|\sigma_3|:|\sigma_1|>0.5$,应力状态为拉压应力比 $|\sigma_3|:|\sigma_1|=1:6.25$ 的拉-压复合剪切应力,破坏模式推断为车辙。除最大值和次大值路面破坏表现为 Top－Down 裂纹外,其余 APPDI$_{3D}>1$ 的均表现为以压应力为主的车辙破坏。

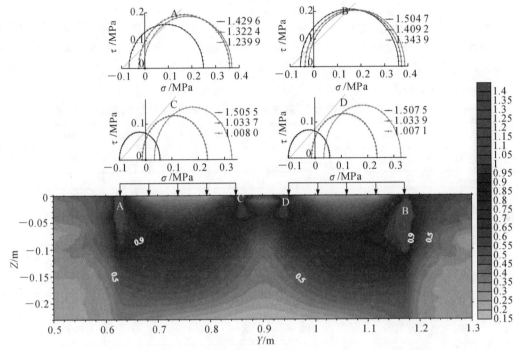

图 5.28　高温条件下六轴全挂车拥堵状态时京津塘高速公路沥青面层 APPDI$_{3D}$ 等值线图及其典型的应力莫尔圆

由上述分析可知:六轴全挂车在拥堵状态下,低温时沥青面层不会产生破坏现象;常温时内侧轮载内侧路表处会出现 Top－Down 裂纹;中温和高温时整体破坏现象以轮迹带两侧的车辙破坏为主,在两轮内侧会出现 Top－Down 裂纹。

5.4　实际病害与分析结果对比

京津塘高速公路由于地理位置的原因,路段一直处于超饱和状态,重载、超载现象严重,不同路段的实地调查结果表明:沥青路面主要的病害形式可归纳为裂纹、车辙和龟裂现象。魏道新对京津塘高速公路路况进行调查表明:沥青路面主要病害类型为横向裂缝、纵向裂缝、龟裂、网裂和车辙等。李海滨通过调研京津塘高速公路实际情况发现:沥青面层出现了较为典型的松散破坏、变形破坏、裂缝和水损坏等病害,其中最明显的破坏形式是表面松散剥落、沉陷、车辙和裂缝破坏。

本章分析结果表明:不同的简化模型条件下京津塘的主要破坏模式为车辙和裂纹。该分析结果与以往的实际现场调查结果一致,验证本书中采用 APPDI 评价沥青路面破坏的可行性,数值分析结果符合实际情况。

5.5 沥青面层材料设计

从路用性能和安全性能出发,对二维的平面应变简化模型和三维的双圆均布荷载简化模型下沥青路面材料强度进行设计。以材料的拉压应力比和黏聚力为衡量指标,取不同温度下,沥青路面结构中各沥青层的评价指标 APPDI<1 时的强度参数,同时满足材料的拉强比 $|\sigma_3|:|\sigma_t|<0.5$,即路面结构处于弹性变形阶段。分析结果见表5.1和表5.2。

表 5.1 平面应变简化模型下京津塘高速公路沥青面层材料参数设计表

温度/℃	E_1/MPa	c_1/MPa	φ_1/(°)	E_2/MPa	c_2/MPa	φ_2/(°)	E_3/MPa	c_3/MPa	φ_3/(°)
0	2 160	0.59		1 300	0.33		1 060	0.26	
20	1 200	0.3	40	760	0.18	42	800	0.19	45
40	800	0.19		520	0.12		680	0.16	
60	560	0.13		520	0.12		640	0.15	

表 5.2 双圆均布荷载简化模型下京津塘高速公路沥青面层材料参数设计表

温度/℃	E_1/MPa	c_1/MPa	φ_1/(°)	E_2/MPa	c_2/MPa	φ_2/(°)	E_3/MPa	c_3/MPa	φ_3/(°)
0	1 280	0.32		2 300	0.64		440	0.1	
20	880	0.21	40	800	0.19	42	520	0.12	45
40	760	0.18		440	0.1		480	0.11	
60	600	0.14		440	0.1		480	0.11	

表5.1和表5.2表明:随着温度的升高,沥青面层达到安全设计要求的材料强度参数降低。高温时,由于沥青的黏弹特性,强度降低,可能达不到安全设计要求,可以通过配合比设计或添加改性剂,提高沥青混合料的高温性能,减弱高温时的车辙现象;低温时,为防止低温开裂现象,要提高沥青混合料的延度和抗拉强度,增大其拉伸应变。因此,为同时满足面层的沥青混合料的高温稳定性和低温稳定性,需从集料级配、配合比设计以及改性剂角度,改善沥青混合料的性能,降低感温性。

5.6 本章小结

综合分析,可得下述结论:

(1)在二维平面应变简化模型条件下,低温时沥青路面的破坏模式表现为层底开裂外,随着温度的升高,沥青路面的破坏模式均表现车辙破坏,破坏位置位于轮迹带两侧。

(2)在三维双圆均布荷载简化模型条件下,低温和常温条件下,沥青路面表现为理想弹性状态,不会产生破坏;中温和高温条件下,沥青路面的破坏模式均表现为车辙破坏为主,并出现局部的 Top-Down 裂纹。

(3)车列荷载模式条件下,低温时沥青面层不会产生破坏现象;常温时内侧轮载内侧路表处会出现 Top-Down 裂纹;中温和高温时整体破坏现象以轮迹带两侧的车辙破坏为主,在两轮内侧会出现 Top-Down 裂纹。

(4)京津塘高速的主要破坏模式为车辙和裂纹,数值分析结果与实际情况一致。通过材料参数设计,可以实现在荷载作用下路面结构的安全设计。

第6章 首都机场高速公路沥青路面破坏模式的力学分析

首都机场高速公路是连接北京市区和首都国际机场的高速公路,路基宽 34.5 m,双向 6 车道,全封闭、全立交,设计时速 120 km。全线均为整体式路基,路基路面结构层共 67 cm 厚,采用沥青混凝土路面,设计使用年限大于 20 年,于 1993 年全线工程建成通车。首都机场高速公路采用半刚性基层沥青路面结构设计,本章从三种不同简化模型的角度、在不同的路面温度条件下分析首都机场高速公路的破坏现象,并与实际的破坏现象进行对比分析,为解释首都机场高速公路的早期破坏提供依据。

6.1 平面应变简化模型的力学分析

将路面结构模型简化为二维的平面应变模型,采用单轴双圆均布垂直荷载作用下的弹性层状连续体系理论进行有限元计算,荷载 q 为 0.7 MPa,荷载作用区域的半径 r 为 10.65 cm,双轮轮胎中心间距为 $3r$;采用四节点等参单元、轴对称结构建模。边界条件:左侧 X 方向位移约束,底部全约束。有限元网格模型共有单元 27 160 个,节点 27 538 个。基于 M-C 准则条件下的评价指标 $APPDI_{2D}$ 对其进行合理性评价。

6.1.1 低温条件下沥青路面结构分析

低温条件下(路面温度为 0℃时),首都机场高速公路沥青面层的 $APPDI_{2D}$ 等值线和不同深度的 $APPDI_{2D}$ 分布图及其典型的应力莫尔圆如图 6.1 所示。

图 6.1 所示表明:$APPDI_{2D}$ 大于 1 的区域主要分布于沥青层底部(A 区域)。$APPDI_{2D}$ 最大值为 1.108 7,$\sigma_1 = 0.301\ 6$ MPa,$\sigma_3 = -0.111\ 1$ MPa。$APPDI_{2D}$ 次大值为 1.097 3,$\sigma_1 = 0.269\ 8$ MPa,$\sigma_3 = -0.112\ 6$ MPa,位于轮载右侧 10~45 cm 的沥青层底部(A 区域),$|\sigma_1| > |\sigma_3|$,拉强比 $|\sigma_3| : |\sigma_t| > 0.5$,应力状态为拉-压复合剪切应力,在该区域会产生一定的不可恢复变形,同时由于主应力组成中拉应力的存在,在循环疲劳荷载下有可能诱发拉剪裂纹的产生和扩展,推断主要的破坏模式为层底开裂。

6.1.2 常温条件下沥青路面结构分析

常温条件下(路面温度为 20℃时),首都机场高速公路沥青面层的 $APPDI_{2D}$ 等值线和不同深度的 $APPDI_{2D}$ 分布图及其典型的应力莫尔圆如图 6.2 所示。

第6章　首都机场高速公路沥青路面破坏模式的力学分析

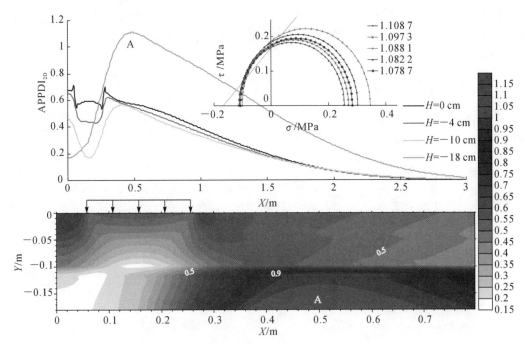

图6.1　低温条件下首都机场高速公路沥青面层 $APPDI_{2D}$ 等值线图和不同深度 $APPDI_{2D}$ 分布图及典型的应力莫尔圆

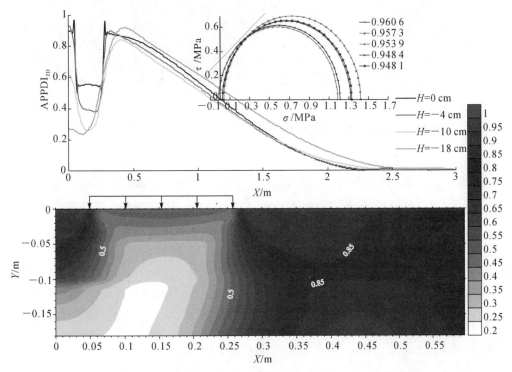

图6.2　常温条件下首都机场高速公路沥青面层 $APPDI_{2D}$ 等值线图和不同深度 $APPDI_{2D}$ 分布图及典型的应力莫尔圆

图 6.2 所示表明：APPDI 最大值为 0.960 6，即沥青面层部分的 $APPDI_{2D}$ 值均小于 1，$|\sigma_1|>|\sigma_3|$，应力状态为以压为主的拉-压复合剪切应力。路面结构处于安全状态，变形为弹性变形，卸荷后变形可恢复。

6.1.3 中温条件下沥青路面结构分析

中温条件下（路面温度为 40℃时），首都机场高速公路沥青面层的 $APPDI_{2D}$ 等值线和不同深度的 $APPDI_{2D}$ 分布图及其典型的应力莫尔圆如图 6.3 所示。

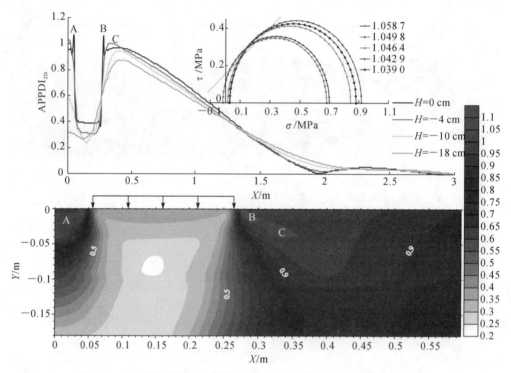

图 6.3 中温条件下首都机场高速公路沥青面层 $APPDI_{2D}$ 等值线图和
不同深度 $APPDI_{2D}$ 分布图及典型的应力莫尔圆

图 6.3 所示表明：$APPDI_{2D}$ 大于 1 的区域主要位于两轮中心处（A 区域）、轮载右侧 1～10 cm 的上面层（B 区域）和轮载右侧 5～10 cm 的中面层顶部（C 区域）。沥青面层中 $APPDI_{2D}$ 最大值为 1.058 7，$\sigma_1=0.699\ 7$ MPa，$\sigma_3=-0.016\ 6$ MPa，位于轮载左侧 1 cm 的路表处（A 区域），$|\sigma_1|>|\sigma_3|$，拉强比 $|\sigma_3|:|\sigma_t|\approx0$，应力状态为拉压应力比 $|\sigma_3|:|\sigma_1|=1:42$ 的拉-压复合剪切应力，破坏模式推断为车辙。$APPDI_{2D}$ 次大值为 1.049 8，$\sigma_1=0.681\ 4$ MPa，$\sigma_3=-0.016\ 5$ MPa，位于轮载右侧 1 cm 的路表处（B 区域），$|\sigma_1|>|\sigma_3|$，拉强比 $|\sigma_3|:|\sigma_t|\approx0$，应力状态为拉压应力比 $|\sigma_3|:|\sigma_1|=1:41$ 的拉-压复合剪切应力，破坏模式推断为车辙。

6.1.4 高温条件下沥青路面结构分析

高温条件下（路面温度为 60℃时），首都机场高速公路沥青面层的 $APPDI_{2D}$ 等值线和不同深度的 $APPDI_{2D}$ 分布图及其典型的应力莫尔圆如图 6.4 所示。

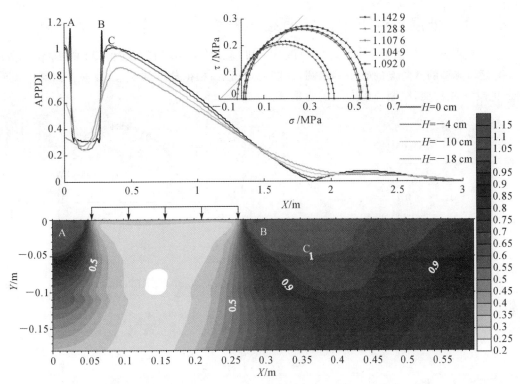

图 6.4 高温条件下首都机场高速公路沥青面层 APPDI$_{2D}$ 等值线图和
不同深度 APPDI$_{2D}$ 分布图及典型的应力莫尔圆

图 6.4 表明:APPDI$_{2D}$ 大于 1 的区域主要位于两轮中心处(A 区域)、轮载右侧 1~17 cm 的上面层(B 区域)和轮载右侧 5~17 cm 的中面层顶部(C 区域)。沥青面层中 APPDI$_{2D}$ 最大值为 1.142 9,σ_1=0.410 9 MPa,σ_3=-0.018 8 MPa,位于轮载左侧 1 cm 的路表处(A 区域),$|\sigma_1|>|\sigma_3|$,拉强比 $|\sigma_3|:|\sigma_t|\approx 0$,应力状态为拉压应力比 $|\sigma_3|:|\sigma_1|=1:21.8$ 的拉-压复合剪切应力;APPDI$_{2D}$ 次大值为 1.128 8,σ_1=0.388 3 MPa,σ_3=-0.019 3 MPa,位于轮载右侧 1 cm 的路表处(B 区域),$|\sigma_1|>|\sigma_3|$,拉强比 $|\sigma_3|:|\sigma_t|\approx 0$,应力状态为拉压应力比 $|\sigma_3|:|\sigma_1|=1:20.1$ 的拉-压复合剪切应力,破坏模式推断为车辙。

综上所述:在二维平面应变简化模型条件下,低温沥青路面的破坏模式表现为层底开裂外;常温时沥青路面为弹性状态,产生弹性变形,不会出现早期破坏现象;中温和高温条件下沥青路面的破坏模式均表现为以压应力为主的车辙破坏。

6.2 双圆均布荷载简化模型的力学分析

将路面结构模型简化为三维的双圆均布荷载模型,采用单轴双圆均布垂直荷载作用下的弹性层状连续体系理论进行有限元计算,荷载 q 为 0.7 MPa,荷载作用区域的半径 r 为 10.65 cm,双轮轮胎中心间距为 $3r$;采用八节点等参单元建模。边界条件:假设为底面完全约束,X 方向两侧面没有 X 方向位移,Y 方向两侧面没有 Y 方向位移。有限元网格模型共有单元 596 225 个,节点 598 780 个。基于 D-P 准则条件下的评价指标 APPDI$_{3D}$ 对其进行合理性评价。

6.2.1 低温条件下沥青路面结构分析

低温条件下(路面温度为 0℃时),分析首都机场高速公路沥青面层的 APPDI$_{3D}$ 较大值的分布位置和典型的危险点的应力莫尔圆,如图 6.5 所示;根据分析结果,选择沥青面层中 $y=0$ 剖面和 $y=r/4$ 剖面,绘制 APPDI$_{3D}$ 的等值线图,如图 6.6 所示。

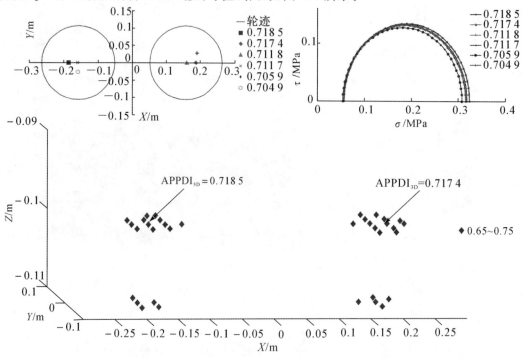

图 6.5 低温条件下首都机场高速公路沥青面层 APPDI$_{3D}$ 点的分布位置及其典型的应力莫尔圆

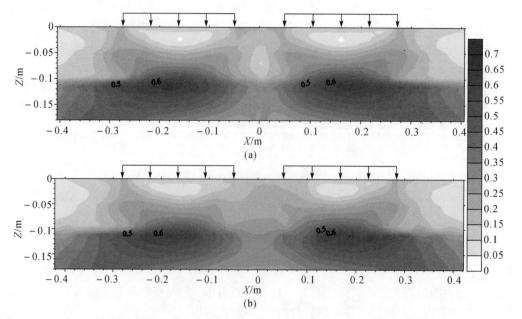

图 6.6 低温条件下首都机场高速公路沥青面层不同剖面 APPDI$_{3D}$ 等值线图

图 6.5 和图 6.6 所示表明:$APPDI_{3D}$ 较大值主要分布于轮载下方的中面层底部和下面层顶部。$APPDI_{3D}$ 最大值为 0.718 5,小于 1,$\sigma_1 > \sigma_3 > 0$,应力状态为以压为主的压剪应力。路面结构处于安全状态,变形为弹性变形,卸荷后变形可恢复。

6.2.2 常温条件下沥青路面结构分析

常温条件下(路面温度为 20 ℃时),分析首都机场高速公路沥青面层的 $APPDI_{3D}$ 较大值的分布位置和典型危险点的应力莫尔圆,如图 6.7 所示;根据分析结果,选择沥青面层中 $y=0$ 剖面和 $y=r/4$ 剖面,绘制 $APPDI_{3D}$ 的等值线图,如图 6.8 所示。

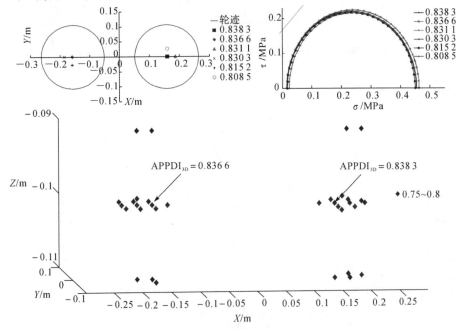

图 6.7 常温条件下首都机场高速公路沥青面层 $APPDI_{3D}$ 点的分布位置及其典型的应力莫尔圆

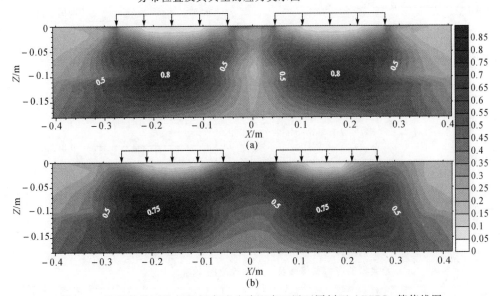

图 6.8 常温条件下首都机场高速公路沥青面层不同剖面 $APPDI_{3D}$ 等值线图

图 6.7 和图 6.8 所示表明：APPDI$_{3D}$ 较大值主要分布于轮载下方的中面层底部和下面层顶部。APPDI$_{3D}$ 最大值为 0.838 3，小于 1，$\sigma_1 > \sigma_3 > 0$，应力状态为以压为主的压剪应力。路面结构处于安全状态，变形为弹性变形，卸荷后变形可恢复。

6.2.3 中温条件下沥青路面结构分析

中温条件下（路面温度为 40℃时），分析了首都机场高速公路沥青面层的 APPDI$_{3D}$ 较大值的分布位置和典型危险点的应力莫尔圆、危险点在 π 平面上的投影如图 6.9 所示。

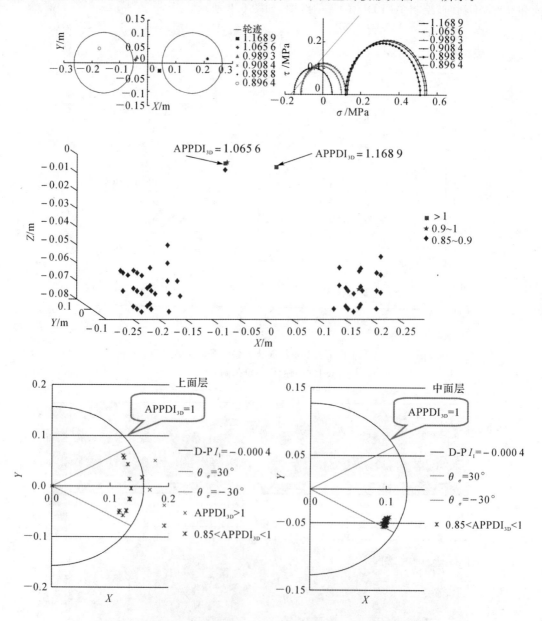

图 6.9 中温条件下首都机场高速公路沥青面层 APPDI$_{3D}$ 点的分布、典型的应力莫尔圆及 π 平面投影图

图 6.9 所示表明:APPDI$_{3D}$ 较大值的点主要分布于靠近两轮中心处的轮迹线边缘 1～2 cm 的路面表层处和轮载下方的中面层中下部。APPDI$_{3D}$>1 的节点共有 2 个。APPDI$_{3D}$ 最大值为 1.168 9,σ_1=0.048 5 MPa,σ_3=−0.153 3 MPa,位于右侧轮载靠近两轮中心处的轮迹线边缘 1.4 cm 的路面表层处,|σ_1|<|σ_3|,拉强比|σ_3|:|σ_t|>0.5,应力状态为拉压应力比 |σ_3|:|σ_1|=1:0.316 的拉-压复合剪切应力,破坏模式推断为 Top - Down 裂纹。APPDI$_{3D}$ 次大值为 1.065 6,σ_1=0.121 2 MPa,σ_3=−0.115 6 MPa,位于左侧轮载靠近两轮中心处的轮迹线边缘 1 cm 的路面表层处,|σ_1|>|σ_3|,拉强比|σ_3|:|σ_t|>0.5,应力状态为拉压应力比 |σ_3|:|σ_1|=1:1.048 的拉-压复合剪切应力,破坏模式推断为车辙。

根据分析结果,选择沥青面层中 y=0 剖面和 y=r/4 剖面,绘制 APPDI$_{3D}$ 的等值线图,如图 6.10 所示。

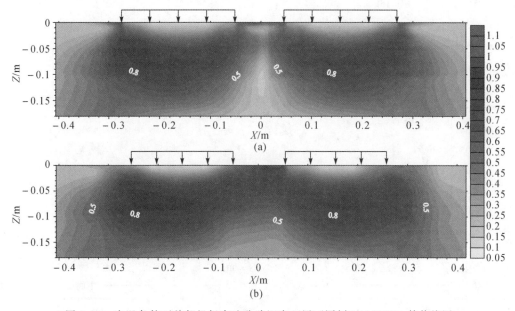

图 6.10 中温条件下首都机场高速公路沥青面层不同剖面 APPDI$_{3D}$ 等值线图

由图 6.10 可知:y=r/4 剖面中出现 APPDI$_{3D}$>1 的区域,主要分布于右侧车辆轮迹线左侧 1～2 cm 的路表处。APPDI$_{3D}$ 较大值从路表处轮载边缘处以微小的角度向轮载下方扩展,在疲劳荷载的作用下,可能产生 Top - Down 裂纹或者 Top - Down 裂纹与车辙共存,且关于 Y 轴对称。在该温度条件下,沥青路面的破坏模式为 Top - Down 裂纹和车辙共存。

6.2.4 高温条件下沥青路面结构分析

高温条件下(路面温度为 60 ℃),分析了首都机场高速公路沥青面层的 APPDI$_{3D}$ 较大值的分布位置和典型危险点的应力莫尔圆、危险点在 π 平面上的投影,如图 6.11 所示。

图 6.11 所示表明:APPDI$_{3D}$ 较大值的点主要分布于轮迹线边缘 1～2 cm 的路面上面层处(尤其是两轮中心的轮迹线边缘处)。APPDI$_{3D}$>1 的节点共有 46 个。APPDI$_{3D}$ 最大值为 1.292 2,σ_1=0.027 4 MPa,σ_3=−0.083 6 MPa,位于左侧轮载外侧的轮迹线边缘 1.4 cm 的

路面表层处，$|\sigma_1|<|\sigma_3|$，拉强比$|\sigma_3|$∶$|\sigma_t|>0.5$，应力状态为拉压应力比$|\sigma_3|$∶$|\sigma_1|=$1∶0.328的拉-压复合剪切应力；APPDI$_{3D}$次大值为1.281 4，$\sigma_1=0.037\,4$ MPa，$\sigma_3=-0.085\,2$ MPa，位于右侧轮载两轮中心处的轮迹线边缘1.1 cm的路面表层处，$|\sigma_1|<|\sigma_3|$，拉强比$|\sigma_3|$∶$|\sigma_t|>0.5$，应力状态为拉压应力比$|\sigma_3|$∶$|\sigma_1|=1$∶0.44的拉-压复合剪切应力，破坏模式推断为Top-Down裂纹。当APPDI$_{3D}=1.220\,5$时，$|\sigma_1|>|\sigma_3|$，拉强比$|\sigma_3|$∶$|\sigma_t|>0.5$，应力状态为拉压应力比$|\sigma_3|$∶$|\sigma_1|=1$∶2.3的拉-压复合剪切应力，破坏模式推断为车辙。

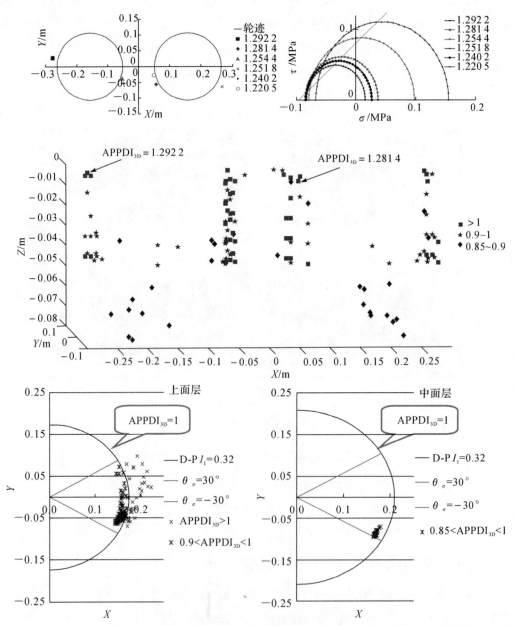

图6.11 高温条件下首都机场高速公路沥青面层APPDI$_{3D}$点的分布位置、典型危险点的应力莫尔圆及π平面投影图

根据分析结果,选择沥青面层中 $y=-r/4$ 剖面和 $y=0$ 剖面,绘制 $APPDI_{3D}$ 的等值线图,如图 6.12 所示。

由图 6.12 可知:不同剖面中均出现 $APPDI_{3D}>1$ 的区域,主要分布于轮迹线外侧 1~2 cm 的路表处。$APPDI_{3D}$ 较大值从路表处轮载边缘处以微小的角度向轮载下方扩展,在疲劳荷载的作用下,可能产生 Top-Down 裂纹或者 Top-Down 裂纹与车辙共存,且关于 Y 轴对称。

因此在该温度下,沥青路面的破坏模式主要为车辙,并伴随有 Top-Down 裂纹。

综上所述:在三维双圆均布荷载简化模型条件下,低温和常温条件下,沥青路面表现为理想弹性状态,变形为弹性变形,路面不会产生早期破坏现象;中温和高温条件下,沥青路面的破坏模式均表现为以压应力为主的车辙破坏为主,并出现局部的以拉应力为主的 Top-Down 裂纹。

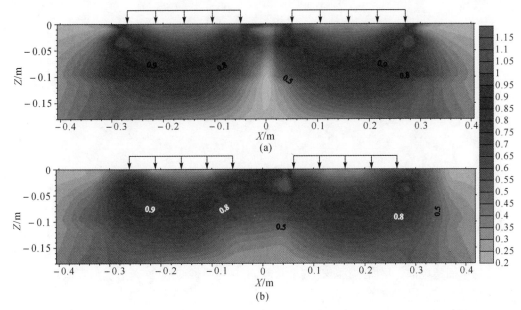

图 6.12 高温条件下首都机场高速公路沥青面层不同剖面 $APPDI_{3D}$ 等值线图

6.3 车列荷载模式的力学分析

将路面结构模型简化为三维的车列荷载模式,采用单轴双圆均布垂直荷载作用下的弹性层状连续体系理论进行有限元计算。

对不同温度条件下,不同轴载、不同行车状态下的沥青路面纵剖面进行分析,根据评价指标的大小和响应的应力莫尔圆及其出现的位置,评价其不同沥青面层的破坏模式。

6.3.1 六轴半挂车正常行驶状态时沥青路面结构分析

荷载作用区域的半径 r 为 10.65 cm,荷载 q 为 0.7 MPa,双轮轮胎中心间距为 $3r$;采用八节点等参单元建模。边界条件:假设为底面完全约束,X 方向两侧面没有 X 方向位移,Y 方向两侧面没有 Y 方向位移。有限元网格模型共有单元 692 726 个,节点 681 597 个。根据路面结构层材料的抗剪强度参数、基于 D-P 准则条件下的评价指标 $APPDI_{3D}$ 对其进行合理性评价。

1. 低温条件下沥青路面结构分析

低温条件下(路面温度为 0℃时),首都机场高速公路沥青面层的 APPDI$_{3D}$ 等值线及其典型的应力莫尔圆如图 6.13 所示。

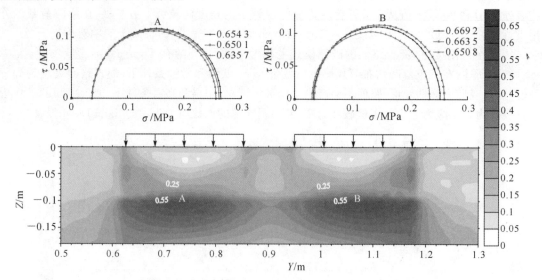

图 6.13　低温条件下六轴半挂车正常行驶状态时首都机场高速公路沥青面层 APPDI$_{3D}$ 等值线图及其典型的应力莫尔圆

图 6.13 所示表明:APPDI$_{3D}$ 较大值主要分布于轮载下方的中面层底部和下面层顶部,且关于 Y 轴对称。APPDI$_{3D}$ 最大值为 0.669 2,小于 1,$\sigma|>\sigma_3>0$,应力状态为纯压剪切应力,出现在外侧轮载下方的中面层底部。路面结构处于安全状态,变形为弹性变形,卸荷后变形可恢复。

2. 常温条件下沥青路面结构分析

常温条件下(路面温度为 20℃时),首都机场高速公路沥青面层的 APPDI$_{3D}$ 等值线及其典型的应力莫尔圆如图 6.14 所示。

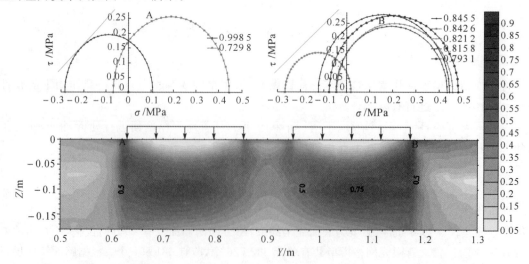

图 6.14　常温条件下六轴半挂车正常行驶状态时首都机场高速公路沥青面层 APPDI$_{3D}$ 等值线图及其典型的应力莫尔圆

图 6.14 所示表明：$APPDI_{3D}$ 大于 1 的区域主要位于内侧轮载内侧 0～2 cm 的路表处（A 区域）。$APPDI_{3D}$ 最大值为 0.998 5，$|\sigma_1|<|\sigma_3|$，拉强比 $|\sigma_3|:|\sigma_t|>0.5$，应力状态为拉-压复合剪切应力，将产生部分不可恢复的塑性变形。

3. 中温条件下沥青路面结构分析

中温条件下（路面温度为 40℃时），首都机场高速公路沥青面层的 $APPDI_{3D}$ 等值线及其典型的应力莫尔圆如图 6.15 所示。

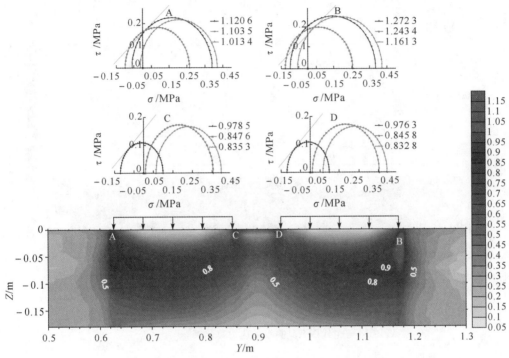

图 6.15　中温条件下六轴半挂车正常行驶状态时首都机场高速公路沥青面层 $APPDI_{3D}$ 等值线图及其典型的应力莫尔圆

图 6.15 所示表明：$APPDI_{3D}$ 大于 1 的区域主要位于内侧轮载内侧 0～2 cm、深度为 -2～-4 cm 处（A 区域），外侧轮载外侧 0～2 cm、深度为 -2～-7 cm 处（B 区域）。沥青面层中 $APPDI_{3D}$ 最大值为 1.272 3，$\sigma_1=0.385\,2$ MPa，$\sigma_3=-0.098\,3$ MPa，位于外侧轮载外侧 1 cm、深度 -2 cm 处（B 区域），$|\sigma_1|>|\sigma_3|$，拉强比 $|\sigma_3|:|\sigma_t|>0.5$，应力状态为拉压应力比 $|\sigma_3|:|\sigma_1|=1:3.92$ 的拉-压复合剪切应力，破坏模式推断为车辙。$APPDI_{3D}$ 次大值为 1.243 4，$\sigma_1=0.255\,0$ MPa，$\sigma_3=-0.126\,9$ MPa，位于外侧轮载外侧 1 cm、深度 -1 cm 处（B 区域），$|\sigma_1|>|\sigma_3|$，拉强比 $|\sigma_3|:|\sigma_t|>0.5$，应力状态为拉压应力比 $|\sigma_3|:|\sigma_1|=1:1.97$ 的拉-压复合剪切应力，破坏模式推断为车辙。在 A 区域内，最大 $APPDI_{3D}$ 值为 1.120 6，$\sigma_1=0.391\,3$ MPa，$\sigma_3=-0.060$ MPa，位于内侧轮载内侧 1 cm、深度 -2 cm 处，$|\sigma_1|>|\sigma_3|$，拉强比 $|\sigma_3|:|\sigma_t|<0.5$，应力状态为拉压应力比 $|\sigma_3|:|\sigma_1|=1:65$ 的拉-压复合剪切应力，破坏模式推断为车辙。在 C 区域，最大 $APPDI_{3D}$ 值为 0.978 5，位于内侧轮载外侧 1 cm 的路表处，$|\sigma_1|<|\sigma_3|$，拉强比 $|\sigma_3|:|\sigma_t|>0.5$，应力状态为拉-压复合剪切应力，将会产生部分塑性应变变形。在 D 区域，最大 $APPDI_{3D}$ 值为 0.976 3，位于外侧轮载内侧 1 cm 的路表处，$|\sigma_1|<|\sigma_3|$，拉强比 $|\sigma_3|:|\sigma_t|>0.5$，

应力状态为拉-压复合剪切应力,将会产生部分塑性应变变形。APPDI$_{3D}$>1 的结果均表现为车辙破坏。

4. 高温条件下沥青路面结构分析

高温条件下(路面温度为 60℃时),首都机场高速公路沥青面层的 APPDI$_{3D}$ 等值线及其典型的应力莫尔圆如图 6.16 所示。

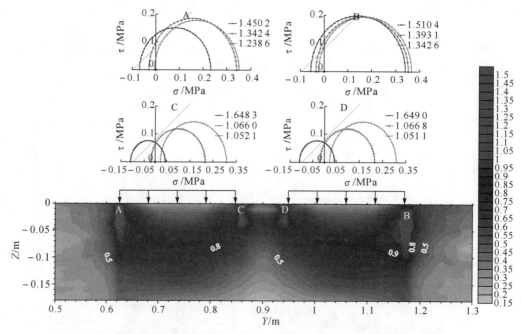

图 6.16　高温条件下六轴半挂车正常行驶状态时首都机场高速公路沥青面层 APPDI$_{3D}$ 等值线图及其典型的应力莫尔圆

图 6.16 所示表明:APPDI$_{3D}$ 大于 1 的区域主要位于内侧轮载内侧 0～2 cm、深度为 −1～−6 cm 处(A 区域),外侧轮载外侧 0～2 cm、深度为 −2～−9 cm 处(B 区域),内侧轮载外侧 0～2 cm、深度为 0～−4 cm 处(C 区域)和外侧轮载内侧 0～2 cm、深度为 0～−4 cm 处(D 区域)。沥青面层中 APPDI$_{3D}$ 最大值为 1.649 0,σ_1=0.043 5 MPa,σ_3=−0.108 6 MPa,位于外侧轮载内侧 1 cm 的路表处(D 区域),$|\sigma_1|<|\sigma_3|$,拉强比 $|\sigma_3|:|\sigma_t|>0.5$,应力状态为拉压应力比 $|\sigma_3|:|\sigma_1|=1:0.4$ 的拉-压复合剪切应力。APPDI$_{3D}$ 次大值为 1.648 3,σ_1=0.043 3 MPa,σ_3=−0.108 6 MPa,位于内侧轮载外侧 1 cm 的路表处(C 区域),$|\sigma_1|<|\sigma_3|$,拉强比 $|\sigma_3|:|\sigma_t|>0.5$,应力状态为拉压应力比 $|\sigma_3|:|\sigma_1|=1:0.399$ 的拉-压复合剪切应力,破坏模式推断为 Top-Down 裂纹。在 A 区域内,最大 APPDI$_{3D}$ 值为 1.450 2,σ_1=0.232 4 MPa,σ_3=−0.069 1 MPa,位于内侧轮载内侧 1 cm,深度 −1 cm 处,$|\sigma_1|>|\sigma_3|$,拉强比 $|\sigma_3|:|\sigma_t|>0.5$,应力状态为拉压应力比 $|\sigma_3|:|\sigma_1|=1:3.36$ 的拉-压复合剪切应力,破坏模式推断为车辙。在 B 区域,最大 APPDI$_{3D}$ 值为 1.510 4,σ_1=0.340 6 MPa,σ_3=−0.056 0 MPa,位于外侧轮载外侧 1 cm,深度 −2 cm 处,$|\sigma_1|>|\sigma_3|$,拉强比 $|\sigma_3|:|\sigma_t|>0.5$,应力状态为拉压应力比 $|\sigma_3|:|\sigma_1|=1:6.08$ 的拉-压复合剪切应力,破坏模式推断为车辙。除最大值和次大值路面破坏表现为 Top-Down 裂纹外,其余 APPDI$_{3D}$>1 的均表现为以压应力为主的车辙破坏。

由上述分析可知:六轴半挂车在正常行驶状态下,低温和常温时沥青面层不会产生破坏现象;中温时破坏现象以轮迹带两侧的车辙破坏为主。高温时整体破坏现象以轮迹带两侧的车辙破坏为主,在两轮内侧会出现 Top-Down 裂纹。

6.3.2 六轴半挂车拥堵状态时沥青路面结构分析

荷载作用区域的半径 r 为 10.65 cm,荷载 q 为 0.7 MPa,双轮轮胎中心间距为 $3r$,采用八节点等参单元建模。边界条件:假设为底面完全约束,X 方向两侧面没有 X 方向位移,Y 方向两侧面没有 Y 方向位移。有限元网格模型共有单元 664 888 个,节点 653 418 个。根据路面结构层材料的抗剪强度参数、基于 D-P 准则条件下的评价指标 $APPDI_{3D}$ 对其进行合理性评价。

1. 低温条件下沥青路面结构分析

低温条件下(路面温度为 0 ℃ 时),首都机场高速公路沥青面层的 $APPDI_{3D}$ 等值线及其典型的应力莫尔圆如图 6.17 所示。

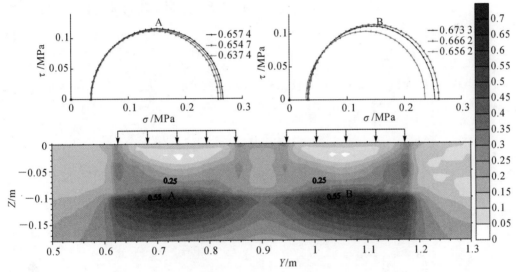

图 6.17　低温条件下六轴半挂车拥堵状态时首都机场高速公路沥青面层
$APPDI_{3D}$ 等值线图及其典型的应力莫尔圆

图 6.17 所示表明:$APPDI_{3D}$ 较大值主要分布于轮载下方的中面层底部和下面层顶部,且关于 Y 轴对称。$APPDI_{3D}$ 最大值为 0.673 3,小于 1,$\sigma_1 > \sigma_3 > 0$,应力状态为纯压剪切应力,出现在外侧轮载下方的中面层底部。路面结构处于安全状态,变形为弹性变形,卸荷后变形可恢复。

2. 常温条件下沥青路面结构分析

常温条件下(路面温度为 20 ℃ 时),首都机场高速公路沥青面层的 $APPDI_{3D}$ 等值线及其典型的应力莫尔圆如图 6.18 所示。

图 6.18 所示表明:$APPDI_{3D}$ 大于 1 的区域主要位于内侧轮载内侧 1~2 cm 的路表处(A 区域)。$APPDI_{3D}$ 最大值为 0.996 2,$|\sigma_1| < |\sigma_3|$,拉强比 $|\sigma_3| : |\sigma_t| > 0.5$,应力状态为拉-压复合剪切应力,将产生部分不可恢复的塑性变形。

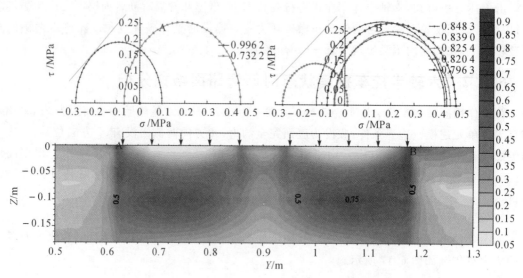

图 6.18 常温条件下六轴半挂车拥堵状态时首都机场高速公路沥青面层
APPDI$_{3D}$ 等值线图及应力莫尔圆

3. 中温条件下沥青路面结构分析

中温条件下(路面温度为 40℃时),首都机场高速公路沥青面层的 APPDI$_{3D}$ 等值线及其典型的应力莫尔圆如图 6.19 所示。

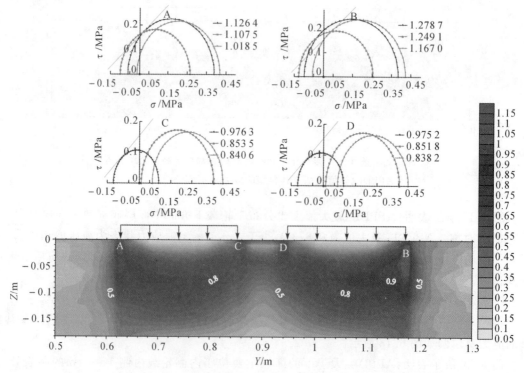

图 6.19 中温条件下六轴半挂车拥堵状态时首都机场高速公路沥青面层
APPDI$_{3D}$ 等值线图及其典型的应力莫尔圆

图 6.19 所示表明：APPDI$_{3D}$ 大于 1 的区域主要位于内侧轮载内侧 0～2 cm、深度为－2～－3 cm 处（A 区域），外侧轮载外侧 0～2 cm、深度为－2～－6 cm 处（B 区域）。沥青面层中 APPDI$_{3D}$ 最大值为 1.278 7，σ_1＝0.384 9 MPa，σ_3＝－0.098 4 MPa，位于外侧轮载外侧 1 cm、深度－2 cm 处（B 区域），$|\sigma_1|>|\sigma_3|$，拉强比 $|\sigma_3|:|\sigma_t|>0.5$，应力状态为拉压应力比 $|\sigma_3|:|\sigma_1|=1:3.91$ 的拉-压复合剪切应力。APPDI$_{3D}$ 次大值为 1.249 1，σ_1＝0.254 6 MPa，σ_3＝－0.127 1 MPa，位于外侧轮载外侧 1 cm、深度－1 cm 处（B 区域），$|\sigma_1|>|\sigma_3|$，拉强比 $|\sigma_3|:|\sigma_t|>0.5$，应力状态为拉压应力比 $|\sigma_3|:|\sigma_1|=1:2.0$ 的拉-压复合剪切应力，破坏模式推断为车辙。在 A 区域内，最大 APPDI$_{3D}$ 值为 1.124 6，σ_1＝0.391 0 MPa，σ_3＝－0.060 1 MPa，位于内侧轮载内侧 1 cm、深度－2 cm 处，$|\sigma_1|>|\sigma_3|$，拉强比 $|\sigma_3|:|\sigma_t|<0.5$，应力状态为拉压应力比 $|\sigma_3|:|\sigma_1|=1:6.5$ 的拉-压复合剪切应力，破坏模式推断为车辙。在 C 区域，最大 APPDI$_{3D}$ 值为 0.976 3，位于内侧轮载外侧 1 cm 的路表处，$|\sigma_1|<|\sigma_3|$，拉强比 $|\sigma_3|:|\sigma_t|>0.5$，应力状态为拉-压复合剪切应力，将会产生部分塑性应变变形。在 D 区域，最大 APPDI$_{3D}$ 值为 0.975 2，位于外侧轮载内侧 1 cm 的路表处，$|\sigma_1|<|\sigma_3|$，拉强比 $|\sigma_3|:|\sigma_t|>0.5$，应力状态为拉-压复合剪切应力，将会产生部分塑性应变变形。APPDI$_{3D}$＞1 的结果均表现为以压应力为主的车辙破坏。

4. 高温条件下沥青路面结构分析

高温条件下（路面温度为 60 ℃时）首都机场高速公路沥青面层的 APPDI$_{3D}$ 等值线及其典型的应力莫尔圆，如图 6.20 所示。

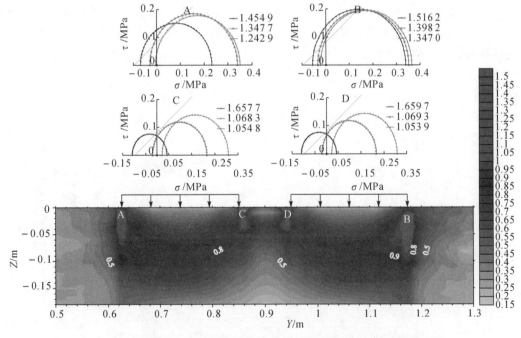

图 6.20　高温条件下六轴半挂车拥堵状态时首都机场高速公路沥青面层
APPDI$_{3D}$ 等值线图及其典型的应力莫尔圆

图 6.20 所示表明：APPDI$_{3D}$ 大于 1 的区域主要位于内侧轮载内侧 0～2 cm、深度为－1～－6 cm 处（A 区域），外侧轮载外侧 0～2 cm、深度为－2～－9 cm 处（B 区域），内侧轮载外侧 0～2 cm、深度为 0～－4 cm 处（C 区域）和外侧轮载内侧 0～2 cm、深度为 0～－4 cm 处（D 区

域)。沥青面层中 APPDI$_{3D}$ 最大值为 1.659 7,σ_1=0.043 1 MPa,σ_3=—0.109 0 MPa,位于外侧轮载内侧 1 cm 的路表处(D 区域),$|\sigma_1|<|\sigma_3|$,拉强比 $|\sigma_3|$:$|\sigma_t|>1$,应力状态为拉压应力比 $|\sigma_3|$:$|\sigma_1|$=1:039 5 的拉-压复合剪切应力。APPDI$_{3D}$ 次大值为 1.657 7,σ_1=0.042 5 MPa,σ_3=—0.109 1 MPa,位于内侧轮载外侧 1 cm 的路表处(C 区域),$|\sigma_1|<|\sigma_3|$,拉强比 $|\sigma_3|$:$|\sigma_t|>1$,应力状态为拉压应力比 $|\sigma_3|$:$|\sigma_1|$=1:0.389 的拉-压复合剪切应力,破坏模式推断为 Top-Down 裂纹。在 A 区域内,最大 APPDI$_{3D}$ 值为 1.454 9,σ_1=0.232 5 MPa,σ_3=—0.069 0 MPa,位于内侧轮载内侧 1 cm、深度—1 cm 处,$|\sigma_1|>|\sigma_3|$,拉强比 $|\sigma_3|$:$|\sigma_t|>0.5$,应力状态为拉压应力比 $|\sigma_3|$:$|\sigma_1|$=1:3.37 的拉-压复合剪切应力,破坏模式推断为车辙。在 B 区域,最大 APPDI$_{3D}$ 值为 1.516 2,σ_1=0.340 3 MPa,σ_3=—0.056 1 MPa,位于外侧轮载外侧 1 cm、深度—2 cm 处,$|\sigma_1|>|\sigma_3|$,拉强比 $|\sigma_3|$:$|\sigma_t|>0.5$,应力状态为拉压应力比 $|\sigma_3|$:$|\sigma_1|$=1:6.07 的拉-压复合剪切应力,破坏模式推断为车辙。除最大值和次大值路面破坏表现为 Top-Down 裂纹外,其余 APPDI$_{3D}$>1 的均表现为以压应力为主的车辙破坏。

由上述分析可知:六轴半挂车在拥堵状态下,低温和常温时沥青面层不会产生破坏现象;中温时破坏现象以轮迹带两侧的车辙破坏为主;高温时整体破坏现象以轮迹带两侧的车辙破坏为主,在两轮内侧会出现 Top-Down 裂纹。

6.3.3 六轴全挂车正常行驶状态时沥青路面结构分析

荷载作用区域的半径 r 为 10.65 cm,荷载 q 根据图 2.5 所示换算可得,双轮轮胎中心间距为 $3r$;采用八节点等参单元建模。边界条件:假设为底面完全约束,X 方向两侧面没有 X 方向位移,Y 方向两侧面没有 Y 方向位移。有限元网格模型共有单元 705 157 个,节点 702 832 个。根据路面结构层材料的抗剪强度参数、基于 D-P 准则条件下的评价指标 APPDI$_{3D}$ 对其进行合理性评价。

1. 低温条件下沥青路面结构分析

低温条件下(路面温度为 0 ℃时),首都机场高速公路沥青面层的 APPDI$_{3D}$ 等值线及其典型的应力莫尔圆如图 6.21 所示。

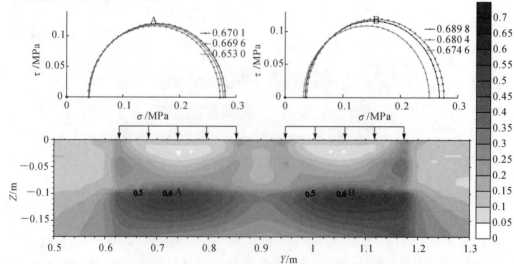

图 6.21 低温条件下六轴全挂车正常行驶状态时首都机场高速公路沥青面层 APPDI$_{3D}$ 等值线图及其典型的应力莫尔圆

图 6.21 所示表明：$APPDI_{3D}$ 较大值主要分布于轮载下方的中面层底部和下面层顶部，且关于 Y 轴对称。$APPDI_{3D}$ 最大值为 0.689 8，小于 1，$\sigma_1 > \sigma_3 > 0$，应力状态为纯压剪切应力，出现在外侧轮载下方的中面层底部。路面结构处于安全状态，变形为弹性变形，卸荷后变形可恢复。

2. 常温条件下沥青路面结构分析

常温条件下（路面温度为 20℃时），首都机场高速公路沥青面层的 $APPDI_{3D}$ 等值线及其典型的应力莫尔圆如图 6.22 所示。

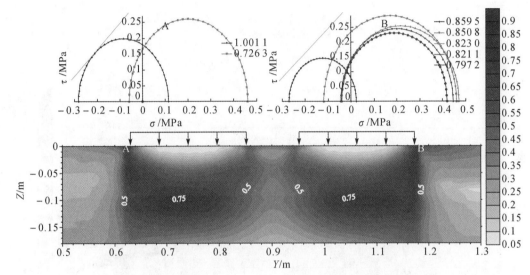

图 6.22　常温条件下六轴全挂车正常行驶状态时首都机场高速公路沥青面层 $APPDI_{3D}$ 等值线图及其典型的应力莫尔圆

图 6.22 所示表明：$APPDI_{3D}$ 大于 1 的区域主要位于内侧轮载内侧 1～2 cm 的路表处（A 区域）。$APPDI_{3D}$ 最大值为 1.001 1，$\sigma_1 = 0.109\ 3$ MPa，$\sigma_3 = -0.289\ 6$ MPa，位于内侧轮载左侧 1 cm 的路表处（A 区域），$|\sigma_1| < |\sigma_3|$，拉强比 $|\sigma_3| : |\sigma_t| > 0.5$，应力状态为拉压应力比 $|\sigma_3| : |\sigma_1| = 1 : 0.377$ 的拉-压复合剪切应力，破坏模式推断为 Top-Down 裂纹，现象不明显。

3. 中温条件下沥青路面结构分析

中温条件下（路面温度为 40℃时），首都机场高速公路沥青面层的 $APPDI_{3D}$ 等值线及其典型的应力莫尔圆如图 6.23 所示。

图 6.23 所示表明：$APPDI_{3D}$ 大于 1 的区域主要位于内侧轮载内侧 0～2 cm、深度为 -2～-3 cm 处（A 区域），外侧轮载外侧 0～2 cm、深度为 -2～-6 cm 处（B 区域）。沥青面层中 $APPDI_{3D}$ 最大值为 1.270 9，$\sigma_1 = 0.401\ 4$ MPa，$\sigma_3 = -0.096\ 0$ MPa，位于外侧轮载外侧 1 cm、深度 -2 cm 处（B 区域），$|\sigma_1| > |\sigma_3|$，拉强比 $|\sigma_3| : |\sigma_t| > 0.5$，应力状态为拉压应力比 $|\sigma_3| : |\sigma_1| = 1 : 4.18$ 的拉-压复合剪切应力。$APPDI_{3D}$ 次大值为 1.249 8，$\sigma_1 = 0.268\ 1$ MPa，$\sigma_3 = -0.126\ 3$ MPa，位于外侧轮载外侧 1 cm、深度 -1 cm 处（B 区域），$|\sigma_1| > |\sigma_3|$，拉强比 $|\sigma_3| : |\sigma_t| > 0.5$，应力状态为拉压应力比 $|\sigma_3| : |\sigma_1| = 1 : 2.12$ 的拉-压复合剪切应力，破坏模式推断为车辙。在 A 区域内，最大 $APPDI_{3D}$ 值为 1.110 6，$\sigma_1 = 0.406\ 0$ MPa，$\sigma_3 = -0.054\ 9$ MPa，

位于内侧轮载内侧1 cm、深度-2 cm处,$|\sigma_1|>|\sigma_3|$,拉强比$|\sigma_3|:|\sigma_t|>0.5$,应力状态为拉压应力比$|\sigma_3|:|\sigma_1|=1:7.39$的拉-压复合剪切应力,破坏模式推断为车辙。在C区域,最大APPDI$_{3D}$值为0.955 4,位于内侧轮载外侧1 cm的路表处,$|\sigma_1|<|\sigma_3|$,拉强比$|\sigma_3|:|\sigma_t|>0.5$,应力状态为拉-压复合剪切应力,将会产生部分塑性应变变形。在D区域,最大APPDI$_{3D}$值为0.953 9,位于外侧轮载内侧1 cm的路表处,$|\sigma_1|<|\sigma_3|$,拉强比$|\sigma_3|:|\sigma_t|>0.5$,应力状态为拉-压复合剪切应力,将会产生部分塑性应变变形。APPDI$_{3D}>1$的结果均表现为以压应力为主的车辙破坏。

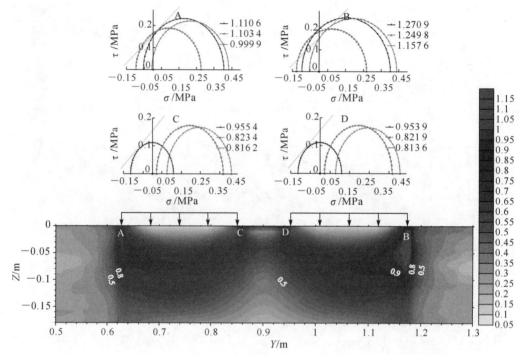

图 6.23 中温条件下六轴全挂车正常行驶状态时首都机场高速公路沥青面层 APPDI$_{3D}$等值线图及其典型的应力莫尔圆

4. 高温条件下沥青路面结构分析

高温条件下(路面温度为60 ℃时),首都机场高速公路沥青面层的APPDI$_{3D}$等值线及其典型的应力莫尔圆如图6.24所示。

图 6.24 所示表明:APPDI$_{3D}$大于1的区域主要位于内侧轮载内侧0~2 cm、深度为-1~-6 cm处(A区域),外侧轮载外侧0~2 cm、深度为-2~-9 cm处(B区域),内侧轮载外侧0~2 cm、深度为0~-4 cm处(C区域)和外侧轮载内侧0~2 cm、深度为0~-4 cm处(D区域)。沥青面层中APPDI$_{3D}$最大值为1.572 3,$\sigma_1=0.047$ 7 MPa,$\sigma_3=-0.104$ 6 MPa,位于外侧轮载内侧1 cm的路表处(D区域),$|\sigma_1|<|\sigma_3|$,拉强比$|\sigma_3|:|\sigma_t|>0.5$,应力状态为拉压应力比$|\sigma_3|:|\sigma_1|=1:0.456$的拉-压复合剪切应力。APPDI$_{3D}$次大值为1.570 0,$\sigma_1=0.047$ 8 MPa,$\sigma_3=-0.104$ 6 MPa,位于内侧轮载外侧1 cm的路表处(C区域),$|\sigma_1|<|\sigma_3|$,拉强比$|\sigma_3|:|\sigma_t|>0.5$,应力状态为拉压应力比$|\sigma_3|:|\sigma_1|=1:0.456$的拉-压复合剪切应力,破坏模式推断为Top-Down裂纹。在A区域内,最大APPDI$_{3D}$值为1.447 9,$\sigma_1=0.244$ 9 MPa,$\sigma_3=-0.068$ 4 MPa,

位于内侧轮载内侧 1 cm、深度 −1 cm 处，$|\sigma_1|>|\sigma_3|$，拉强比 $|\sigma_3|:|\sigma_t|>0.5$，应力状态为拉压应力比 $|\sigma_3|:|\sigma_1|=1:3.58$ 的拉-压复合剪切应力，破坏模式推断为车辙。在 B 区域，最大 APPDI$_{3D}$ 值为 1.503 9，$\sigma_1=0.356\ 9$ MPa，$\sigma_3=-0.054\ 5$ MPa，位于外侧轮载外侧 1 cm、深度 −2 cm 处，$|\sigma_1|>|\sigma_3|$，拉强比 $|\sigma_3|:|\sigma_t|>0.5$，应力状态为拉压应力比 $|\sigma_3|:|\sigma_1|=1:6.55$ 的拉-压复合剪切应力，破坏模式推断为车辙。除最大值和次大值路面破坏表现为 Top - Down 裂纹外，其余 APPDI$_{3D}>1$ 的均表现为以压应力为主的车辙破坏。

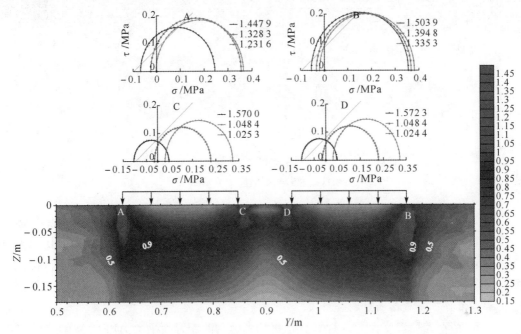

图 6.24　高温条件下六轴全挂车正常行驶状态时首都机场高速公路沥青面层 APPDI$_{3D}$ 等值线图及其典型的应力莫尔圆

由上述分析可知：六轴全挂车在正常行驶状态下，低温时沥青面层不会产生破坏现象；常温时内侧轮载内侧路表处会出现 Top - Down 裂纹；中温时破坏现象以轮迹带两侧的车辙破坏为主；高温时整体破坏现象以轮迹带两侧的车辙破坏为主，在两轮内侧会出现 Top - Down 裂纹。

6.3.4　六轴全挂车拥堵状态时沥青路面结构分析

荷载作用区域的半径 r 为 10.65 cm，荷载 q 根据图 2.5 所示换算可得，双轮轮胎中心间距为 $3r$；采用八节点等参单元建模。边界条件：假设为底面完全约束，X 方向两侧面没有 X 方向位移，Y 方向两侧面没有 Y 方向位移。有限元网格模型共有单元 694 576 个，节点 692 534 个。根据路面结构层材料的抗剪强度参数、基于 D - P 准则条件下的评价指标 APPDI$_{3D}$ 对其进行合理性评价

1. 低温条件下沥青路面结构分析

低温条件下（路面温度为 0 ℃ 时），首都机场高速公路沥青面层的 APPDI$_{3D}$ 等值线及其典型的应力莫尔圆如图 6.25 所示。

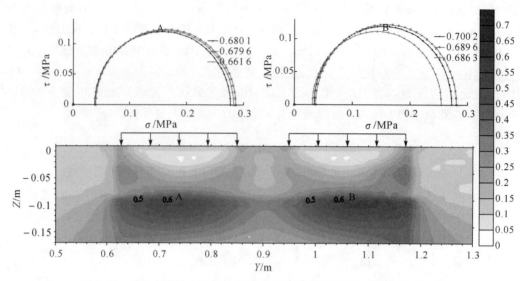

图 6.25　低温条件下六轴全挂车拥堵状态时首都机场高速公路沥青面层 APPDI$_{3D}$ 等值线图及其典型的应力莫尔圆

图 6.25 所示表明：APPDI$_{3D}$ 较大值主要分布于轮载下方的中面层底部和下面层顶部，且关于 Y 轴对称。APPDI$_{3D}$ 最大值为 0.700 2，小于 1，$\sigma_1 > \sigma_3 > 0$，应力状态为纯压剪切应力，出现在外侧轮载下方的中面层底部。路面结构处于安全状态，变形为弹性变形，卸荷后变形可恢复。

2. 常温条件下沥青路面结构分析

常温条件下（路面温度为 20℃时），首都机场高速公路沥青面层的 APPDI$_{3D}$ 等值线及其典型的应力莫尔圆如图 6.26 所示。

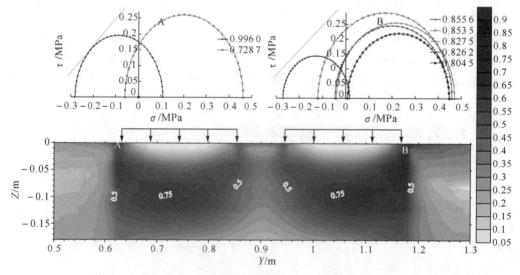

图 6.26　常温条件下六轴全挂车拥堵状态时首都机场高速公路沥青面层 APPDI$_{3D}$ 等值线图及其典型的应力莫尔圆

图 6.26 所示表明:APPDI$_{3D}$ 大于 1 的区域主要位于内侧轮载内侧 1～2 cm 的路表处(A 区域)。APPDI$_{3D}$ 最大值为 0.996 0,$|\sigma_1|<|\sigma_3|$,拉强比 $|\sigma_3|:|\sigma_t|>0.5$,应力状态为拉-压复合剪切应力,将会产生部分不可恢复的塑性变形。

3. 中温条件下沥青路面结构分析

中温条件下(路面温度为 40 ℃时),首都机场高速公路沥青面层的 APPDI$_{3D}$ 等值线及其典型的应力莫尔圆如图 6.27 所示。

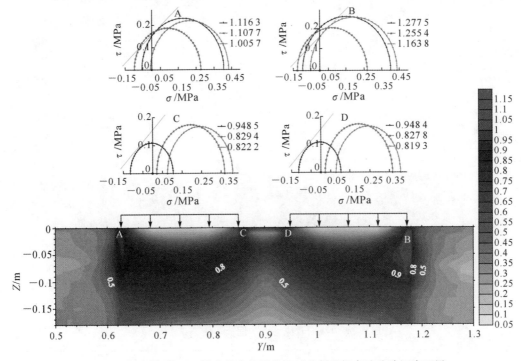

图 6.27 中温条件下六轴全挂车拥堵状态时首都机场高速公路沥青面层
APPDI$_{3D}$ 等值线图及其典型的应力莫尔圆

图 6.27 所示表明:APPDI$_{3D}$ 大于 1 的区域主要位于内侧轮载内侧 0～2 cm、深度为 −2～ −3 cm 处(A 区域),外侧轮载外侧 0～2 cm、深度为 −2～−6 cm 处(B 区域)。沥青面层中 APPDI$_{3D}$ 最大值为 1.277 5,$\sigma_1=0.401\ 2$ MPa,$\sigma_3=-0.096\ 0$ MPa,位于外侧轮载外侧 1 cm、深度 −2 cm 处(B 区域),$|\sigma_1|>|\sigma_3|$,拉强比 $|\sigma_3|:|\sigma_t|>0.5$,应力状态为拉压应力比 $|\sigma_3|:|\sigma_1|=1:4.18$ 的拉-压复合剪切应力。APPDI$_{3D}$ 次大值 1.255 4,$\sigma_1=0.267\ 6$ MPa,$\sigma_3=-0.126\ 3$ MPa,位于外侧轮载外侧 1 cm、深度 −1 cm 处(B 区域),$|\sigma_1|>|\sigma_3|$,拉强比 $|\sigma_3|:|\sigma_t|>0.5$,应力状态为拉压应力比 $|\sigma_3|:|\sigma_1|=1:2.12$ 的拉-压复合剪切应力,破坏模式推断为车辙。在 A 区域内,最大 APPDI$_{3D}$ 值为 1.116 3,$\sigma_1=0.406\ 2$ MPa,$\sigma_3=-0.054\ 8$ MPa,位于内侧轮载内侧 1 cm、深度 −2 cm 处,$|\sigma_1|>|\sigma_3|$,拉强比 $|\sigma_3|:|\sigma_t|>0.5$,应力状态为拉压应力比 $|\sigma_3|:|\sigma_1|=1:7.41$ 的拉-压复合剪切应力,破坏模式推断为车辙。在 C 区域,最大 APPDI$_{3D}$ 值为 0.948 5,位于内侧轮载外侧 1 cm 的路表处,$|\sigma_1|<|\sigma_3|$,拉强比 $|\sigma_3|:|\sigma_t|>0.5$,应力状态为拉-压复合剪切应力,将会产生部分塑性应变变形。在 D 区域,最大 APPDI$_{3D}$ 值为 0.948 4,位于外侧轮载内侧 1 cm 的路表处,$|\sigma_1|<|\sigma_3|$,拉强比 $|\sigma_3|:|\sigma_t|>0.5$,应力状

态为拉-压复合剪切应力,将会产生部分塑性应变变形。APPDI$_{3D}$>1 的结果均表现为车辙破坏。

4. 高温条件下沥青路面结构分析

高温条件下(路面温度为60℃时),首都机场高速公路沥青面层的 APPDI$_{3D}$ 等值线及其典型的应力莫尔圆如图 6.28 所示。

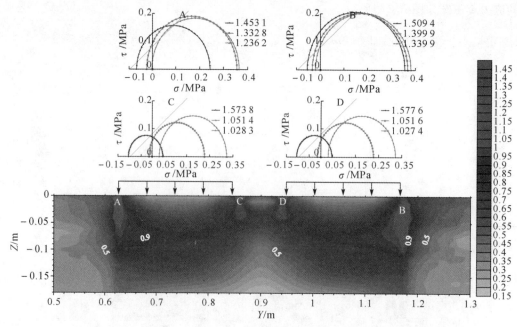

图 6.28　高温条件下六轴全挂车拥堵状态时首都机场高速公路沥青面层 APPDI$_{3D}$ 等值线图及应力莫尔圆

图 6.28 所示表明:APPDI$_{3D}$ 大于 1 的区域主要位于内侧轮载内侧 0~2 cm、深度为 −1~−6 cm 处(A 区域),外侧轮载外侧 0~2 cm、深度为 −2~−9 cm 处(B 区域),内侧轮载外侧 0~2 cm、深度为 0~−4 cm 处(C 区域)和外侧轮载内侧 0~2 cm、深度为 0~−4 cm 处(D 区域)。沥青面层中 APPDI$_{3D}$ 最大值为 1.577 6,σ_1=0.047 5 MPa,σ_3=−0.104 9 MPa,位于外侧轮载内侧 1 cm 的路表处(D 区域),$|\sigma_1|<|\sigma_3|$,拉强比 $|\sigma_3|:|\sigma_t|$>0.5,应力状态为拉压应力比 $|\sigma_3|:|\sigma_1|$=1:0.453 的拉-压复合剪切应力。APPDI$_{3D}$ 次大值为 1.573 8,σ_1=0.047 0 MPa,σ_3=−0.104 7 MPa,位于内侧轮载外侧 1 cm 的路表处(C 区域),$|\sigma_1|<|\sigma_3|$,拉强比 $|\sigma_3|:|\sigma_t|$>0.5,应力状态为拉压应力比 $|\sigma_3|:|\sigma_1|$=1:0.449 的拉-压复合剪切应力,破坏模式推断为 Top-Down 裂纹。在 A 区域内,最大 APPDI$_{3D}$ 值为 1.453 1,σ_1=0.244 9 MPa,σ_3=−0.068 3 MPa,位于内侧轮载内侧 1 cm、深度 −1 cm 处,$|\sigma_1|>|\sigma_3|$,拉强比 $|\sigma_3|:|\sigma_t|$>0.5,应力状态为拉压应力比 $|\sigma_3|:|\sigma_1|$=1:3.59 的拉-压复合剪切应力,破坏模式推断为车辙。在 B 区域,最大 APPDI$_{3D}$ 值为 1.509 4,σ_1=0.356 7 MPa,σ_3=−0.054 5 MPa,位于外侧轮载外侧 1 cm、深度 −2 cm 处,$|\sigma_1|>|\sigma_3|$,拉强比 $|\sigma_3|:|\sigma_t|$>0.5,应力状态为拉压应力比 $|\sigma_3|:|\sigma_1|$=1:6.54 的拉-压复合剪切应力,破坏模式推断为车辙。

除最大值和次大值路面破坏表现为 Top-Down 裂纹外,其余 APPDI$_{3D}$>1 的均表现为以压应力为主的车辙破坏。

由上述分析可知:六轴全挂车在拥堵状态下,低温和常温时沥青面层不会产生破坏现象;中温时破坏现象以轮迹带两侧的车辙破坏为主;高温时整体破坏现象以轮迹带两侧的车辙破坏为主,在两轮内侧会出现 Top-Down 裂纹。

6.4 分析结果与实际病害对比

首都机场高速公路采用 PE 改性沥青混凝土路面,高温温度性能较好,抗车辙能力增强;低温抗裂性能也有所提高。李福普对国内新型沥青路面结构进行研究,发现首都机场高速公路沥青路面中出现了开裂现象,裂纹平均深度约为 4.8 cm,部分路段路表网裂现象严重,车辙现象相对较弱。马俊对高等级公路的破坏形式进行研究,并结合工程实例——首都机场高速公路——进行分析,首都机场高速在通车后不久出现了层底开裂,而后又出现了沉陷变形,进而发展成为局部的网裂,进行了大修。

本章分析结果表明:不同的简化模型条件下首都机场高速公路的主要破坏模式为车辙和 Top-Down 裂纹。该分析结果与以往的实际现场调查结果一致,验证书中采用 APPDI 评价沥青路面破坏的可行性,数值分析结果符合实际情况。

6.5 沥青面层材料设计

从路用性能和安全性能出发,对二维的平面应变简化模型和三维的双圆均布荷载简化模型下沥青路面材料强度进行设计。以材料的拉压应力比和黏聚力为衡量指标,取不同温度下,沥青路面结构中各沥青层的评价指标 APPDI<1 时的强度参数,同时满足材料的拉强比 $|\sigma_3|:|\sigma_1|<0.5$,即路面结构处于弹性变形阶段。结果见表 6.1、表 6.2。

表 6.1 平面应变简化模型下首都机场高速公路沥青面层材料参数表

温度/℃	E_1/MPa	c_1/MPa	φ_1/(°)	E_2/MPa	c_2/MPa	φ_2/(°)	E_3/MPa	c_3/MPa	φ_3/(°)
0	2 200	0.6		1 380	0.35		840	0.2	
20	1 260	0.31	40	840	0.2	42	640	0.15	45
40	800	0.19		560	0.13		560	0.13	
60	520	0.12		560	0.13		560	0.13	

表 6.2 双圆均布荷载简化模型下首都机场高速公路沥青面层材料参数表

温度/℃	E_1/MPa	c_1/MPa	φ_1/(°)	E_2/MPa	c_2/MPa	φ_2/(°)	E_3/MPa	c_3/MPa	φ_3/(°)
0	1 260	0.31		2 300	0.64		400	0.09	
20	880	0.21	40	920	0.22	42	480	0.11	45
40	760	0.18		440	0.1		480	0.11	
60	640	0.15		440	0.1		480	0.11	

表 6.1 和表 6.2 表明:随着温度的升高,沥青面层达到安全设计要求的材料强度参数降低。高温时,由于沥青的黏弹特性,强度降低,可能达不到安全设计要求,可以通过配合比设计或添加改性剂,提高沥青混合料的高温性能,减弱高温时的车辙现象;低温时,为防止低温开裂现象,要提高沥青混合料的延度和抗拉强度,增大其拉伸应变。因此,为同时满足面层的沥青混合料的高温稳定性和低温稳定性,需从集料级配、配合比设计、改性剂角度,改善沥青混合料的性能,降低感温性。

6.6 本章小结

通过三种不同简化模式的有限元计算及其力学分析,首都机场高速公路在不同温度条件下的破坏模式是不同的。同时,不同车型、不同行驶状态对路面结构的破坏现象也有所不同。综合分析,可得以下结论:

(1)在二维平面应变简化模型条件下,低温沥青路面的破坏模式表现为层底开裂;常温时沥青路面为弹性状态,产生弹性变形,不会出现早期破坏现象;中温和高温条件下沥青路面的破坏模式均表现为以压应力为主的车辙破坏。

(2)在三维双圆均布荷载简化模型条件下,低温和常温条件下,沥青路面表现为理想弹性状态,不会产生破坏;中温和高温条件下,沥青路面的破坏模式均表现为以压应力为主的车辙破坏为主,并出现局部的以拉为主的 Top-Down 裂纹。

(3)车列荷载模式条件下,低温时沥青面层不会产生破坏现象;常温时内侧轮载内侧路表处会出现 Top-Down 裂纹;中温时破坏现象以轮迹带两侧的车辙破坏为主;高温时整体破坏现象以轮迹带两侧的车辙破坏为主,在两轮内侧会出现 Top-Down 裂纹。

(4)首都机场高速的主要破坏模式为车辙、裂纹,数值分析结果与实际情况一致。通过材料参数设计,可以实现在荷载作用下路面结构的安全设计。

第 7 章　成渝高速公路沥青路面破坏模式的力学分析

成渝高速公路是成都市与重庆市之间的公路交通大动脉,是重庆第一条高速公路。公路途经四川盆地腹心地带,连接成都、重庆等成渝沿线城市,设计为全封闭、全立交、设中央分隔带、单向行驶的四车道公路,路基宽度 21.5~25 m,全线均为整体式路基,路基路面结构层厚度共 64 cm,采用沥青混凝土路面,设计行车速度 100 km/h,设计交通流量每昼夜 4 万辆。1995 年 9 月建成通车。

成渝高速公路是一条半刚性基层沥青路面结构,它的主要早期破坏现象有哪些?本章从三种不同简化模型的角度,在不同的路面温度条件下分析成渝高速公路的破坏现象,并与实际的破坏现象进行对比分析,为解释成渝高速公路的早期破坏提供依据。

7.1　平面应变简化模型的力学分析

将路面结构模型简化为二维的平面应变模型,采用单轴双圆均布垂直荷载作用下的弹性层状连续体系理论进行有限元计算,荷载 q 为 0.7 MPa,荷载作用区域的半径 r 为 10.65 cm,双轮轮胎中心间距为 $3r$。采用四节点等参单元、轴对称结构建模。边界条件:左侧 X 方向位移约束,底部全约束。有限元网格模型共有单元 26 320 个,节点 26 695 个。基于 M-C 准则条件下的评价指标 $APPDI_{2D}$ 对其进行合理性评价。

7.1.1　低温条件下沥青路面结构分析

低温条件下(路面温度为 0 ℃时),成渝高速公路沥青面层的 $APPDI_{2D}$ 等值线和不同深度的 $APPDI_{2D}$ 分布图及其典型的应力莫尔圆如图 7.1 所示。

图 7.1 所示表明:APPDI 大于 1 的区域主要分布于轮载边缘的沥青层表层。$APPDI_{2D}$ 最大值为 0.841 5,即沥青面层部分的 $APPDI_{2D}$ 值均小于 1,$|\sigma_1|>|\sigma_3|$,应力状态为拉-压复合剪切应力。路面结构处于安全状态,变形为弹性变形,卸荷后变形可恢复。

7.1.2　常温条件下沥青路面结构分析

常温条件下(路面温度为 20 ℃时),成渝高速公路沥青面层的 $APPDI_{2D}$ 等值线和不同深度的 $APPDI_{2D}$ 分布图及其典型的应力莫尔圆如图 7.2 所示。

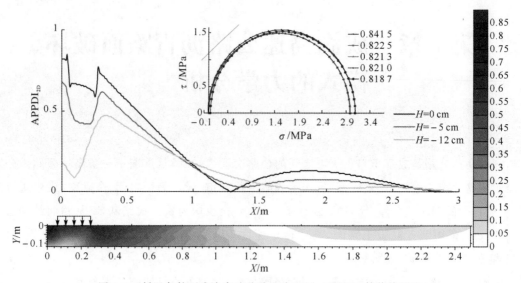

图 7.1 低温条件下成渝高速公路沥青面层 APPDI$_{2D}$ 等值线图和
不同深度 APPDI$_{2D}$ 分布图及典型应力莫尔圆

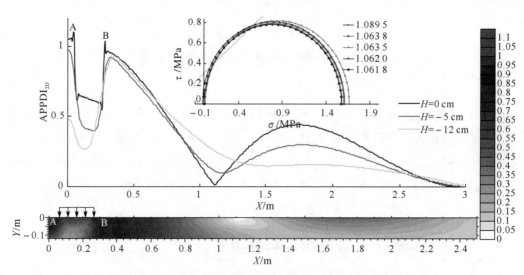

图 7.2 常温条件下成渝高速公路沥青面层 APPDI$_{2D}$ 等值线图和
不同深度 APPDI$_{2D}$ 分布图及典型应力莫尔圆

图 7.2 所示表明：APPDI$_{2D}$ 大于 1 的区域主要位于两轮中心处（A 区域）、轮载右侧 1~10 cm 的上面层（B 区域）。沥青面层中 APPDI$_{2D}$ 最大值为 1.089 5，σ_1 = 1.608 4 MPa，σ_3 = −0.013 1 MPa，位于轮载左侧 1 cm 的路表处（A 区域），$|\sigma_1|>|\sigma_3|$，拉强比 $|\sigma_3|:|\sigma_t|\approx 0$，应力状态为纯压剪切应力；APPDI$_{2D}$ 次大值为 1.063 8，σ_1 = 1.601 9 MPa，σ_3 = 0.008 4 MPa，位于两轮中心处（A 区域），$|\sigma_1|>|\sigma_3|$，拉强比 $|\sigma_3|:|\sigma_t|\approx 0$，应力状态为纯压剪切应力，破坏模式推断为车辙，车辙现象不明显。

7.1.3 中温条件下沥青路面结构分析

中温条件下(路面温度为 40℃时),成渝高速公路沥青面层的 $APPDI_{2D}$ 等值线和不同深度的 $APPDI_{2D}$ 分布图及其典型的应力莫尔圆如图 7.3 所示。

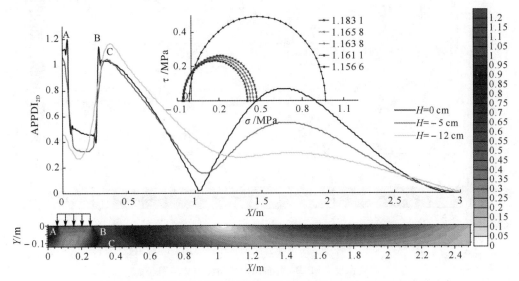

图 7.3 中温条件下成渝高速公路沥青面层 $APPDI_{2D}$ 等值线图和不同深度 $APPDI_{2D}$ 分布图及典型应力莫尔圆

图 7.3 所示表明:$APPDI_{2D}$ 大于 1 的区域主要位于两轮中心处(A 区域)、轮载右侧 1~18 cm 的上面层(B 区域)和轮载右侧 5~25 cm 的下面层(B 区域)。沥青面层中 $APPDI_{2D}$ 最大值为 1.183 1,$\sigma_1=0.967\,8$ MPa,$\sigma_3=-0.014\,8$ MPa,位于轮载左侧 1 cm 的路表处(A 区域),$|\sigma_1|>|\sigma_3|$,拉强比 $\sigma_3:|\sigma_t|\approx 0$,应力状态为纯压剪切应力,且 $|\sigma_3|<|\sigma_{t1}|$,应力状态为以压为主的拉-压复合剪切应力,破坏模式推断为车辙。$APPDI_{2D}$ 次大值为 1.165 8,$\sigma_1=0.448\,2$ MPa,$\sigma_3=-0.058\,9$ MPa,位于沥青层底部(C 区域),$|\sigma_1|>|\sigma_3|$,拉强比 $\sigma_3:\sigma_t\approx 0$,应力状态为纯压剪切应力,破坏模式推断为层底开裂。

7.1.4 高温条件下沥青路面结构分析

高温条件下(路面温度为 60℃时),成渝高速公路沥青面层的 $APPDI_{2D}$ 等值线和不同深度的 $APPDI_{2D}$ 分布图及其典型的应力莫尔圆如图 7.4 所示。

图 7.4 所示表明:$APPDI_{2D}$ 大于 1 的区域主要位于两轮中心处(A 区域)、轮载右侧 1~18 cm 的上面层(B 区域)、轮载右侧 5~25 cm 的下面层(B 区域)及轮载外侧 0.8~2 m 的上面层(C 区域)。沥青面层中 $APPDI_{2D}$ 最大值为 1.244 8,$\sigma_1=0.626\,9$ MPa,$\sigma_3=-0.016\,1$ MPa;次大值为 1.209 4,$\sigma_1=0.721\,2$ MPa,$\sigma_3=0.006\,0$ MPa,位于轮载左侧 1 cm 的路表处(A 区域),$|\sigma_1|>|\sigma_3|$,应力状态为纯压应力,破坏模式推断为车辙。在 C 区域中,$APPDI_{2D}$ 最大为 1.098,$\sigma_1=0.448\,2$ MPa,$\sigma_3=-0.058\,9$ MPa,位于沥青层底部,$|\sigma_1|>|\sigma_3|$,拉强比 $|\sigma_3|:|\sigma_t|<0.5$,应力状态为拉压应力比 $|\sigma_3|:|\sigma_1|=1:7.6$ 的拉-压复合剪切应力,破坏模式推断为层底开

裂。在 D 区域，$APPDI_{2D}$ 最大值为 1.046 2，$\sigma_1=0.000\,06$ MPa，$\sigma_3=-0.077\,5$ MPa，$|\sigma_1|<|\sigma_3|$，拉强比 $|\sigma_3|:|\sigma_1|>0.5$，应力状态为纯拉应力，破坏模式推断为 Top-Down 裂纹。

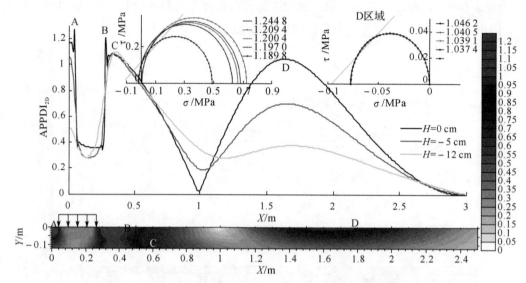

图 7.4　高温条件下成渝高速公路沥青面层 $APPDI_{2D}$ 等值线图和不同深度 $APPDI_{2D}$ 分布图及典型应力莫尔圆

综上所述：在二维平面应变简化模型条件下，低温时沥青路面为弹性状态，产生弹性变形，不会出现早期破坏现象；随着温度的升高，沥青面层的早期破坏现象表现为车辙，并随着温度的升高而显著；高温条件下，在轮载外侧 0.8~2 m 的路表处出现纯拉应力区域，破坏模式为 Top-Down 裂纹。

7.2　双圆均布荷载简化模型的力学分析

将路面结构模型简化为三维的双圆均布荷载模型，采用单轴双圆均布垂直荷载作用下的弹性层状连续体系理论进行有限元计算，荷载 q 为 0.7 MPa，荷载作用区域的半径 r 为 10.65 cm，双轮轮胎中心间距为 $3r$；采用八节点等参单元建模。边界条件：假设为底面完全约束，X 方向两侧面没有 X 方向位移，Y 方向两侧面没有 Y 方向位移。有限元网格模型共有单元 494 015 个，节点 496 132 个。基于 D-P 准则条件下的评价指标 $APPDI_{3D}$ 对其进行合理性评价。

7.2.1　低温条件下沥青路面结构分析

低温条件下（路面温度为 0 ℃ 时），分析成渝高速公路沥青面层的 $APPDI_{3D}$ 较大值的分布位置和典型的危险点的应力莫尔圆，如图 7.5 所示；根据分析结果，选择沥青面层中 $y=0$ 剖面和 $y=r/4$ 剖面，绘制 $APPDI_{3D}$ 的等值线图，如图 7.6 所示。

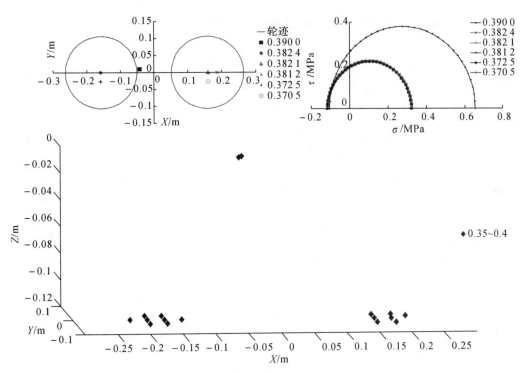

图 7.5　低温条件下成渝高速公路沥青面层 APPDI$_{3D}$点的分布位置及其典型的应力莫尔圆

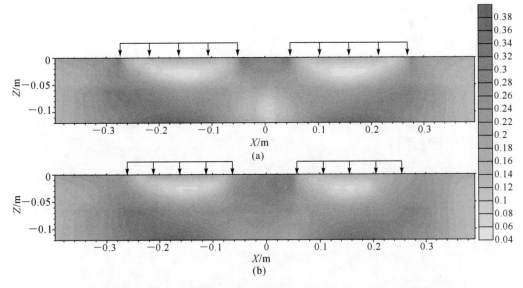

图 7.6　低温条件下成渝高速公路沥青面层不同剖面 APPDI$_{3D}$等值线图

图 7.5 和图 7.6 所示表明：APPDI$_{3D}$较大值主要分布于轮迹线边缘的路面表层和轮载下方的下面层底部。APPDI$_{3D}$最大值为 0.39,小于 1,$|\sigma_1|>|\sigma_3|$,应力状态为拉-压复合剪切应力。路面结构处于安全状态,变形为弹性变形,卸荷后可恢复。

7.2.2 常温条件下沥青路面结构分析

常温条件下(路面温度为20℃时),分析成渝高速公路沥青面层的 $APPDI_{3D}$ 较大值的分布位置和典型危险点的应力莫尔圆,如图7.7所示;根据分析结果,选择沥青面层中 $y=0$ 剖面和 $y=r/4$ 剖面,绘制了 $APPDI_{3D}$ 的等值线图,如图7.8所示。

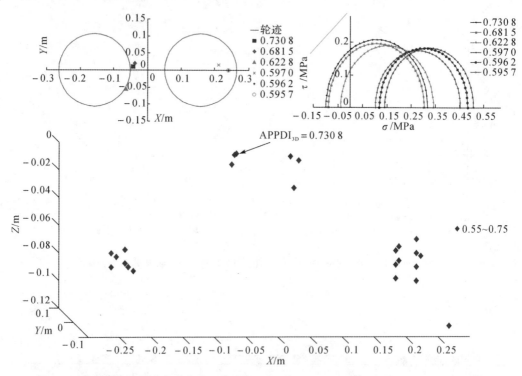

图7.7 常温条件下成渝高速公路沥青面层 $APPDI_{3D}$ 点的分布位置及其典型的应力莫尔圆

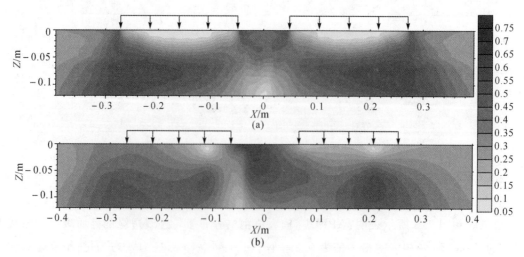

图7.8 常温条件下成渝高速公路沥青面层不同剖面 $APPDI_{3D}$ 等值线图

图 7.7 和图 7.8 所示表明:$APPDI_{3D}$ 较大值主要分布于轮载边缘的路面表层和下面层中部。$APPDI_{3D}$ 最大值为 0.730 8,小于 1,$|\sigma_1|>|\sigma_3|$,应力状态为拉-压复合剪切应力。路面结构处于安全状态,变形为弹性变形,卸荷后变形可恢复。

7.2.3　中温条件下沥青路面结构分析

中温条件下(路面温度为 40 ℃时),分析成渝高速公路沥青面层的 $APPDI_{3D}$ 较大值的分布位置和典型危险点的应力莫尔圆、危险点在 π 平面上的投影,如图 7.9 所示。

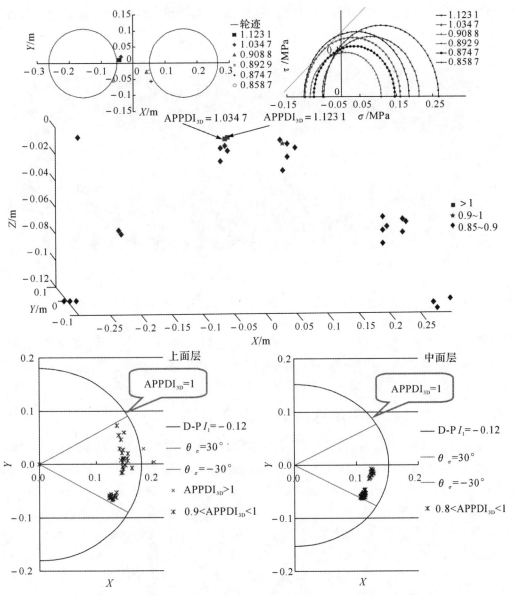

图 7.9　中温条件下成渝高速公路沥青面层 $APPDI_{3D}$ 点的分布位置、
典型的危险点的应力莫尔圆及 π 平面投影图

图 7.9 所示表明：APPDI$_{3D}$ 较大值的点主要分布于轮迹线边缘 1～2 cm 的路面表层处和下面层中下部分。APPDI$_{3D}>1$ 的节点共有 2 个。APPDI$_{3D}$ 最大值为 1.123 1，$\sigma_1=0.184\ 5$ MPa，$\sigma_3=-0.102\ 7$ MPa，位于左侧轮载靠近两轮中心处的轮迹线边缘 1 cm 的路面表层处，$|\sigma_1|>|\sigma_3|$，拉强比 $|\sigma_3|:|\sigma_t|<0.5$，应力状态为拉压应力比 $|\sigma_3|:|\sigma_1|=1:1.8$ 的拉-压复合剪切应力，破坏模式推断为车辙破坏。APPDI$_{3D}$ 次大值为 1.034 7，$\sigma_1=0.161\ 0$ MPa，$\sigma_3=-0.100\ 1$ MPa，位于左侧轮载靠近两轮中心处的轮迹线边缘 1.7 cm 的路面表层处，$|\sigma_1|>|\sigma_3|$，拉强比 $|\sigma_3|:|\sigma_t|<0.5$，应力状态为拉压应力比 $|\sigma_3|:|\sigma_1|=1:1.6$ 的拉-压复合剪切应力，破坏模式推断为车辙破坏。

根据分析结果，选择沥青面层中 $y=0$ 剖面和 $y=r/4$ 剖面，绘制 APPDI$_{3D}$ 的等值线图，如图 7.10 所示。

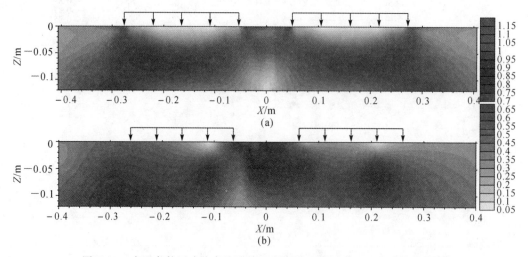

图 7.10　中温条件下成渝高速公路沥青面层不同剖面 APPDI$_{3D}$ 等值线图

由图 7.10 可知：$y=r/4$ 剖面中出现 APPDI$_{3D}>1$ 的区域，主要分布于左侧车辆轮迹线左侧 1～2 cm 的路表处。APPDI$_{3D}$ 较大值从路表处轮载边缘处以微小的角度向轮载下方扩展，在疲劳荷载的作用下，可能产生车辙共存，且关于 Y 轴对称。

7.2.4　高温条件下沥青路面结构分析

高温条件下（路面温度为 60 ℃），分析成渝高速公路沥青面层的 APPDI$_{3D}$ 较大值的分布位置和典型危险点的应力莫尔圆、危险点在 π 平面上的投影，如图 7.11 所示。

图 7.11 所示表明：APPDI$_{3D}$ 较大值的点主要分布于轮迹线边缘 1～5 cm 的路面上面层处，尤其是两轮中心的轮迹线边缘处。APPDI$_{3D}>1$ 的节点共有 18 个。APPDI$_{3D}$ 最大值为 1.266 9，$\sigma_1=0.056\ 1$ MPa，$\sigma_3=-0.078\ 0$ MPa，位于左侧轮载外侧的轮迹线边缘 1.4 cm 的路面表层处，$|\sigma_1|<|\sigma_3|$，拉强比 $|\sigma_3|:|\sigma_t|>0.5$，应力状态为拉压应力比 $|\sigma_3|:|\sigma_1|=1:0.7$ 的拉-压复合剪切应力。APPDI$_{3D}$ 次大值为 1.223 0，$\sigma_1=0.043\ 2$ MPa，$\sigma_3=-0.079\ 6$ MPa，位于右侧轮载外侧的轮迹线边缘 1.8 cm 的路面表层处，$|\sigma_1|<|\sigma_3|$，拉强比 $|\sigma_3|:|\sigma_t|>0.5$，应力状态为拉压应力比 $|\sigma_3|:|\sigma_1|=1:0.54$ 的拉-压复合剪切应力，破坏模式推断为 Top-Down 裂纹。当 APPDI$_{3D}=1.101\ 7$ 时，位于右侧轮载靠近两轮中心处的轮迹线边缘 4.5 cm

处,$|\sigma_1|>|\sigma_3|$,拉强比$|\sigma_3|:|\sigma_t|>0.5$,应力状态为拉压应力比$|\sigma_3|:|\sigma_1|=1:3.67$的拉-压复合剪切应力,破坏模式推断为车辙破坏。

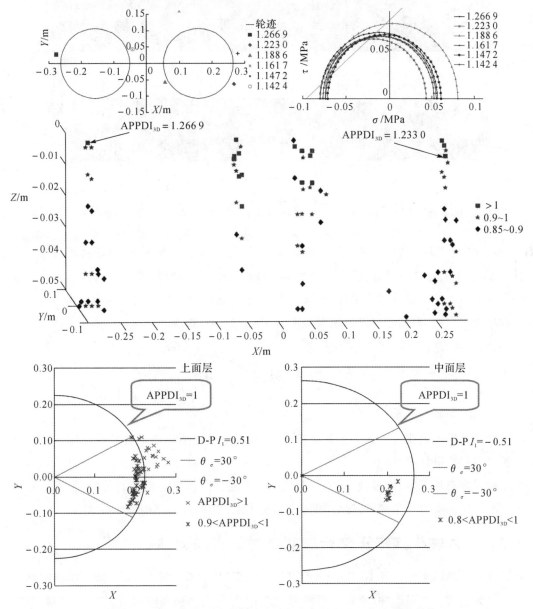

图7.11 高温条件下成渝高速公路沥青面层APPDI$_{3D}$点的分布位置、典型的危险点的应力莫尔圆及π平面投影图

根据分析结果,选择沥青面层中$y=-r/4$剖面和$y=0$剖面,绘制APPDI$_{3D}$的等值线图,如图7.12所示。

由图7.12可知:不同剖面中均出现APPDI$_{3D}>1$的区域,主要分布于轮迹线外侧1~2 cm的路表处。APPDI$_{3D}$较大值从路表处轮载边缘处以微小的角度向轮载下方扩展,在疲劳荷载的作用下,可能产生Top-Down裂纹或者Top-Down裂纹与车辙共存,且关于Y轴对称。

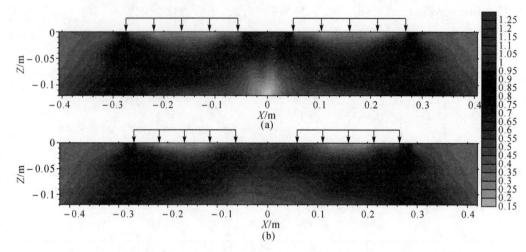

图 7.12　高温条件下成渝高速公路沥青面层不同剖面 $APPDI_{3D}$ 等值线图

综上所述：在三维双圆均布荷载简化模型条件下，低温和常温条件下，沥青路面表现为理想弹性状态，变形为弹性变形，路面不会产生早期破坏现象；中温时沥青路面的破坏模式均表现为以压应力为主的车辙破坏为主；高温条件下，沥青路面的破坏模式均表现为以压应力为主的车辙破坏为主，并出现局部的以拉压力为主的 Top-Down 裂纹。

7.3　车列荷载模式的力学分析

将路面结构模型简化为三维的车列荷载模式，采用单轴双圆均布垂直荷载作用下的弹性层状连续体系理论进行有限元计算。

对不同温度条件下，不同轴载、不同行车状态下的沥青路面纵剖面进行分析，根据评价指标的大小和响应的应力莫尔圆及其出现的位置，评价其不同沥青面层的破坏模式。

7.3.1　六轴半挂车正常行驶状态时沥青路面结构分析

荷载作用区域的半径 r 为 10.65 cm，荷载 q 为 0.7 MPa，双轮轮胎中心间距为 $3r$；采用八节点等参单元建模。边界条件：假设为底面完全约束，X 方向两侧面没有 X 方向位移，Y 方向两侧面没有 Y 方向位移。有限元网格模型共有单元 639 218 个，节点 628 691 个。根据路面结构层材料的抗剪强度参数，基于 D-P 准则条件下的评价指标 $APPDI_{3D}$ 对其进行合理性评价。

1. 低温条件下沥青路面结构分析

低温条件下（路面温度为 0 ℃时），成渝高速公路沥青面层的 $APPDI_{3D}$ 等值线及其典型的应力莫尔圆如图 7.13 所示。

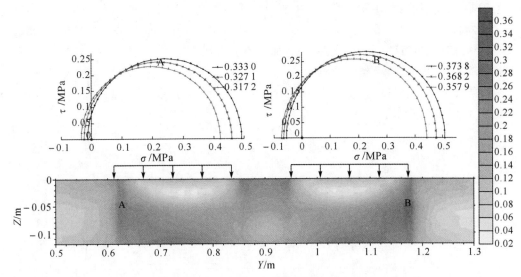

图 7.13　低温条件下六轴半挂车正常行驶状态时成渝高速公路沥青面层 APPDI$_{3D}$ 等值线图及典型应力莫尔圆

图 7.13 所示表明：APPDI$_{3D}$ 较大值主要分布于轮载边缘的上面层底部和下面层顶部，且关于 Y 轴对称。APPDI$_{3D}$ 最大值为 0.373 8，小于 1，$|\sigma_1|>|\sigma_3|$，拉强比 $|\sigma_3|:|\sigma_1|<0.5$，应力状态为拉-压复合剪切应力，出现在外侧轮载边缘的上面层底部。路面结构处于安全状态，变形为弹性变形，卸荷后变形可恢复。

2. 常温条件下沥青路面结构分析

常温条件下（路面温度为 20℃ 时），成渝高速公路沥青面层的 APPDI$_{3D}$ 等值线及其典型的应力莫尔圆如图 7.14 所示。

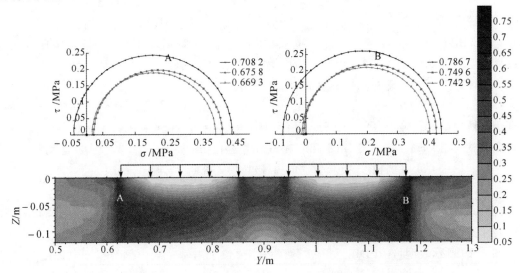

图 7.14　常温条件下六轴半挂车正常行驶状态时成渝高速公路沥青面层 APPDI$_{3D}$ 等值线图及典型应力莫尔圆

图 7.14 所示表明：APPDI$_{3D}$ 较大值主要分布于轮载边缘的上面层底部和下面层顶部，且关于 Y 轴对称。APPDI$_{3D}$ 最大值为 0.786 7，$|\sigma_1|<|\sigma_3|$，拉强比 $|\sigma_3|:|\sigma_t|>0.5$，应力状态为拉-压复合剪切应力，将产生弹性变形，沥青面层不会出现早期破坏。

3. 中温条件下沥青路面结构分析

中温条件下（路面温度为 40 ℃时），成渝高速公路沥青面层的 APPDI$_{3D}$ 等值线及其典型的应力莫尔圆如图 7.15 所示。

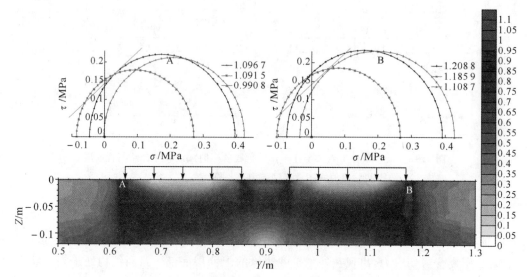

图 7.15 中温条件下六轴半挂车正常行驶状态时成渝高速公路沥青面层
APPDI$_{3D}$ 等值线图及典型应力莫尔圆

图 7.15 所示表明：APPDI$_{3D}$ 大于 1 的区域主要位于内侧轮载内侧 0～2 cm、深度为 -2～-3 cm 处（A 区域），外侧轮载外侧 0～2 cm、深度为 -2～-4 cm 处（B 区域）。沥青面层中 APPDI$_{3D}$ 最大值为 1.208 8，$\sigma_1=0.391\ 1$ MPa，$\sigma_3=-0.075\ 3$ MPa，位于外侧轮载外侧 1 cm、深度 -2 cm 处（B 区域），$|\sigma_1|>|\sigma_3|$，拉强比 $|\sigma_3|:|\sigma_t|>0.5$，应力状态为拉压应力比 $|\sigma_3|:|\sigma_1|=1:5.2$ 的拉-压复合剪切应力。APPDI$_{3D}$ 次大值为 1.185 9，$\sigma_1=0.266\ 5$ MPa，$\sigma_3=-0.104\ 9$ MPa，位于外侧轮载外侧 1 cm、深度 -1 cm 处（B 区域），$|\sigma_1|>|\sigma_3|$，拉强比 $|\sigma_3|:|\sigma_t|>0.5$，应力状态为拉压应力比 $|\sigma_3|:|\sigma_1|=1:2.54$ 的拉-压复合剪切应力，破坏模式推断为车辙。在 A 区域内，最大 APPDI$_{3D}$ 值为 1.096 7，$\sigma_1=0.394\ 6$ MPa，$\sigma_3=-0.046\ 5$ MPa，位于内侧轮载内侧 1 cm、深度 -2 cm 处，$|\sigma_1|>|\sigma_3|$，拉强比 $|\sigma_3|:|\sigma_t|<0.5$，应力状态为拉压应力比 $|\sigma_3|:|\sigma_1|=1:8.49$ 的拉-压复合剪切应力，破坏模式推断为车辙。

4. 高温条件下沥青路面结构分析

高温条件下（路面温度为 60 ℃时），成渝高速公路沥青面层的 APPDI$_{3D}$ 等值线及其典型的应力莫尔圆如图 7.16 所示。

图 7.16 所示表明：APPDI$_{3D}$ 大于 1 的区域主要位于内侧轮载内侧 0～2 cm、深度为 -1～-6 cm 处（A 区域），外侧轮载外侧 0～2 cm、深度为 -1～-6 cm 处（B 区域），内侧轮载外侧 0～2 cm、深度为 0～-2 cm 处（C 区域）和外侧轮载内侧 0～2 cm、深度为 0～-2 cm 处（D 区域）。沥青面层中 APPDI$_{3D}$ 最大值为 1.524 5，$\sigma_1=0.241\ 9$ MPa，$\sigma_3=-0.081\ 3$ MPa，位于外

侧轮载外侧 1 cm、深度 −1 cm 处（B 区域），$|\sigma_1|>|\sigma_3|$，拉强比 $|\sigma_3|:|\sigma_t|>0.5$，应力状态为拉压应力比 $|\sigma_3|:|\sigma_1|=1:2.97$ 的拉-压复合剪切应力。APPDI$_{3D}$ 次大值为 1.393 8，$\sigma_1=0.354\ 7$ MPa，$\sigma_3=-0.041\ 5$ MPa，位于外侧轮载外侧 1 cm、深度 −2 cm 处（B 区域），$|\sigma_1|>|\sigma_3|$，拉强比 $|\sigma_3|:|\sigma_t|>0.5$，应力状态为拉压应力比 $|\sigma_3|:|\sigma_1|=1:8.55$ 的拉-压复合剪切应力，破坏模式推断为车辙。在 A 区域内，最大 APPDI$_{3D}$ 值为 1.377 1，$\sigma_1=0.243\ 5$ MPa，$\sigma_3=-0.063\ 5$ MPa，位于内侧轮载内侧 1 cm、深度 −1 cm 处，$|\sigma_1|>|\sigma_3|$，拉强比 $|\sigma_3|:|\sigma_t|>0.5$，应力状态为拉压应力比 $|\sigma_3|:|\sigma_1|=1:3.83$ 的拉-压复合剪切应力，破坏模式推断为车辙。在 C 区域，最大 APPDI$_{3D}$ 值为 1.387 2，$\sigma_1=0.065\ 0$ MPa，$\sigma_3=-0.092\ 7$ MPa，位于外侧轮载外侧 1 cm 的路表处，$|\sigma_1|<|\sigma_3|$，拉强比 $|\sigma_3|:|\sigma_t|>0.5$，应力状态为拉压应力比 $|\sigma_3|:|\sigma_1|=1:0.7$ 的拉-压复合剪切应力，破坏模式推断为 Top-Down 裂纹。在 D 区域，最大 APPDI$_{3D}$ 值为 1.387 3，$\sigma_1=0.064\ 6$ MPa，$\sigma_3=-0.092\ 6$ MPa，位于外侧轮载外侧 1 cm 的路表处，$|\sigma_1|<|\sigma_3|$，拉强比 $|\sigma_3|:|\sigma_t|>0.5$，应力状态为拉压应力比 $|\sigma_3|:|\sigma_1|=1:0.697$ 的拉-压复合剪切应力，破坏模式推断为 Top-Down 裂纹。

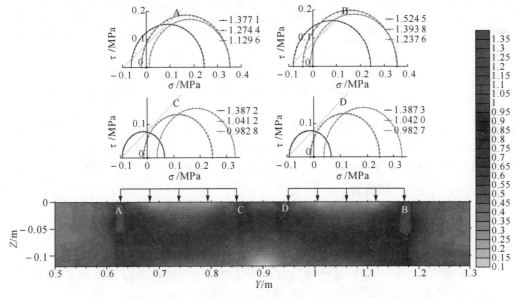

图 7.16 高温条件下六轴半挂车正常行驶状态时成渝高速公路沥青面层 APPDI$_{3D}$ 等值线图及典型应力莫尔圆

由上述分析可知：六轴半挂车在正常行驶状态下，低温和常温时沥青面层不会产生破坏现象；中温时破坏现象以轮迹带两侧的车辙破坏为主；高温时整体破坏现象以轮迹带两侧的车辙破坏为主，在两轮内侧会出现 Top-Down 裂纹。

7.3.2 六轴半挂车拥堵状态时沥青路面结构分析

荷载作用区域的半径 r 为 10.65 cm，荷载 q 为 0.7 MPa，双轮轮胎中心间距为 $3r$；采用八节点等参单元建模。边界条件：假设为底面完全约束，X 方向两侧面没有 X 方向位移，Y 方向两侧面没有 Y 方向位移。有限元网格模型共有单元 621 992 个，节点 611 262 个。根据路面结构层材料的抗剪强度参数，基于 D-P 准则条件下的评价指标 APPDI$_{3D}$ 对其进行合理性评价。

1. 低温条件下沥青路面结构分析

低温条件下(路面温度为0℃时),成渝高速公路沥青面层的$APPDI_{3D}$等值线及其典型的应力莫尔圆如图7.17所示。

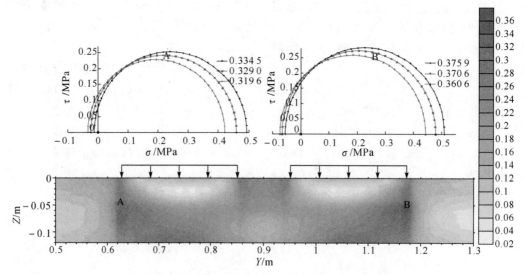

图7.17 低温条件下六轴半挂车拥堵状态时成渝高速公路沥青面层
$APPDI_{3D}$等值线图及典型应力莫尔圆

图7.17所示表明:$APPDI_{3D}$较大值主要分布于轮载边缘的上面层底部和下面层顶部,且关于Y轴对称。$APPDI_{3D}$最大值为0.375 9,小于1,$|\sigma_1|>|\sigma_3|$,拉强比$|\sigma_3|:|\sigma_t|<0.5$,应力状态拉-压复合剪切应力,出现在外侧轮载边缘的上面层底部。路面结构处于安全状态,变形为弹性变形,卸荷后变形可恢复。

2. 常温条件下沥青路面结构分析

常温条件下(路面温度为20℃时),成渝高速公路沥青面层的$APPDI_{3D}$等值线及其典型的应力莫尔圆如图7.18所示。

图7.18所示表明:$APPDI_{3D}$较大值主要分布于轮载边缘的上面层底部和下面层顶部,且关于Y轴对称。$APPDI_{3D}$最大值为0.787 0,$|\sigma_1|<|\sigma_3|$,拉强比$|\sigma_3|:|\sigma_t|<0.5$,应力状态为拉-压复合剪切应力,将产生弹性变形,沥青面层不会出现早期破坏。

3. 中温条件下沥青路面结构分析

中温条件下(路面温度为40℃时),成渝高速公路沥青面层的$APPDI_{3D}$等值线及其典型的应力莫尔圆如图7.19所示。

图7.19所示表明:$APPDI_{3D}$大于1的区域主要位于内侧轮载内侧0~2 cm、深度为-2~-3 cm处(A区域),外侧轮载外侧0~2 cm、深度为-2~-4 cm处(B区域)。沥青面层中$APPDI_{3D}$最大值为1.210 6,$\sigma_1=0.391 0$ MPa,$\sigma_3=-0.075 0$ MPa,位于外侧轮载外侧1 cm、深度-2 cm处(B区域),$|\sigma_1|>|\sigma_3|$,拉强比$|\sigma_3|:|\sigma_t|<0.5$,应力状态为拉压应力比$|\sigma_3|:|\sigma_1|=1:5.21$的拉-压复合剪切应力。$APPDI_{3D}$次大值为1.186 7,$\sigma_1=0.266 6$ MPa,$\sigma_3=-0.104 5$ MPa,位于外侧轮载外侧1 cm、深度-1 cm处(B区域),$|\sigma_1|>|\sigma_3|$,拉强比$|\sigma_3|:|\sigma_t|>0.5$,应力状态为拉压应力比$|\sigma_3|:|\sigma_1|=1:2.54$的拉-压复合剪切应力,破坏模式

推断为车辙。在 A 区域内,最大 $APPDI_{3D}$ 值为 1.098 6,σ_1=0.394 6 MPa,σ_3=−0.046 3 MPa,位于内侧轮载内侧 1 cm、深度−2 cm 处,$|\sigma_1|>|\sigma_3|$,拉强比 $|\sigma_3|:|\sigma_t|<0.5$,应力状态为拉压应力比 $|\sigma_3|:|\sigma_1|=1:8.52$ 的拉-压复合剪切应力,破坏模式推断为车辙。$APPDI_{3D}>1$ 的结果均表现为以压应力为主的车辙破坏。

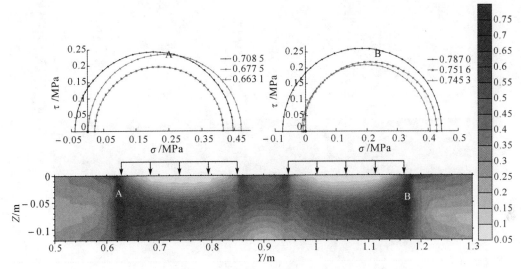

图 7.18 常温条件下六轴半挂车拥堵状态时成渝高速公路沥青面层 $APPDI_{3D}$ 等值线图及典型应力莫尔圆

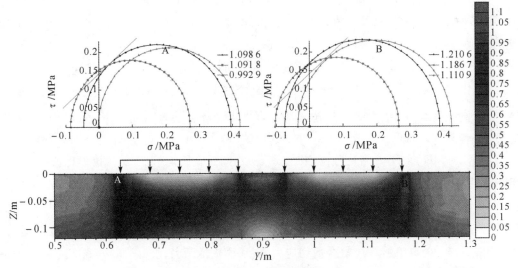

图 7.19 中温条件下六轴半挂车拥堵状态时成渝高速公路沥青面层 $APPDI_{3D}$ 等值线图及典型应力莫尔圆

4. 高温条件下沥青路面结构分析

高温条件下(路面温度为 60 ℃时),成渝高速公路沥青面层的 $APPDI_{3D}$ 等值线及其典型的应力莫尔圆如图 7.20 所示。

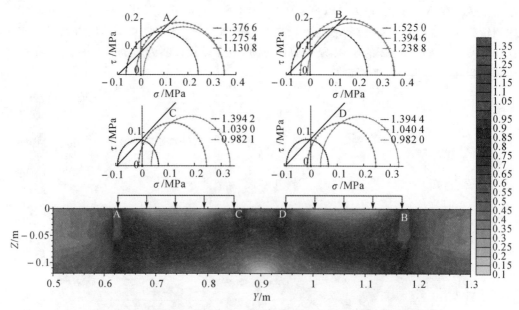

图 7.20　高温条件下六轴半挂车拥堵状态时成渝高速公路沥青面层
$APPDI_{3D}$ 等值线图及典型应力莫尔圆

图 7.20 所示表明:$APPDI_{3D}$ 大于 1 的区域主要位于内侧轮载内侧 0～2 cm、深度为 −1～−6 cm 处(A 区域)、外侧轮载外侧 0～2 cm、深度为 −1～−7 cm 处(B 区域)、内侧轮载外侧 0～2 cm、深度为 0～−2 cm 处(C 区域)和外侧轮载内侧 0～2 cm、深度为 0～−2 cm 处(D 区域)。沥青面层中 $APPDI_{3D}$ 最大值为 1.525 0,$\sigma_1=0.242\ 0$ MPa,$\sigma_3=-0.081\ 1$ MPa,位于外侧轮载外侧 1 cm、深度 −1 cm 处(B 区域),$|\sigma_1|>|\sigma_3|$,拉强比 $|\sigma_3|:|\sigma_t|>0.5$,应力状态为拉压应力比 $|\sigma_3|:|\sigma_1|=1:2.98$ 的拉-压复合剪切应力。$APPDI_{3D}$ 次大值为 1.394 6,$\sigma_1=0.354\ 8$ MPa,$\sigma_3=-0.041\ 3$ MPa,位于外侧轮载外侧 1 cm、深度 −2 cm 处(B 区域),$|\sigma_1|>|\sigma_3|$,拉强比 $|\sigma_3|:|\sigma_t|<0.5$,应力状态为拉压应力比 $|\sigma_3|:|\sigma_1|=1:8.59$ 的拉-压复合剪切应力,破坏模式推断为车辙。在 A 区域内,最大 $APPDI_{3D}$ 值为 1.376 6,$\sigma_1=0.244\ 0$ MPa,$\sigma_3=-0.063\ 1$ MPa,位于内侧轮载内侧 1 cm、深度 −1 cm 处,$|\sigma_1|>|\sigma_3|$,拉强比 $|\sigma_3|:|\sigma_t|>0.5$,应力状态为拉压应力比 $|\sigma_3|:|\sigma_1|=1:3.87$ 的拉-压复合剪切应力,破坏模式推断为车辙。在 C 区域,最大 $APPDI_{3D}$ 值为 1.394 2,$\sigma_1=0.063\ 7$ MPa,$\sigma_3=-0.093\ 2$ MPa,位于外侧轮载外侧 1 cm 的路表处,$|\sigma_1|<|\sigma_3|$,拉强比 $|\sigma_3|:|\sigma_t|>0.5$,应力状态为拉压应力比 $|\sigma_3|:|\sigma_1|=1:0.683$ 的拉-压复合剪切应力,破坏模式推断为 Top-Down 裂纹。在 D 区域,最大 $APPDI_{3D}$ 值为 1.394 4,$\sigma_1=0.065\ 7$ MPa,$\sigma_3=-0.093\ 1$ MPa,位于外侧轮载外侧 1 cm 的路表处,$|\sigma_1|<|\sigma_3|$,拉强比 $|\sigma_3|:|\sigma_t|>0.5$,应力状态为拉压应力比 $|\sigma_3|:|\sigma_1|=1:0.706$ 的拉-压复合剪切应力,破坏模式推断为 Top-Down 裂纹。

由上述分析可知:六轴半挂车在拥堵状态下,低温和常温时沥青面层不会产生破坏现象;中温时破坏现象以轮迹带两侧的车辙破坏为主;高温时整体破坏现象以轮迹带两侧的车辙破坏为主,在两轮内侧会出现 Top-Down 裂纹。

7.3.3 六轴全挂车正常行驶状态时沥青路面结构分析

荷载作用区域的半径 r 为 10.65 cm，荷载 q 根据图 2.5 所示换算可得，双轮轮胎中心间距为 $3r$。采用八节点等参单元建模。边界条件：假设为底面完全约束，X 方向两侧面没有 X 方向位移，Y 方向两侧面没有 Y 方向位移。有限元网格模型共有单元 659 663 个，节点 657 488 个。根据路面结构层材料的抗剪强度参数，基于 D-P 准则条件下的评价指标 $APPDI_{3D}$ 对其进行合理性评价。

1. 低温条件下沥青路面结构分析

低温条件下（路面温度为 0℃时），成渝高速公路沥青面层的 $APPDI_{3D}$ 等值线及其典型的应力莫尔圆如图 7.21 所示。

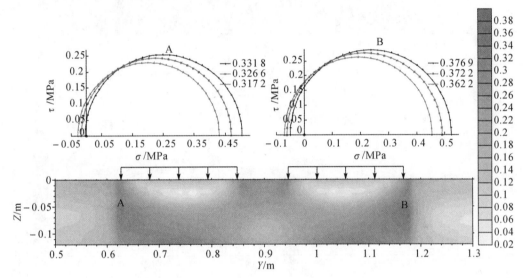

图 7.21　低温条件下六轴全挂车正常行驶状态时成渝高速公路沥青面层
$APPDI_{3D}$ 等值线图及典型应力莫尔圆

图 7.21 所示表明：$APPDI_{3D}$ 较大值主要分布于轮载边缘的上面层底部和下面层顶部，且关于 Y 轴对称。$APPDI_{3D}$ 最大值为 0.376 9，小于 1，$|\sigma_1|>|\sigma_3|$，拉强比 $|\sigma_3|:|\sigma_t|<0.5$，应力状态为拉-压复合剪切应力，出现在外侧轮载边缘的上面层底部。路面结构处于安全状态，变形为弹性变形，卸荷后变形可恢复。

2. 常温条件下沥青路面结构分析

常温条件下（路面温度为 20℃时），成渝高速公路沥青面层的 $APPDI_{3D}$ 等值线及其典型的应力莫尔圆如图 7.22 所示。

图 7.22 所示表明：$APPDI_{3D}$ 较大值主要分布于轮载边缘的上面层底部和下面层顶部，且关于 Y 轴对称。$APPDI_{3D}$ 最大值为 0.789 3，$|\sigma_1|<|\sigma_3|$，拉强比 $|\sigma_3|:|\sigma_t|<0.5$，应力状态为拉-压复合剪切应力，将产生弹性变形，沥青面层不会出现早期破坏。

3. 中温条件下沥青路面结构分析

中温条件下（路面温度为 40℃时），成渝高速公路沥青面层的 $APPDI_{3D}$ 等值线及其典型的应力莫尔圆如图 7.23 所示。

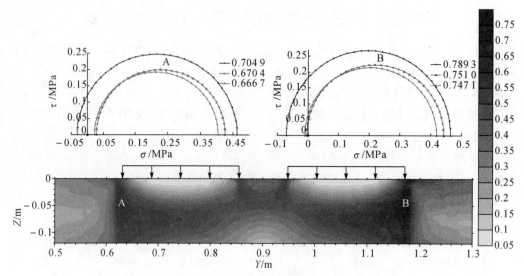

图 7.22 常温条件下六轴全挂车正常行驶状态时成渝高速公路沥青面层 APPDI$_{3D}$ 等值线图及典型应力莫尔圆

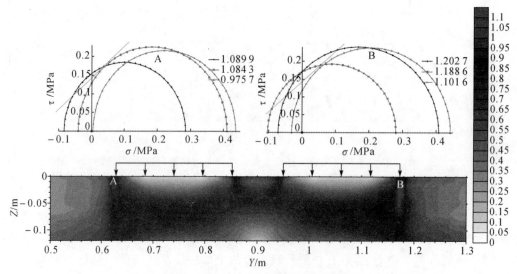

图 7.23 中温条件下六轴全挂车正常行驶状态时成渝高速公路沥青面层 APPDI$_{3D}$ 等值线图及典型应力莫尔圆

图 7.23 所示表明：APPDI$_{3D}$ 大于 1 的区域主要位于内侧轮载内侧 0~2 cm、深度为 −2~ −3 cm 处（A 区域），外侧轮载外侧 0~2 cm、深度为 −2~−4 cm 处（B 区域）。沥青面层中 APPDI$_{3D}$ 最大值为 1.202 7，$\sigma_1 = 0.407 6$ MPa，$\sigma_3 = -0.072 0$ MPa，位于外侧轮载外侧 1 cm、深度 −2 cm 处（B 区域），$|\sigma_1| > |\sigma_3|$，拉强比 $|\sigma_3| : |\sigma_t| < 0.5$，应力状态为拉压应力比 $|\sigma_3| : |\sigma_1| = 1 : 5.66$ 的拉-压复合剪切应力。APPDI$_{3D}$ 次大值为 1.188 6，$\sigma_1 = 0.280 3$ MPa，$\sigma_3 = -0.103 6$ MPa，位于外侧轮载外侧 1 cm、深度 −1 cm 处（B 区域），$|\sigma_1| > |\sigma_3|$，拉强比 $|\sigma_3| : |\sigma_t| < 0.5$，应力状态为拉压应力比 $|\sigma_3| : |\sigma_1| = 1 : 2.71$ 的拉-压复合剪切应力，破坏模式

推断为车辙。在 A 区域内,最大 APPDI$_{3D}$ 值为 1.089 9,$\sigma_1=0.285\,0$ MPa,$\sigma_3=-0.083\,6$ MPa,位于内侧轮载内侧 1 cm、深度-2 cm 处,$|\sigma_1|>|\sigma_3|$,拉强比 $|\sigma_3|:|\sigma_t|<0.5$,应力状态为拉压应力比 $|\sigma_3|:|\sigma_1|=1:3.41$ 的拉-压复合剪切应力,破坏模式推断为车辙。APPDI$_{3D}>1$ 的结果均表现为以压应力为主的车辙破坏。

4. 高温条件下沥青路面结构分析

高温条件下(路面温度为 60 ℃时),成渝高速公路沥青面层的 APPDI$_{3D}$ 等值线及其典型的应力莫尔圆如图 7.24 所示。

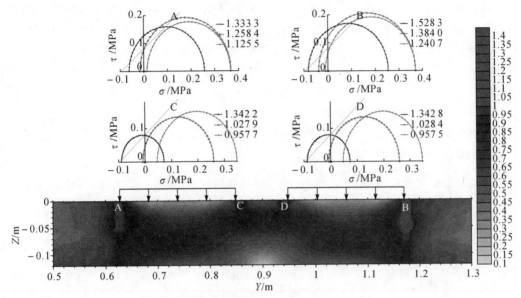

图 7.24 高温条件下六轴全挂车正常行驶状态时成渝高速公路沥青面层
APPDI$_{3D}$ 等值线图及典型应力莫尔圆

图 7.24 所示表明:APPDI$_{3D}$ 大于 1 的区域主要位于内侧轮载内侧 0～2 cm、深度为 -1～-6 cm 处(A 区域),外侧轮载外侧 0～2 cm、深度为 -1～-7 cm 处(B 区域),内侧轮载外侧 0～2 cm、深度为 0～-2 cm 处(C 区域)和外侧轮载内侧 0～2 cm、深度为 0～-2 cm 处(D 区域)。沥青面层中 APPDI$_{3D}$ 最大值为 1.528 3,$\sigma_1=0.254\,9$ MPa,$\sigma_3=-0.081\,8$ MPa,位于外侧轮载外侧 1 cm、深度 -1 cm 处(B 区域),$|\sigma_1|>|\sigma_3|$,拉强比 $|\sigma_3|:|\sigma_t|>0.5$,应力状态为拉压应力比 $|\sigma_3|:|\sigma_1|=1:3.12$ 的拉-压复合剪切应力。APPDI$_{3D}$ 次大值为 1.384 0,$\sigma_1=0.371\,3$ MPa,$\sigma_3=-0.039\,1$ MPa,位于外侧轮载外侧 1 cm、深度 -2 cm 处(B 区域),$|\sigma_1|>|\sigma_3|$,拉强比 $|\sigma_3|:|\sigma_t|<0.5$,应力状态为拉压应力比 $|\sigma_3|:|\sigma_1|=1:9.50$ 的拉-压复合剪切应力,破坏模式推断为车辙。在 A 区域内,最大 APPDI$_{3D}$ 值为 1.333 3,$\sigma_1=0.256\,2$ MPa,$\sigma_3=-0.062\,5$ MPa,位于内侧轮载内侧 1 cm、深度 -1 cm 处,$|\sigma_1|>|\sigma_3|$,拉强比 $|\sigma_3|:|\sigma_t|>0.5$,应力状态为拉压应力比 $|\sigma_3|:|\sigma_1|=1:4.04$ 的拉-压复合剪切应力,破坏模式推断为车辙。在 C 区域,最大 APPDI$_{3D}$ 值为 1.342 2,$\sigma_1=0.071\,6$ MPa,$\sigma_3=-0.089\,0$ MPa,位于外侧轮载外侧 1 cm 的路表处,$|\sigma_1|<|\sigma_3|$,拉强比 $|\sigma_3|:|\sigma_t|>0.5$,应力状态为拉压应力比 $|\sigma_3|:|\sigma_1|=1:0.80$ 的拉-压复合剪切应力,破坏模式推断为 Top-Down 裂纹。在 D 区域,最大 APPDI$_{3D}$ 值为 1.342 8,$\sigma_1=0.072\,0$ MPa,$\sigma_3=-0.089\,0$ MPa,位于外侧轮载外侧 1 cm 的路表处,

$|\sigma_1|<|\sigma_3|$,拉强比$|\sigma_3|:|\sigma_t|>0.5$,应力状态为拉压应力比$|\sigma_3|:|\sigma_1|=1:0.81$的拉-压复合剪切应力,破坏模式推断为 Top-Down 裂纹。

由上述分析可知:六轴全挂车在正常行驶状态下,低温和常温时沥青面层不会产生破坏现象;中温时破坏现象以轮迹带两侧的车辙破坏为主;高温时整体破坏现象以轮迹带两侧的车辙破坏为主,在两轮内侧会出现 Top-Down 裂纹。

7.3.4 六轴全挂车拥堵状态时沥青路面结构分析

荷载作用区域的半径 r 为 10.65 cm,荷载 q 根据图 2.5 所示换算可得,双轮轮胎中心间距为 $3r$;采用八节点等参单元建模。边界条件:假设为底面完全约束,X 方向两侧面没有 X 方向位移,Y 方向两侧面没有 Y 方向位移。有限元网格模型共有单元 628 459 个,节点 626 197 个。根据路面结构层材料的抗剪强度参数,基于 D-P 准则条件下的评价指标 $APPDI_{3D}$ 对其进行合理性评价。

1. 低温条件下沥青路面结构分析

低温条件下(路面温度为 0 ℃时),成渝高速公路沥青面层的 $APPDI_{3D}$ 等值线及其典型的应力莫尔圆如图 7.25 所示。

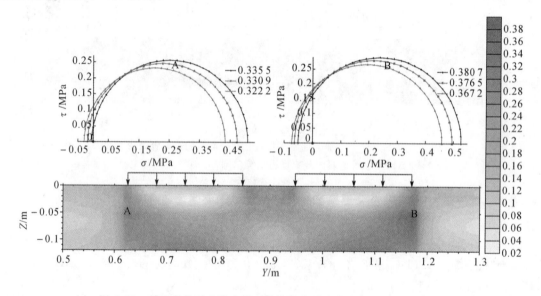

图 7.25 低温条件下六轴全挂车拥堵状态时成渝高速公路沥青面层
$APPDI_{3D}$ 等值线图及典型应力莫尔圆

图 7.25 所示表明:APPDI 较大值主要分布于轮载边缘的上面层底部和下面层顶部,且关于 Y 轴对称。$APPDI_{3D}$ 最大值为 0.380 7,小于 1,$|\sigma_1|>|\sigma_3|$,拉强比 $|\sigma_3|:|\sigma_t|<0.5$,应力状态为拉-压复合剪切应力,出现在外侧轮载边缘的上面层底部。路面结构处于安全状态,变形为弹性变形,卸荷后变形可恢复。

2. 常温条件下沥青路面结构分析

常温条件下(路面温度为 20 ℃时),成渝高速公路沥青面层的 $APPDI_{3D}$ 等值线及其典型的应力莫尔圆如图 7.26 所示。

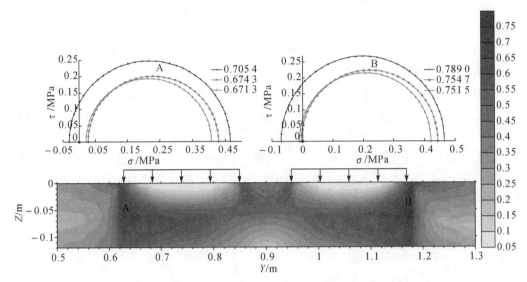

图 7.26　常温条件下六轴全挂车拥堵状态时成渝高速公路沥青面层
APPDI$_{3D}$ 等值线图及典型应力莫尔圆

图 7.26 所示表明:APPDI$_{3D}$ 较大值主要分布于轮载边缘的上面层底部和下面层顶部,且关于 Y 轴对称。APPDI$_{3D}$ 最大值为 0.789 0,$|\sigma_1|<|\sigma_3|$,拉强比 $|\sigma_3|:|\sigma_1|<0.5$,应力状态为拉-压复合剪切应力,将产生弹性变形,沥青面层不会出现早期破坏。

3.中温条件下沥青路面结构分析

中温条件下(路面温度为 40 ℃ 时),成渝高速公路沥青面层的 APPDI$_{3D}$ 等值线及其典型的应力莫尔圆如图 7.27 所示。

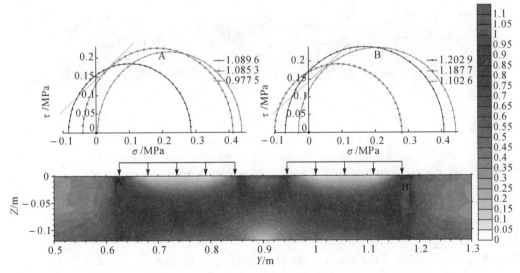

图 7.27　中温条件下六轴全挂车拥堵状态时成渝高速公路沥青面层
APPDI$_{3D}$ 等值线图及典型应力莫尔圆

图 7.27 所示表明:APPDI$_{3D}$ 大于 1 的区域主要位于内侧轮载内侧 0~2 cm、深度为-2~

-3 cm处（A区域），外侧轮载外侧0～2 cm、深度为-2～-6 cm处（B区域）。沥青面层中APPDI$_{3D}$最大值为1.202 9，$\sigma_1=0.408~4$ MPa，$\sigma_3=-0.071~3$ MPa，位于外侧轮载外侧1 cm、深度-2 cm处（B区域），$|\sigma_1|>|\sigma_3|$，拉强比$|\sigma_3|:|\sigma_t|>0.5$，应力状态为拉压应力比$|\sigma_3|:|\sigma_1|=1:5.73$的拉-压复合剪切应力。APPDI$_{3D}$次大值为1.187 7，$\sigma_1=0.280~9$ MPa，$\sigma_3=-0.102~9$ MPa，位于外侧轮载外侧1 cm、深度-1 cm处（B区域），$|\sigma_1|>|\sigma_3|$，拉强比$|\sigma_3|:|\sigma_t|>0.5$，应力状态为拉压应力比$|\sigma_3|:|\sigma_1|=1:2.73$的拉-压复合剪切应力，破坏模式推断为车辙。在A区域内，最大APPDI$_{3D}$值为1.089 6，$\sigma_1=0.286~1$ MPa，$\sigma_3=-0.083~0$ MPa，位于内侧轮载内侧1 cm、深度-2 cm处，$|\sigma_1|>|\sigma_3|$，拉强比$|\sigma_3|:|\sigma_t|>0.5$，应力状态为拉压应力比$|\sigma_3|:|\sigma_1|=1:3.45$的拉-压复合剪切应力，破坏模式推断为车辙。APPDI$_{3D}>1$的结果均表现为以压应力为主的车辙破坏。

4. 高温条件下沥青路面结构分析

高温条件下（路面温度为60 ℃时），成渝高速公路沥青面层的APPDI$_{3D}$等值线及其典型的应力莫尔圆如图7.28所示。

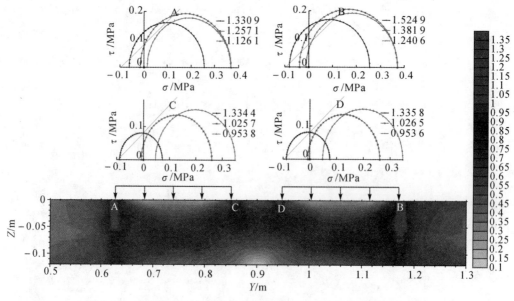

图7.28 高温条件下六轴全挂车拥堵状态时成渝高速公路沥青面层
APPDI$_{3D}$等值线图及典型应力莫尔圆

图7.28所示表明：APPDI$_{3D}$大于1的区域主要位于内侧轮载内侧0～2 cm、深度为-1～-6 cm处（A区域），外侧轮载外侧0～2 cm、深度为-1～-7 cm处（B区域），内侧轮载外侧0～2 cm、深度为0～-2 cm处（C区域）和外侧轮载内侧0～2 cm、深度为0～-2 cm处（D区域）。沥青面层中APPDI$_{3D}$最大值为1.524 9，$\sigma_1=0.255~5$ MPa，$\sigma_3=-0.081~3$ MPa，位于外侧轮载外侧1 cm、深度-1 cm处（B区域），$|\sigma_1|>|\sigma_3|$，拉强比$|\sigma_3|:|\sigma_t|>0.5$，应力状态为拉压应力比$|\sigma_3|:|\sigma_1|=1:3.14$的拉-压复合剪切应力。APPDI$_{3D}$次大值为1.381 9，$\sigma_1=0.371~9$ MPa，$\sigma_3=-0.038~6$ MPa，位于外侧轮载外侧1 cm、深度-2 cm处（B区域），$|\sigma_1|>|\sigma_3|$，拉强比$|\sigma_3|:|\sigma_t|<0.5$，应力状态为拉压应力比$|\sigma_3|:|\sigma_1|=1:9.63$的拉-压复合剪切应力，破坏模式推断为车辙。在A区域内，最大APPDI$_{3D}$值为1.330 9，$\sigma_1=0.257~0$ MPa，

$\sigma_3=-0.062\ 1$ MPa,位于内侧轮载内侧 1 cm,深度 -1 cm 处,$|\sigma_1|>|\sigma_3|$,拉强比 $|\sigma_3|:|\sigma_t|>0.5$,应力状态为拉压应力比 $|\sigma_3|:|\sigma_1|=1:4.14$ 的拉-压复合剪切应力,破坏模式推断为车辙。在 C 区域,最大 $APPDI_{3D}$ 值为 $1.334\ 4$,$\sigma_1=0.072\ 7$ MPa,$\sigma_3=-0.088\ 3$ MPa,位于外侧轮载外侧 1 cm 的路表处,$|\sigma_1|<|\sigma_3|$,拉强比 $|\sigma_3|:|\sigma_t|>0.5$,应力状态为拉压应力比 $|\sigma_3|:|\sigma_1|=1:0.823$ 的拉-压复合剪切应力,破坏模式推断为 Top-Down 裂纹。在 D 区域,最大 $APPDI_{3D}$ 值为 $1.335\ 8$,$\sigma_1=0.074\ 1$ MPa,$\sigma_3=-0.088\ 3$ MPa,位于外侧轮载外侧 1 cm 的路表处,$|\sigma_1|<|\sigma_3|$,拉强比 $|\sigma_3|:|\sigma_t|>0.5$,应力状态为拉压应力比 $|\sigma_3|:|\sigma_1|=1:0.839$ 的拉-压复合剪切应力,破坏模式推断为 Top-Down 裂纹。

除仅有两个节点的破坏表现为 Top-Down 裂纹外,其余 $APPDI_{3D}>1$ 的均表现为以压应力为主的车辙破坏。

由上述分析可知:六轴全挂车在拥堵状态下,低温和常温时沥青面层不会产生破坏现象;中温时破坏现象以轮迹带两侧的车辙破坏为主;高温时整体破坏现象以轮迹带两侧的车辙破坏为主,在两轮内侧会出现 Top-Down 裂纹。

7.4 分析结果与实际病害对比

成渝高速公路通车后不久,沥青路面就出现了横向裂纹,随后又出现了纵向裂纹、车辙、网裂等;经过几次大修运营一段时间后,路面又出现了松散、沉陷、龟裂、车辙等现象。孙建国研究表明:成渝高速公路沥青路面的病害大多表现为龟裂、坑槽、翻浆、沉陷、横向裂缝、纵向裂缝、涌包等。罗隆辉对四川省内主要高速公路的病害形式进行研究,成渝高速公路的主要病害形式为车辙、龟裂、横向裂缝、纵向裂缝、沉陷和网裂等。

本章分析结果表明:不同的简化模型条件下成渝高速公路的主要破坏模式为车辙、层底开裂和 Top-Down 裂纹。该分析结果与以往的实际现场调查结果一致,验证书中采用 APPDI 评价沥青路面破坏的可行性,数值分析结果符合实际情况。

7.5 沥青面层材料设计

从路用性能和安全性能出发,对二维的平面应变简化模型和三维的双圆均布荷载简化模型下沥青路面材料强度进行设计。以材料的拉压应力比和黏聚力为衡量指标,取不同温度下,沥青路面结构中各沥青层的评价指标 $APPDI<1$ 时的强度参数,同时满足材料的拉强比 $|\sigma_3|:|\sigma_t|<0.5$,即路面结构处于弹性变形阶段。结果见表 7.1 和表 7.2。

表 7.1 平面应变简化模型下成渝高速公路沥青面层材料参数表

温度/℃	E_1/MPa	c_1/MPa	φ_1/(°)	E_2/MPa	c_2/MPa	φ_2/(°)
0	2 660	0.76	40	1 360	0.34	42
20	1 560	0.4		920	0.22	
40	1 020	0.25		760	0.18	
60	720	0.17		680	0.16	

表 7.2 双圆均布荷载简化模型下成渝高速公路沥青面层材料参数表

温度/℃	E_1/MPa	c_1/MPa	φ_1/(°)	E_2/MPa	c_2/MPa	φ_2/(°)
0	1 200	0.3	40	1 280	0.32	42
20	860	0.2		480	0.11	
40	720	0.17		400	0.09	
60	600	0.14		400	0.09	

表 7.1 和表 7.2 表明：随着温度的升高，沥青面层达到安全设计要求的材料强度参数降低。高温时，由于沥青的黏弹特性，强度降低，可能达不到安全设计要求，可以通过配合比设计或添加改性剂，提高沥青混合料的高温性能，减弱高温时的车辙现象；低温时，为防止低温开裂现象，要提高沥青混合料的延度和抗拉强度，增大其拉伸应变。因此，为同时满足面层的沥青混合料的高温稳定性和低温稳定性，需从集料级配、配合比设计、改性剂角度，改善沥青混合料的性能，降低感温性。

7.6 本章小结

通过三种不同简化模式的有限元计算及其力学分析，成渝高速公路在不同温度条件下的破坏模式是不同的。同时，不同车型、不同行驶状态，对路面结构的破坏现象也有所不同。综合分析，可得以下结论：

(1) 在二维平面应变简化模型条件下，低温时沥青路面为弹性状态，产生弹性变形，不会出现早期破坏现象；随着温度的升高，沥青面层的早期破坏现象表现为车辙，并随着温度的升高而显著；高温条件下，在轮载外侧 0.8～2 m 的路表处出现纯拉应力区域，破坏模式为 Top-Down 裂纹。

(2) 在三维双圆均布荷载简化模型条件下，低温和常温条件下，沥青路面表现为理想弹性状态，变形为弹性变形，路面不会产生早期破坏现象；中温时沥青路面的破坏模式均表现为主要是以压应力为主的车辙破坏；高温条件下，沥青路面的破坏模式均表现为以压应力为主的车辙破坏为主，并出现局部的以拉为主的 Top-Down 裂纹。

(3) 车列荷载模式下，低温和常温时沥青面层不会产生破坏现象；中温时破坏现象以轮迹带两侧的车辙破坏为主；高温时整体破坏现象以轮迹带两侧的车辙破坏为主，在两轮内侧会出现 Top-Down 裂纹。

(4) 成渝高速的主要破坏模式为车辙、层底开裂和 Top-Down 裂纹，数值分析结果与实际情况一致。通过材料参数设计，可以实现在荷载作用下路面结构的安全设计。

第 8 章　平西高速公路沥青路面破坏模式的力学分析

平西高速公路是西起西宁、东至平安的高速公路,采用四车道、全封闭、全立交高速公路标准建设。路基路面结构层厚度共 65 cm,采用沥青混凝土路面,2002 年 6 月建成通车。平西高速公路是一条柔性基层沥青路面结构,它的主要早期破坏现象有哪些? 本章从三种不同简化模型的角度,在不同的路面温度条件下分析平西高速公路的破坏现象,并与实际的破坏现象进行对比分析,为解释平西高速公路的早期破坏提供依据。

8.1　平面应变简化模型的力学分析

将路面结构模型简化为二维的平面应变模型,采用单轴双圆均布垂直荷载作用下的弹性层状连续体系理论进行有限元计算,荷载 q 为 0.7 MPa,荷载作用区域的半径 r 为 10.65 cm,双轮轮胎中心间距为 $3r$;采用四节点等参单元、轴对称结构建模。边界条件:左侧 X 方向位移约束,底部全约束。有限元网格模型共有单元 26 600 个,节点 26 976 个。基于 M－C 准则条件下的评价指标 $APPDI_{2D}$ 对其进行合理性评价。

8.1.1　低温条件下沥青路面结构分析

低温条件下(路面温度为 0 ℃时),平西高速公路沥青面层的 $APPDI_{2D}$ 等值线和不同深度的 $APPDI_{2D}$ 分布图及其典型的应力莫尔圆如图 8.1 所示。

图 8.1 所示表明:$APPDI_{2D}$ 大于 1 的区域主要分布于沥青层底部(A 区域)。APPDI 值为 4.929,$\sigma_1 = 0.222\ 3$ MPa,$\sigma_3 = -0.506\ 9$ MPa;$APPDI_{2D}$ 值为 4.917,$\sigma_1 = 0.311$ MPa,$\sigma_3 = -0.555\ 6$ MPa;位于沥青层底部(A 区域),$|\sigma_1| < |\sigma_3|$,拉强比 $|\sigma_3| : |\sigma_t| > 1$,应力状态为拉压应力比 $|\sigma_3| : |\sigma_1| = 1 : 0.439$ 的拉-压复合剪切应力,破坏模式推断为层底弯拉。在轮载右侧 15~35 cm 处的沥青层底部,$APPDI_{2D}$ 值为 1.170 8,$\sigma_1 = 0.479\ 3$ MPa,$\sigma_3 = -0.178\ 5$ MPa,$|\sigma_1| > |\sigma_3|$,拉强比 $|\sigma_3| : |\sigma_t| > 1$,应力状态为拉压应力比 $|\sigma_3| : |\sigma_1| = 1 : 2.68$ 的拉-压复合剪切应力,出现拉剪裂缝,破坏模式推断为层底开裂。

8.1.2　常温条件下沥青路面结构分析

常温条件下(路面温度为 20 ℃时),平西高速公路沥青面层的 $APPDI_{2D}$ 等值线和不同深度的 $APPDI_{2D}$ 分布图及其典型的应力莫尔圆如图 8.2 所示。

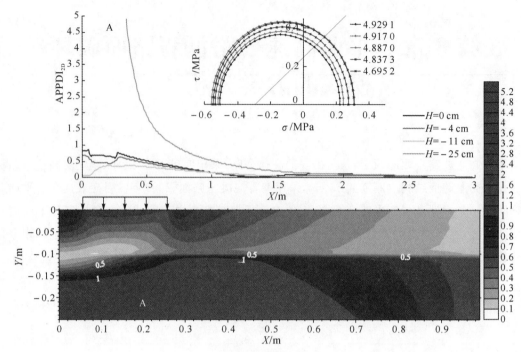

图 8.1 低温条件下平西高速公路沥青面层 APPDI$_{2D}$ 等值线图和不同深度 APPDI$_{2D}$ 分布图及典型应力莫尔圆

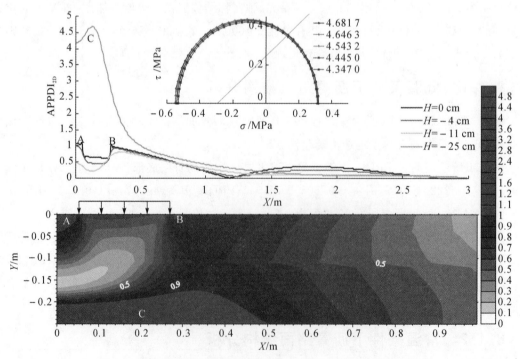

图 8.2 常温条件下平西高速公路沥青面层 APPDI$_{2D}$ 等值线图和不同深度 APPDI$_{2D}$ 分布图及典型应力莫尔圆

图 8.2 所示表明:$APPDI_{2D}$ 大于 1 的区域主要分布于两轮中心处(A 区域)、轮载右侧 0~2 cm 的上面层(B 区域)和下面层底部(C 区域)。沥青面层中 $APPDI_{2D}$ 最大值为 4.6817,$\sigma_1=0.3191$ MPa,$\sigma_3=-0.5503$ MPa;次大值为 4.3470,$\sigma_1=0.3185$ MPa,$\sigma_3=-0.5497$ MPa,均位于沥青层底部(C 区域),$|\sigma_1|<|\sigma_3|$,拉强比 $|\sigma_3|:|\sigma_t|>1$,应力状态为拉压应力比 $|\sigma_3|:|\sigma_1|=1:0.58$ 的拉-压复合剪切应力,破坏模式推断为层底弯拉。在 A 区域和 B 区域,出现 $APPDI_{2D}>1$ 的节点,如:在轮载左侧 1 cm 处的路面表层处(A 区域),$APPDI_{2D}=1.1009$,$\sigma_1=1.6678$ MPa,$\sigma_3=-0.0128$ MPa,$|\sigma_1|>|\sigma_3|$,拉强比 $|\sigma_3|:|\sigma_t|\approx 0$,应力状态为纯压剪切应力,破坏模式推断为车辙;在轮载右侧 1 cm 处的路面表层处(B 区域),$APPDI_{2D}=1.0357$,$\sigma_1=1.3595$ MPa,$\sigma_3=-0.015$ MPa,$|\sigma_1|>|\sigma_3|$,拉强比 $|\sigma_3|:|\sigma_t|\approx 0$,应力状态为纯压剪切应力,破坏模式推断为车辙。

8.1.3 中温条件下沥青路面结构分析

在中温条件下(路面温度为 40℃时),平西高速公路沥青面层的 $APPDI_{2D}$ 等值线和不同深度的 $APPDI_{2D}$ 分布图及其典型的应力莫尔圆如图 8.3 所示。

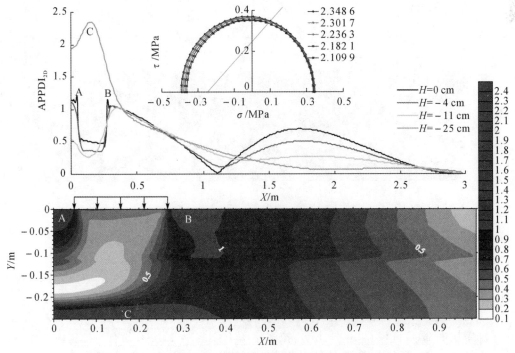

图 8.3 中温条件下平西高速公路沥青面层 $APPDI_{2D}$ 等值线图和不同深度 $APPDI_{2D}$ 分布图及典型应力莫尔圆

图 8.3 所示表明:$APPDI_{2D}$ 大于 1 的区域主要分布于两轮中心处(A 区域)、轮载右侧 0~14 cm 的贯穿上面层中面层处(B 区域)和下面层底部(C 区域)。$APPDI_{2D}$ 最大值为 2.3486,$\sigma_1=0.3449$ MPa,$\sigma_3=-0.3939$ MPa;次大值为 2.3017,$\sigma_1=0.3419$ MPa,$\sigma_3=-0.3875$ MPa,均位于沥青层底部(C 区域),$|\sigma_1|<|\sigma_3|$,拉强比 $|\sigma_3|:|\sigma_t|>1$,应力状态为拉-压复合剪切应力,破坏模式推断为层底弯拉。在 A 区域和 B 区域,出现 $APPDI_{2D}>1$ 的节点,如:在轮载左侧 1 cm 处的路面表层处(A 区域),$APPDI_{2D}=1.2001$,$\sigma_1=1.033$ MPa,$\sigma_3=-0.0144$ MPa,

$|\sigma_1|>|\sigma_3|$,应力状态为拉-压复合剪切应力,破坏模式推断为车辙;在轮载右侧 1 cm 处的路面表层处(B 区域),APPDI$_{2D}$=1.143,σ_1=0.833 7 MPa,σ_3=-0.016 3 MPa,$|\sigma_1|>|\sigma_3|$,应力状态为拉-压复合剪切应力,破坏模式推断为车辙。

8.1.4　高温条件下沥青路面结构分析

高温条件下(路面温度为 60 ℃时),平西高速公路沥青面层的 APPDI$_{2D}$ 等值线和不同深度的 APPDI$_{2D}$ 分布图及其典型的应力莫尔圆如图 8.4 所示。

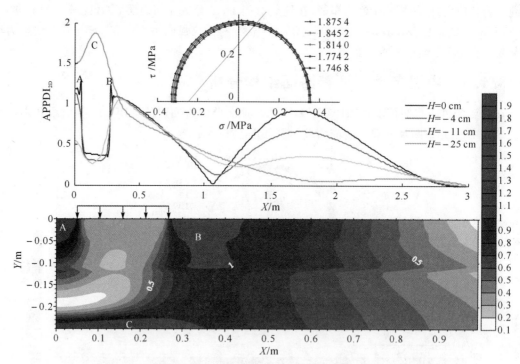

图 8.4　高温条件下平西高速公路沥青面层 APPDI$_{2D}$ 等值线图和
不同深度 APPDI$_{2D}$ 分布图及典型应力莫尔圆

图 8.4 所示表明:APPDI$_{2D}$ 大于 1 的区域主要分布于两轮中心处(A 区域)、轮载右侧 0～20 cm 的贯穿上面层中面层处(B 区域)和下面层底部(C 区域)。APPDI$_{2D}$ 最大值为 1.875 4,σ_1=0.357 3 MPa,σ_3=-0.331 6 MPa。次大值为 1.845 2,σ_1=0.354 5 MPa,σ_3=-0.326 4 MPa,均位于沥青层底部(C 区域),$|\sigma_1|>|\sigma_3|$,拉强比$|\sigma_3|:|\sigma_1|>1$,应力状态为拉压应力比$|\sigma_3|:|\sigma_1|$=1:1.2 的拉-压复合剪切应力,破坏模式推断为层底弯拉。在 A 区域和 B 区域,出现 APPDI$_{2D}$>1 的节点,如:在轮载左侧 1 cm 处的路面表层处(A 区域),APPDI$_{2D}$=1.259 2,σ_1=0.668 7 MPa,σ_3=-0.015 8 MPa,$|\sigma_1|>|\sigma_3|$,应力状态为拉-压复合剪切应力,破坏模式推断为车辙;在轮载右侧 1 cm 处的路面表层处(B 区域),APPDI$_{2D}$=1.208 7,σ_1=0.765 8 MPa,σ_3=-0.017 1 MPa,$|\sigma_1|>|\sigma_3|$,应力状态为拉-压复合剪切应力,破坏模式推断为车辙。

综上所述:在二维平面应变简化模型条件下,低温沥青路面的破坏模式表现为层底开裂和层底弯拉破坏;随着温度升高,沥青面层底部的层底弯拉破坏区域减小,而沥青面层表层的车辙破坏现象越来越突出。

8.2 双圆均布荷载简化模型的力学分析

将路面结构模型简化为三维的双圆均布荷载模型,采用单轴双圆均布垂直荷载作用下的弹性层状连续体系理论进行有限元计算,荷载 q 为 0.7 MPa,荷载作用区域的半径 r 为 10.65 cm,双轮轮胎中心间距为 $3r$;采用八节点等参单元建模。边界条件:假设为底面完全约束,X 方向两侧面没有 X 方向位移,Y 方向两侧面没有 Y 方向位移。有限元网格模型共有单元 715 470 个,节点 718 532 个。基于 D-P 准则条件下的评价指标 $APPDI_{3D}$ 对其进行合理性评价。

8.2.1 低温条件下沥青路面结构分析

低温条件下(路面温度为 0℃时),分析平西高速公路沥青面层的 $APPDI_{3D}$ 较大值的分布位置和典型危险点的应力莫尔圆、危险点在 π 平面上的投影,如图 8.5 所示。

图 8.5 所示表明:$APPDI_{3D}$ 较大值的点主要分布于沥青面层底部。$APPDI_{3D} > 1$ 的节点共有 220 个。$APPDI_{3D}$ 最大值为 1.337 5,$\sigma_1 = 0.084\ 0$ MPa,$\sigma_3 = -0.187\ 1$ MPa,位于左侧轮载靠近两轮中心侧的轮迹线边缘 1.7 cm 的沥青层底部,$|\sigma_1| < |\sigma_3|$,拉强比 $|\sigma_3| : |\sigma_t| > 0.5$,应力状态为拉压应力比 $|\sigma_3| : |\sigma_1| = 1 : 0.45$ 的拉-压复合剪切应力。$APPDI_{3D}$ 次大值为 1.289 5,$\sigma_1 = 0.089\ 3$ MPa,$\sigma_3 = -0.184\ 5$ MPa,位于左侧轮载靠近两轮中心侧的轮迹线边缘 1.5 cm 的沥青层底部,$|\sigma_1| < |\sigma_3|$,拉强比 $|\sigma_3| : |\sigma_t| > 0.5$,应力状态为拉压应力比 $|\sigma_3| : |\sigma_1| = 1 : 0.48$ 的拉-压复合剪切应力,破坏模式推断为层底弯拉破坏。

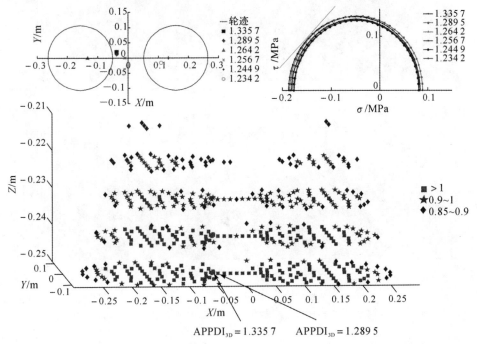

图 8.5 低温条件下平西高速公路沥青面层 $APPDI_{3D}$ 点的分布位置、典型的危险点的应力莫尔圆及 π 平面投影图

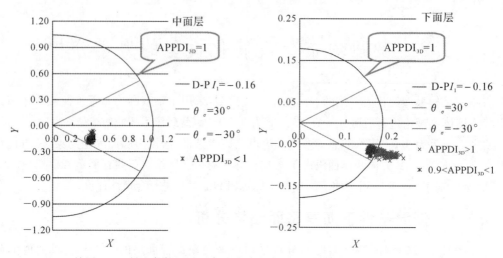

续图 8.5　低温条件下平西高速公路沥青面层 $APPDI_{3D}$ 点的分布位置、典型的危险点的应力莫尔圆及 π 平面投影图

根据分析结果，选择沥青面层中 $y=0$ 剖面和 $y=r/4$ 剖面，绘制 $APPDI_{3D}$ 的等值线图，如图 8.6 所示。

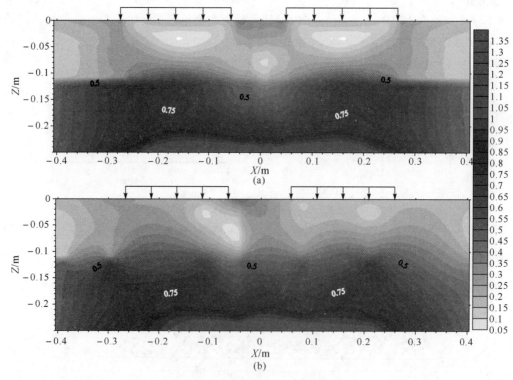

图 8.6　低温条件下平西高速公路沥青面层不同剖面 $APPDI_{3D}$ 等值线图

图 8.6 所示表明：不同剖面中均出现 $APPDI_{3D}>1$ 的区域，主要分布于沥青面层底部，在 $Y=0$ 剖面上且关于 Y 轴对称；破坏模式为层底弯拉破坏。

8.2.2 常温条件下沥青路面结构分析

常温条件下(路面温度为 20℃时),分析平西高速公路沥青面层的 $APPDI_{3D}$ 较大值的分布位置和典型危险点的应力莫尔圆、危险点在 π 平面上的投影,如图 8.7 所示。

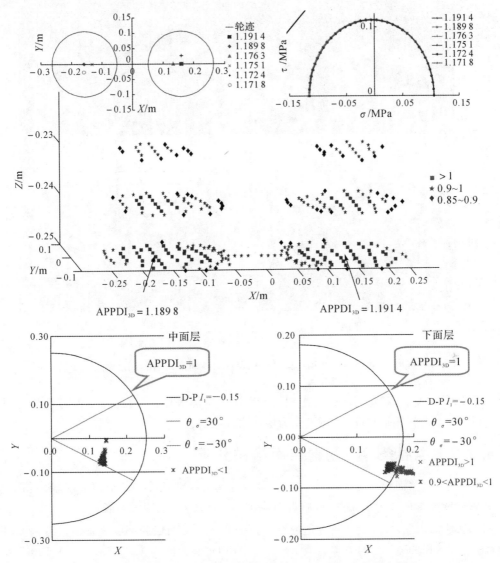

图 8.7 常温条件下平西高速公路沥青面层 $APPDI_{3D}$ 点的分布位置、典型的危险点的应力莫尔圆及 π 平面投影图

图 8.7 所示表明:$APPDI_{3D}$ 较大值的点主要分布于沥青面层底部。$APPDI_{3D}>1$ 的节点共有 96 个。$APPDI_{3D}$ 最大值为 1.191 4,$\sigma_1=0.105\ 8$ MPa,$\sigma_3=-0.117\ 0$ MPa,位于右侧轮载中心的沥青层底部,$|\sigma_1|<|\sigma_3|$,拉强比 $|\sigma_3|:|\sigma_t|>0.5$,应力状态为拉压应力比 $|\sigma_3|:|\sigma_1|=1:0.9$ 的拉-压复合剪切应力;$APPDI_{3D}$ 次大值为 1.189 8,$\sigma_1=0.105\ 6$ MPa,$\sigma_3=-0.117\ 1$ MPa,位于左侧轮载中心的沥青层底部,$|\sigma_1|<|\sigma_3|$,拉强比 $|\sigma_3|:|\sigma_t|>0.5$,应力状态为拉压应力

比$|\sigma_3|:|\sigma_1|=1:0.9$的拉-压复合剪切应力,破坏模式推断为层底弯拉破坏。

根据分析结果,选择沥青面层中$y=0$剖面和$y=r/4$剖面,绘制了APPDI$_{3D}$的等值线图,如图8.8(a)(b)所示。

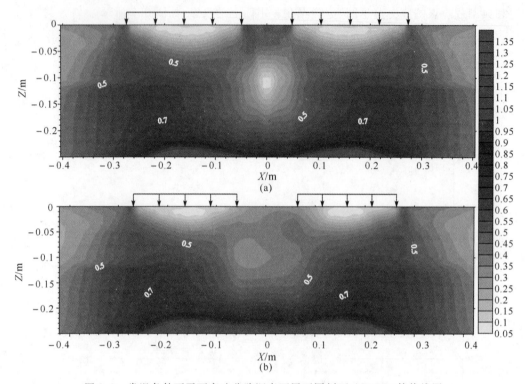

图8.8 常温条件下平西高速公路沥青面层不同剖面APPDI$_{3D}$等值线图

图8.8所示表明:不同剖面中均出现APPDI$_{3D}>1$的区域,主要分布于沥青面层底部,在$Y=0$剖面上且关于Y轴对称;破坏模式为层底弯拉破坏。

8.2.3 中温条件下沥青路面结构分析

中温条件下(路面温度为40℃时),分析平西高速公路沥青面层的APPDI$_{3D}$较大值的分布位置和典型危险点的应力莫尔圆、危险点在π平面上的投影,如图8.9所示。

图8.9所示表明:APPDI$_{3D}$较大值的点主要分布于沥青面层底部以及轮迹线边缘1~2 cm的路面表层。APPDI$_{3D}>1$的节点共有203个。APPDI最大值为1.412 5,$\sigma_1=0.120\ 7$ MPa,$\sigma_3=-0.191\ 5$ MPa,位于左侧轮载中心的沥青层底部,$|\sigma_1|<|\sigma_3|$,拉强比$|\sigma_3|:|\sigma_t|>0.5$,应力状态为拉压应力比$|\sigma_3|:|\sigma_1|=1:0.63$的拉-压复合剪切应力。APPDI$_{3D}$次大值为1.406 8,$\sigma_1=0.121\ 0$ MPa,$\sigma_3=-0.192\ 7$ MPa,位于左侧轮载下的沥青层底部,$|\sigma_1|<|\sigma_3|$,拉强比$|\sigma_3|:|\sigma_t|>0.5$,应力状态为拉压应力比$|\sigma_3|:|\sigma_1|=1:0.628$的拉-压复合剪切应力,破坏模式推断为层底弯拉破坏。在沥青层表层也出现了APPDI$_{3D}>1$的节点,如在左侧轮载靠近两轮中心处的轮迹线边缘1 cm处,APPDI$_{3D}$值为1.161 2,$\sigma_1=0.238\ 9$ MPa,$\sigma_3=-0.099\ 7$ MPa,$|\sigma_1|>|\sigma_3|$,拉强比$|\sigma_3|:|\sigma_t|<0.5$,应力状态为拉压应力比$|\sigma_3|:|\sigma_1|=1:2.396$的拉-压复合剪切应力,破坏模式推断为车辙破坏。

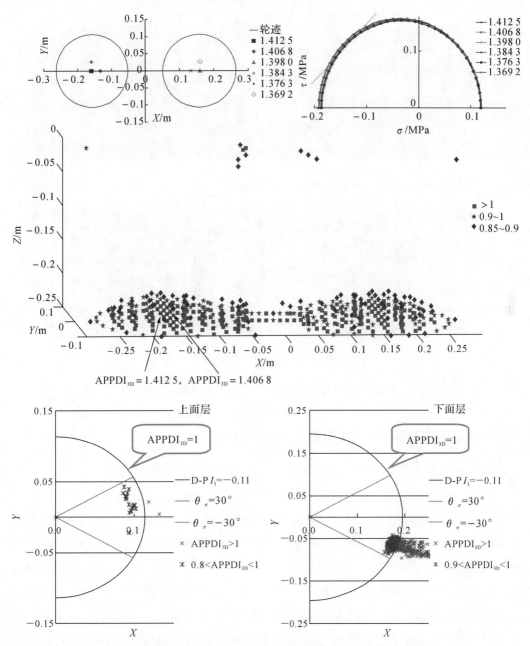

图 8.9 中温条件下成渝高速公路沥青面层 $APPDI_{3D}$ 点的分布位置、
典型的危险点的应力莫尔圆及 π 平面投影图

根据分析结果,选择沥青面层中 $y=0$ 剖面和 $y=r/4$ 剖面,绘制了 $APPDI_{3D}$ 的等值线图,如图 8.10 所示。

图 8.9 和图 8.10 所示表明:不同剖面中均出现 $APPDI_{3D}>1$ 的区域,主要分布于沥青面层底部,在 $Y=0$ 剖面上且关于 Y 轴对称;破坏模式为层底弯拉破坏。沥青面层部分的 $APPDI_{3D}$ 等值线变大,会产生面层的破坏现象。即在该温度条件下,沥青路面的破坏模式为层底弯拉和车辙破坏共存,以层底弯拉破坏为主。

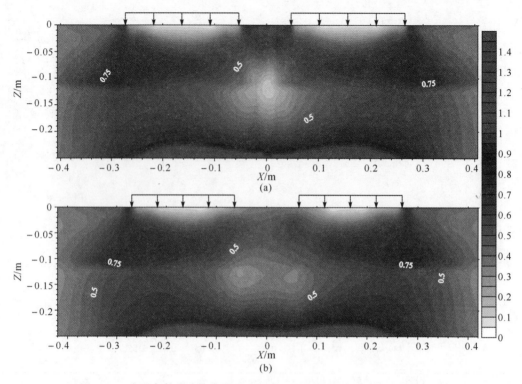

图 8.10 中温条件下成渝高速公路沥青面层不同剖面 APPDI$_{3D}$ 等值线图

8.2.4 高温条件下沥青路面结构分析

高温条件下(路面温度为 60 ℃),分析平西高速公路沥青面层的 APPDI$_{3D}$ 较大值的分布位置和典型危险点的应力莫尔圆、危险点在 π 平面上的投影,如图 8.11 所示。

图 8.11 所示表明:APPDI$_{3D}$ 较大值的点主要分布于轮迹线边缘 1~2 cm 的路面上面层处(尤其是两轮中心的轮迹线边缘处)和沥青面层底部。APPDI$_{3D}$>1 的节点共有 215 个。APPDI$_{3D}$ 最大值为 1.624 5,σ_1=0.142 6 MPa,σ_3=−0.099 5 MPa,位于左侧轮载靠近两轮中心侧的轮迹线边缘 1 cm 的路面表层处,$|\sigma_1|>|\sigma_3|$,拉强比 $|\sigma_3|:|\sigma_t|>1$,应力状态为拉压应力比 $|\sigma_3|:|\sigma_1|=1:1.43$ 的拉-压复合剪切应力。APPDI$_{3D}$ 次大值为 1.492 4,σ_1=0.112 3 MPa,σ_3=−0.098 7 MPa,位于左侧轮载靠近两轮中心侧的轮迹线边缘 1.7 cm 的路面表层处,$|\sigma_1|>|\sigma_3|$,拉强比 $|\sigma_3|:|\sigma_t|>1$,应力状态为拉压应力比 $|\sigma_3|:|\sigma_1|=1:1.14$ 的拉-压复合剪切应力,破坏模式推断为车辙。当 APPDI$_{3D}$=1.249 9 时,位于右侧轮载外侧的轮迹线边缘 1.4 cm 处,$|\sigma_1|<|\sigma_3|$,拉强比 $|\sigma_3|:|\sigma_t|>0.5$,应力状态为拉压应力比 $|\sigma_3|:|\sigma_1|=1:0.858$ 的拉-压复合剪切应力,破坏模式推断为 Top-Down 裂纹。在沥青层底部也大量地出现了 APPDI$_{3D}$>1 的节点,如在右侧轮载中心的沥青层底部,APPDI$_{3D}$ 值为 1.398 9,σ_1=0.127 5 MPa,σ_3=−0.188 0 MPa,$|\sigma_1|<|\sigma_3|$,拉强比 $|\sigma_3|:|\sigma_t|>0.5$,应力状态为拉压应力比 $|\sigma_3|:|\sigma_1|=1:0.678$ 的拉-压复合剪切应力,破坏模式推断为层底弯拉破坏。

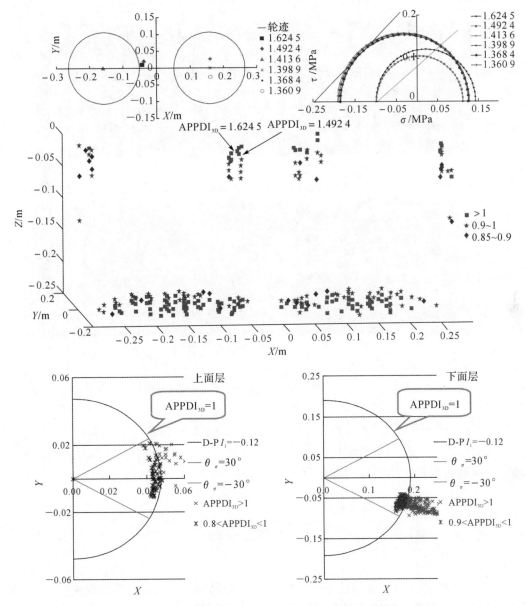

图 8.11 高温条件下成渝高速公路沥青面层 APPDI$_{3D}$ 点的分布位置、
典型的危险点的应力莫尔圆及 π 平面投影图

根据分析结果,选择沥青面层中 $y=-r/4$ 剖面和 $y=0$ 剖面,绘制 APPDI$_{3D}$ 的等值线图,如图 8.12(a)(b)所示。

由图 8.12 可知:不同剖面中均出现 APPDI$_{3D}$>1 的区域,主要分布于轮迹线外侧 1～2 cm 的路表处。APPDI$_{3D}$ 较大值从路表处轮载边缘处以微小的角度向轮载下方扩展,且关于 Y 轴对称。

因此,在该温度条件下,沥青路面的破坏模式为层底弯拉和车辙破坏,但以车辙破坏和层底弯拉破坏为主。

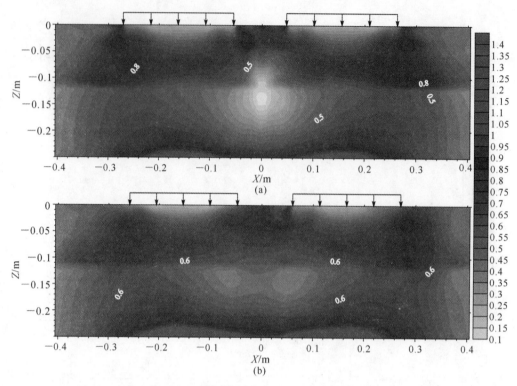

图 8.12　高温条件下成渝高速公路沥青面层不同剖面 APPDI$_{3D}$ 等值线图

综上所述：在三维双圆均布荷载简化模型条件下，平西高速公路的主要早期破坏模式为沥青层底部的层底弯拉破坏；随着温度的升高，沥青层底的层底弯拉破坏区域减小，但路面表层处出现了车辙破坏现象，并伴随有部分的 Top-Down 裂纹。

8.3　车列荷载模式的力学分析

将路面结构模型简化为三维的车列荷载模式，根据路面结构层材料的抗剪强度参数、基于 D-P 准则条件下的评价指标 APPDI$_{3D}$ 对其进行合理性评价。

对不同温度条件下，不同轴载、不同行车状态下的沥青路面纵剖面进行分析，根据评价指标的大小和响应的应力莫尔圆及其出现的位置，评价其不同沥青面层的破坏模式。

8.3.1　六轴半挂车正常行驶状态时沥青路面结构分析

荷载作用区域的半径 r 为 10.65 cm，荷载 q 为 0.7 MPa，双轮轮胎中心间距为 $3r$；采用八节点等参单元建模。边界条件：假设为底面完全约束，X 方向两侧面没有 X 方向位移，Y 方向两侧面没有 Y 方向位移。有限元网格模型共有单元 782 110 个，节点 769 545 个。根据路面结构层材料的抗剪强度参数，基于 D-P 准则条件下的评价指标 APPDI$_{3D}$ 对其进行合理性评价。

1. 低温条件下沥青路面结构分析

低温条件下（路面温度为0℃时），平西高速公路沥青面层的 $APPDI_{3D}$ 等值线及其典型的应力莫尔圆如图8.13所示。

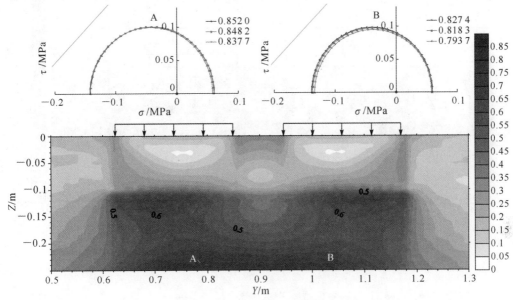

图8.13　低温条件下六轴半挂车正常行驶状态时平西高速公路沥青面层 $APPDI_{3D}$ 等值线图及典型应力莫尔圆

图8.13所示表明：$APPDI_{3D}$ 较大值主要分布于沥青层底部（A区域和B区域）。$APPDI_{3D}$ 最大值为0.852 0，$|\sigma_1|<|\sigma_3|$，拉强比 $|\sigma_3|:|\sigma_1|<0.5$，应力状态为拉-压复合剪切应力，产生弹性变形区域，沥青面层不会出现早期破坏现象。

2. 常温条件下沥青路面结构分析

常温条件下（路面温度为20℃时），平西高速公路沥青面层的 $APPDI_{3D}$ 等值线及其典型的应力莫尔圆如图8.14所示。

图8.14所示表明：$APPDI_{3D}>1$ 的值主要分布于沥青层底部（A区域和B区域）。沥青面层中 $APPDI_{3D}$ 最大值为1.041 1，$\sigma_1=0.082\ 5$ MPa，$\sigma_3=-0.153\ 7$ MPa，位于内侧轮载下的沥青层底部（A区域），$|\sigma_1|<|\sigma_3|$，拉强比 $|\sigma_3|:|\sigma_1|>0.5$，应力状态为拉压应力比 $|\sigma_3|:|\sigma_1|=1:0.537$ 的拉-压复合剪切应力。$APPDI_{3D}$ 次大值为1.030 9，$\sigma_1=0.081\ 9$ MPa，$\sigma_3=-0.154\ 4$ MPa，位于内侧轮载下的沥青层底部（A区域），$|\sigma_1|<|\sigma_3|$，拉强比 $|\sigma_3|:|\sigma_1|>0.5$，应力状态为拉压应力比 $|\sigma_3|:|\sigma_1|=1:0.53$ 的拉-压复合剪切应力，破坏模式推断为层底弯拉。在B区域，$APPDI_{3D}$ 最大值为1.014 1，$\sigma_1=0.080\ 7$ MPa，$\sigma_3=-0.149\ 9$ MPa，位于外侧轮载下的沥青层底部，$|\sigma_1|<|\sigma_3|$，拉强比 $|\sigma_3|:|\sigma_t|>0.5$，应力状态为拉压应力比 $|\sigma_3|:|\sigma_1|=1:0.538$ 的拉-压复合剪切应力，破坏模式推断为层底弯拉。

3. 中温条件下沥青路面结构分析

中温条件下（路面温度为40℃时），平西高速公路沥青面层的 $APPDI_{3D}$ 等值线及其典型的应力莫尔圆如图8.15所示。

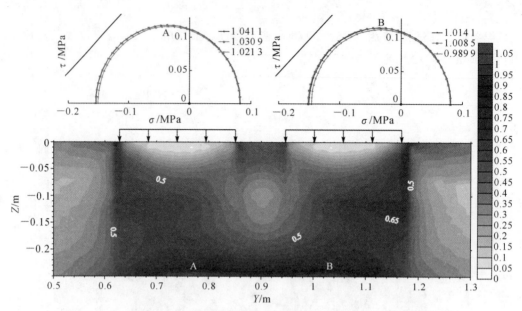

图 8.14 常温条件下六轴半挂车正常行驶状态时平西高速公路沥青面层 APPDI$_{3D}$ 等值线图及应力莫尔圆

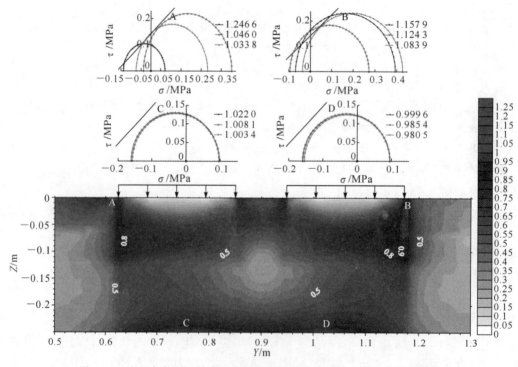

图 8.15 中温条件下六轴半挂车正常行驶状态时平西高速公路沥青面层 APPDI$_{3D}$ 等值线图及典型应力莫尔圆

图 8.15 所示表明：APPDI$_{3D}$ 大于 1 的区域主要位于内侧轮载内侧 0～2 cm、深度为 0～ −2 cm 处（A 区域），外侧轮载外侧 0～2 cm、深度为 −1～−8 cm 处（B 区域），内侧轮载下的沥

青层底部(C 区域)和外侧轮载下的沥青层底部(D 区域)。沥青面层中 APPDI$_{3D}$ 最大值为 1.246 6,σ_1=0.071 0 MPa,σ_3=−0.137 9 MPa,位于内侧轮载内侧 1 cm 的处(A 区域),$|\sigma_1|<|\sigma_3|$,拉强比$|\sigma_3|:|\sigma_t|>0.5$,应力状态为拉压应力比$|\sigma_3|:|\sigma_1|=1:0.515$的拉-压复合剪切应力,破坏模式推断为 Top-Down 裂纹。APPDI$_{3D}$次大值为 1.157 9,σ_1=0.393 2 MPa,σ_3=−0.068 1 MPa,位于外侧轮载外侧 1 cm、深度−2 cm 处(B 区域),$|\sigma_1|>|\sigma_3|$,拉强比$|\sigma_3|:|\sigma_t|<0.5$,应力状态为拉压应力比$|\sigma_3|:|\sigma_1|=1:5.77$的拉-压复合剪切应力,破坏模式推断为车辙。在 C 区域,最大 APPDI$_{3D}$值为 1.022 0,σ_1=0.097 6 MPa,σ_3=−0.162 2 MPa,位于内侧轮载下的沥青层底部,$|\sigma_1|<|\sigma_3|$,拉强比$|\sigma_3|:|\sigma_t|>0.5$,应力状态为拉压应力比$|\sigma_3|:|\sigma_1|=1:0.6$的拉-压复合剪切应力,破坏模式推断为层底弯拉破坏。在 D 区域,最大 APPDI$_{3D}$值为 0.999 6,位于外侧轮载下的沥青层底部,$|\sigma_1|<|\sigma_3|$,拉强比$|\sigma_3|:|\sigma_t|<0.5$,应力状态为拉-压复合剪切应力,产生了部分不可恢复的塑性变形。

除最大 APPDI$_{3D}$值的破坏模式为 Top-Down 裂纹外,其余 APPDI>1 的破坏模式主要表现为以压应力为主的车辙破坏和以拉应力为主的层底弯拉破坏。

4. 高温条件下沥青路面结构分析

高温条件下(路面温度为 60℃时),平西高速公路沥青面层的 APPDI$_{3D}$等值线及其典型的应力莫尔圆如图 8.16 所示。

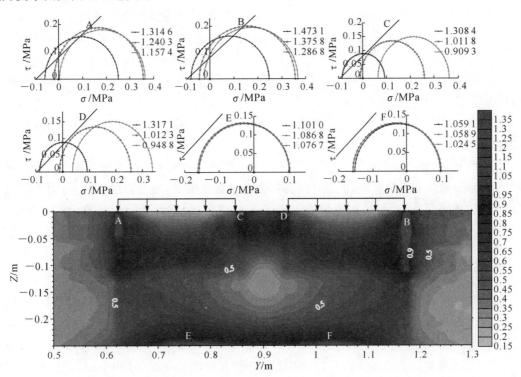

图 8.16 高温条件下六轴半挂车正常行驶状态时平西高速公路沥青面层 APPDI$_{3D}$等值线图及典型应力莫尔圆

图 8.16 所示表明:APPDI$_{3D}$大于 1 的区域主要位于内侧轮载内侧 0~2 cm、深度为−1~−5 cm 处(A 区域),外侧轮载外侧 0~2 cm、深度为−1~−11 cm 处(B 区域),内侧轮载外侧

0~2 cm的路表处（C区域）和外侧轮载内侧0~2 cm的路表处（D区域），内侧轮载下的沥青层底部（E区域）和外侧轮载下的沥青层底部（F区域）。沥青面层中APPDI$_{3D}$最大值为1.473 1，$\sigma_1=0.246\ 1$ MPa，$\sigma_3=-0.079\ 3$ MPa，位于外侧轮载外侧1 cm、深度-1 cm处（B区域），$|\sigma_1|>|\sigma_3|$，拉强比$|\sigma_3|:|\sigma_t|>0.5$，应力状态为拉压应力比$|\sigma_3|:|\sigma_1|=1:3.1$的拉-压复合剪切应力。APPDI次大值为1.375 8，$\sigma_1=0.356\ 8$ MPa，$\sigma_3=-0.045\ 7$ MPa，位于外侧轮载外侧1 cm、深度-2 cm处（B区域），$|\sigma_1|>|\sigma_3|$，拉强比$|\sigma_3|:|\sigma_t|<0.5$，应力状态为拉压应力比$|\sigma_3|:|\sigma_1|=1:7.8$的拉-压复合剪切应力，破坏模式推断为车辙。在A区域，最大APPDI$_{3D}$值为1.314 6，$\sigma_1=0.251\ 2$ MPa，$\sigma_3=-0.059\ 0$ MPa，位于内侧轮载内侧1 cm、深度-1 cm处，$|\sigma_1|>|\sigma_3|$，拉强比$|\sigma_3|:|\sigma_t|>0.5$，应力状态为拉压应力比$|\sigma_3|:|\sigma_1|=1:4.26$的拉-压复合剪切应力，破坏模式推断为车辙。在C区域，最大APPDI$_{3D}$值为1.308 4，$\sigma_1=0.092\ 1$ MPa，$\sigma_3=-0.085\ 8$ MPa，位于内侧轮载外侧1 cm的路表处，$|\sigma_1|>|\sigma_3|$，拉强比$|\sigma_3|:|\sigma_t|>0.5$，应力状态为拉压应力比$|\sigma_3|:|\sigma_1|=1:1.07$的拉-压复合剪切应力，破坏模式推断为车辙。在D区域，最大APPDI$_{3D}$值为1.317 1，$\sigma_1=0.091\ 5$ MPa，$\sigma_3=-0.085\ 7$ MPa，位于外侧轮载内侧1 cm的路表处，$|\sigma_1|>|\sigma_3|$，拉强比$|\sigma_3|:|\sigma_t|>0.5$，应力状态为拉压应力比$|\sigma_3|:|\sigma_1|=1:1.06$的拉-压复合剪切应力，破坏模式推断为车辙。在E区域，最大APPDI$_{3D}$值为1.101 0，$\sigma_1=0.103\ 7$ MPa，$\sigma_3=-0.161\ 4$ MPa，位于内侧轮载下的沥青层底部，$|\sigma_1|<|\sigma_3|$，拉强比$|\sigma_3|:|\sigma_t|>0.5$，应力状态为拉压应力比$|\sigma_3|:|\sigma_1|=1:0.64$的拉-压复合剪切应力，破坏模式推断为层底弯拉破坏。在F区域，最大APPDI$_{3D}$值为1.059 1，$\sigma_1=0.101\ 1$ MPa，$\sigma_3=-0.152\ 9$ MPa，位于外侧轮载下的沥青层底部，$|\sigma_1|<|\sigma_3|$，拉强比$|\sigma_3|:|\sigma_t|>0.5$，应力状态为拉压应力比$|\sigma_3|:|\sigma_1|=1:0.66$的拉-压复合剪切应力，破坏模式推断为层底弯拉破坏。

在该温度条件下，沥青面层的破坏模式主要表现为以压应力为主的车辙破坏和以拉应力为主的层底弯拉破坏。

综上所述：六轴半挂车在正常行驶状态下，平西高速公路的主要早期破坏模式为沥青层底部的层底弯拉破坏和车辙破坏；低温时路面不会产生塑性变形，随着温度的升高，沥青层底的层底弯拉破坏区域减小，但路面表层处出现了车辙破坏现象，并伴随有部分的Top-Down裂纹。

8.3.2 六轴半挂车拥堵状态时沥青路面结构分析

荷载作用区域的半径r为10.65 cm，荷载q为0.7 MPa，双轮轮胎中心间距为$3r$；采用八节点等参单元建模。边界条件：假设为底面完全约束，X方向两侧面没有X方向位移，Y方向两侧面没有Y方向位移。有限元网格模型共有单元750 680个，节点737 730个。根据路面结构层材料的抗剪强度参数，基于D-P准则条件下的评价指标APPDI$_{3D}$对其进行合理性评价。

1. 低温条件下沥青路面结构分析

低温条件下（路面温度为0℃时），平西高速公路沥青面层的APPDI$_{3D}$等值线及其典型的应力莫尔圆如图8.17所示。

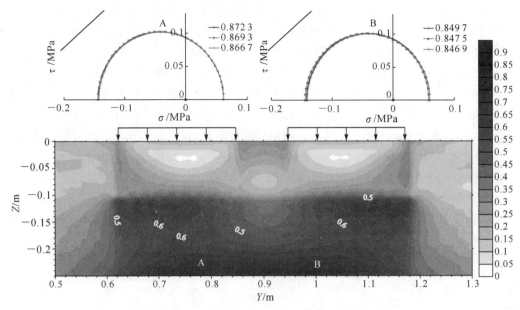

图 8.17 低温条件下六轴半挂车拥堵状态时平西高速公路沥青面层
APPDI$_{3D}$等值线图及典型应力莫尔圆

图 8.17 所示表明:APPDI$_{3D}$较大值主要分布于沥青层底部(A 区域和 B 区域)。APPDI$_{3D}$最大值为 0.872 3,$|\sigma_1|<|\sigma_3|$,拉强比$|\sigma_3|:|\sigma_1|<0.5$,应力状态为拉-压复合剪切应力,产生弹性变形区域,沥青面层不会出现早期破坏现象。

2. 常温条件下沥青路面结构分析

常温条件下(路面温度为 20℃时),平西高速公路沥青面层的 APPDI$_{3D}$等值线及其典型的应力莫尔圆如图 8.18 所示。

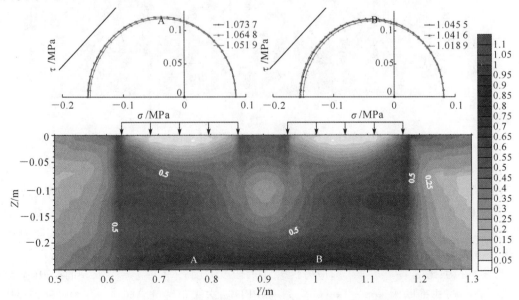

图 8.18 常温条件下六轴半挂车拥堵状态时平西高速公路沥青面层
APPDI$_{3D}$等值线图及典型应力莫尔圆

图 8.18 所示表明：$APPDI_{3D}>1$ 的值主要分布于沥青层底部（A 区域和 B 区域）。沥青面层中 $APPDI_{3D}$ 最大值为 1.073 7，$\sigma_1=0.083\ 8$ MPa，$\sigma_3=-0.157\ 8$ MPa，位于内侧轮载下的沥青层底部（A 区域），$|\sigma_1|<|\sigma_3|$，拉强比 $|\sigma_3|:|\sigma_t|>0.5$，应力状态为拉压应力比 $|\sigma_3|:|\sigma_1|=1:0.53$ 的拉-压复合剪切应力，破坏模式推断为层底弯拉。$APPDI_{3D}$ 次大值为 1.064 8，$\sigma_1=0.083\ 1$ MPa，$\sigma_3=-0.158\ 7$ MPa，位于内侧轮载下的沥青层底部（A 区域），$|\sigma_1|<|\sigma_3|$，拉强比 $|\sigma_3|:|\sigma_t|>0.5$，应力状态为拉压应力比 $|\sigma_3|:|\sigma_1|=1:0.52$ 的拉-压复合剪切应力，破坏模式推断为层底弯拉。在 B 区域，$APPDI_{3D}$ 最大值为 1.045 5，$\sigma_1=0.081\ 9$ MPa，$\sigma_3=-0.153\ 9$ MPa，位于外侧轮载下的沥青层底部，$|\sigma_1|<|\sigma_3|$，拉强比 $|\sigma_3|:|\sigma_t|>0.5$，应力状态为拉压应力比 $|\sigma_3|:|\sigma_1|=1:0.53$ 的拉-压复合剪切应力，破坏模式推断为层底弯拉。

3. 中温条件下沥青路面结构分析

中温条件下（路面温度为 40 ℃时），平西高速公路沥青面层的 $APPDI_{3D}$ 等值线及其典型的应力莫尔圆如图 8.19 所示。

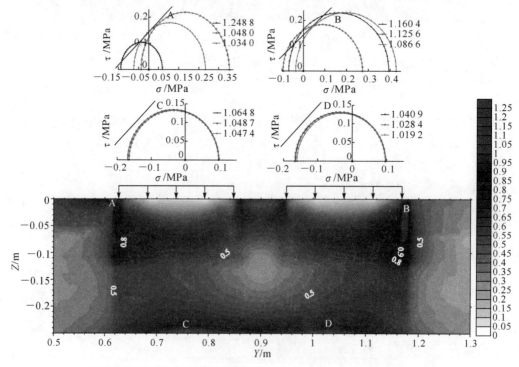

图 8.19 中温条件下六轴半挂车拥堵状态时平西高速公路沥青面层 $APPDI_{3D}$ 等值线图及典型应力莫尔圆

图 8.19 所示表明：$APPDI_{3D}$ 大于 1 的区域主要位于内侧轮载内侧 0～2 cm、深度为 0～−2 cm 处（A 区域），外侧轮载外侧 0～2 cm、深度为 −1～−10 m 处（B 区域），内侧轮载下的沥青层底部（C 区域）和外侧轮载下的沥青层底部（D 区域）。沥青面层中 $APPDI_{3D}$ 最大值为 1.248 8，$\sigma_1=0.069\ 4$ MPa，$\sigma_3=-0.137\ 6$ MPa，位于内侧轮载内侧 1 cm 的处（A 区域），$|\sigma_1|<|\sigma_3|$，拉强比 $|\sigma_3|:|\sigma_t|>0.5$，应力状态为拉压应力比 $|\sigma_3|:|\sigma_1|=1:0.5$ 的拉-压复合剪切应力，破坏模式推断为 Top-Down 裂纹。$APPDI_{3D}$ 次大值为 1.160 4，$\sigma_1=0.393\ 6$ MPa，$\sigma_3=-0.068\ 0$ MPa，位于外侧轮载外侧 1 cm、深度 −2 cm 处（B 区域），$|\sigma_1|>|\sigma_3|$，拉强比

$|\sigma_3|:|\sigma_t|>0.5$,应力状态为拉压应力比$|\sigma_3|:|\sigma_1|=1:5.79$的拉-压复合剪切应力,破坏模式推断为车辙。在 C 区域,最大 APPDI$_{3D}$ 值为 1.064 8,$\sigma_1=0.099\ 0$ MPa,$\sigma_3=-0.169\ 0$ MPa,位于内侧轮载下的沥青层底部,$|\sigma_1|<|\sigma_3|$,拉强比$|\sigma_3|:|\sigma_t|>0.5$,应力状态为拉压应力比$|\sigma_3|:|\sigma_1|=1:0.59$的拉-压复合剪切应力,破坏模式推断为层底弯拉破坏。在 D 区域,最大 APPDI$_{3D}$ 值为 1.040 9,$\sigma_1=0.096\ 9$ MPa,$\sigma_3=-0.165\ 0$ MPa,位于内侧轮载下的沥青层底部,$|\sigma_1|<|\sigma_3|$,拉强比$|\sigma_3|:|\sigma_t|>0.5$,应力状态为拉压应力比$|\sigma_3|:|\sigma_1|=1:0.59$的拉-压复合剪切应力,破坏模式推断为层底弯拉破坏。

除最大 APPDI 值的破坏模式为 Top-Down 裂纹外,其余 APPDI$_{3D}>1$ 的破坏模式主要表现为以压应力为主的车辙破坏和以拉应力为主的层底弯拉破坏。

4.高温条件下沥青路面结构分析

高温条件下(路面温度为60℃时),平西高速公路沥青面层的 APPDI$_{3D}$ 等值线及其典型的应力莫尔圆如图 8.20 所示。

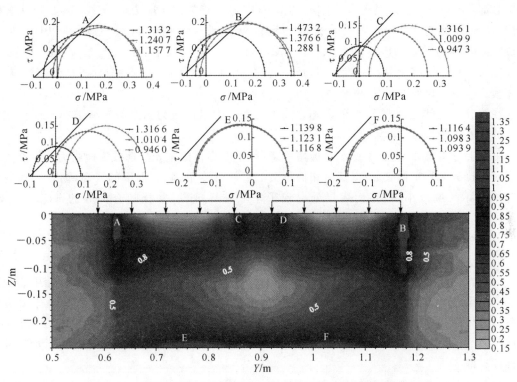

图8.20 高温条件下六轴半挂车拥堵状态时平西高速公路沥青面层 APPDI$_{3D}$ 等值线图及典型应力莫尔圆

图 8.20 所示表明:APPDI$_{3D}$ 大于 1 的区域主要位于内侧轮载内侧 0~2 cm、深度为 -1~-5 cm 处(A 区域),外侧轮载外侧 0~2 cm、深度为 -1~-11 cm 处(B 区域),内侧轮载外侧 0~2 cm 的路表处(C 区域)和外侧轮载内侧 0~2 cm 的路表处(D 区域),内侧轮载下的沥青层底部(E 区域)和外侧轮载下的沥青层底部(F 区域)。沥青面层中 APPDI$_{3D}$ 最大值为 1.473 2,$\sigma_1=0.246\ 3$ MPa,$\sigma_3=-0.079\ 2$ MPa,位于外侧轮载外侧 1 cm、深度 -1 cm 处(B 区域),$|\sigma_1|>|\sigma_3|$,拉强比$|\sigma_3|:|\sigma_t|>0.5$,应力状态为拉压应力比$|\sigma_3|:|\sigma_1|=1:3.11$的拉-压复

合剪切应力。$APPDI_{3D}$次大值为 1.376 6,$\sigma_1=0.357\ 1$ MPa,$\sigma_3=-0.043\ 5$ MPa,位于外侧轮载外侧 1 cm、深度 -2 cm 处(B 区域),$|\sigma_1|>|\sigma_3|$,拉强比$|\sigma_3|:|\sigma_t|>0.5$,应力状态为拉压应力比$|\sigma_3|:|\sigma_1|=1:8.21$ 的拉-压复合剪切应力,破坏模式推断为车辙。在 A 区域,最大 $APPDI_{3D}$ 值为 1.313 2,$\sigma_1=0.251\ 9$ MPa,$\sigma_3=-0.058\ 6$ MPa,位于内侧轮载内侧 1 cm、深度 -1 cm 处,$|\sigma_1|>|\sigma_3|$,拉强比$|\sigma_3|:|\sigma_t|>0.5$,应力状态为拉压应力比$|\sigma_3|:|\sigma_1|=1:4.3$ 的拉-压复合剪切应力,破坏模式推断为车辙。在 C 区域,最大 $APPDI_{3D}$ 值为 1.316 6,$\sigma_1=0.093\ 8$ MPa,$\sigma_3=-0.085\ 5$ MPa,位于内侧轮载外侧 1 cm 的路表处,$|\sigma_1|>|\sigma_3|$,拉强比$|\sigma_3|:|\sigma_t|>0.5$,应力状态为拉压应力比$|\sigma_3|:|\sigma_1|=1:1.1$ 的拉-压复合剪切应力,破坏模式推断为车辙。在 D 区域,最大 $APPDI_{3D}$ 值为 1.316 6,$\sigma_1=0.093\ 8$ MPa,$\sigma_3=-0.085\ 4$ MPa,位于外侧轮载内侧 1 cm 的路表处,$|\sigma_1|>|\sigma_3|$,拉强比$|\sigma_3|:|\sigma_t|>0.5$,应力状态为拉压应力比$|\sigma_3|:|\sigma_1|=1:1.1$ 的拉-压复合剪切应力,破坏模式推断为车辙。在 E 区域,最大 $APPDI_{3D}$ 值为 1.139 8,$\sigma_1=0.105\ 2$ MPa,$\sigma_3=-0.166\ 6$ MPa,位于内侧轮载下的沥青层底部,$|\sigma_1|<|\sigma_3|$,拉强比$|\sigma_3|:|\sigma_t|>0.5$,应力状态为拉压应力比$|\sigma_3|:|\sigma_1|=1:0.63$ 的拉-压复合剪切应力,破坏模式推断为层底弯拉破坏。在 F 区域,最大 $APPDI_{3D}$ 值为 1.116 4,$\sigma_1=0.103\ 1$ MPa,$\sigma_3=-0.162\ 7$ MPa,位于外侧轮载下的沥青层底部,$|\sigma_1|<|\sigma_3|$,拉强比$|\sigma_3|:|\sigma_t|>0.5$,应力状态为拉压应力比$|\sigma_3|:|\sigma_1|=1:0.63$ 的拉-压复合剪切应力,破坏模式推断为层底弯拉破坏。

在该温度条件下,沥青面层的破坏模式主要表现为以压应力为主的车辙破坏和以拉应力为主的层底弯拉破坏。

由以上分析可知:六轴半挂车在拥堵状态下,平西高速的主要早期破坏模式为沥青层底部的层底弯拉破坏和车辙破坏;低温时路面不会产生塑性变形,随着温度的升高,沥青层底的层底弯拉破坏区域减小,但路面表层处出现了车辙破坏现象,并伴随有部分的 Top - Down 裂纹。

8.3.3　六轴全挂车正常行驶状态时沥青路面结构分析

荷载作用区域的半径 r 为 10.65 cm,荷载 q 根据图 2.5 所示换算可得,双轮轮胎中心间距为 $3r$;采用八节点等参单元建模。边界条件:假设为底面完全约束,X 方向两侧面没有 X 方向位移,Y 方向两侧面没有 Y 方向位移。有限元网格模型共有单元 796 145 个,节点 793 512 个。根据路面结构层材料的抗剪强度参数、基于 D-P 准则条件下的评价指标 $APPDI_{3D}$ 对其进行合理性评价。

1. 低温条件下沥青路面结构分析

低温条件下(路面温度为 0℃时),平西高速公路沥青面层的 $APPDI_{3D}$ 等值线及其典型的应力莫尔圆如图 8.21 所示。

图 8.21 所示表明:$APPDI_{3D}$ 较大值主要分布于沥青层底部(A 区域和 B 区域)。$APPDI_{3D}$ 最大值为 0.955 9,$|\sigma_1|<|\sigma_3|$,拉强比$|\sigma_3|:|\sigma_t|>0.5$,应力状态为拉-压复合剪切应力,产生弹性变形区域,沥青面层不会出现早期破坏现象。

2. 常温条件下沥青路面结构分析

常温条件下(路面温度为 20℃时),平西高速公路沥青面层的 $APPDI_{3D}$ 等值线及其典型的应力莫尔圆如图 8.22 所示。

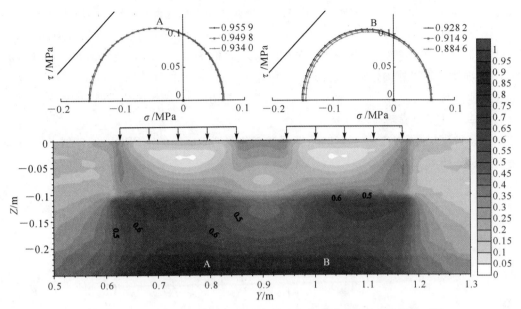

图 8.21　低温条件下六轴全挂车正常行驶状态时平西高速公路沥青面层 APPDI$_{3D}$ 等值线图及典型应力莫尔圆

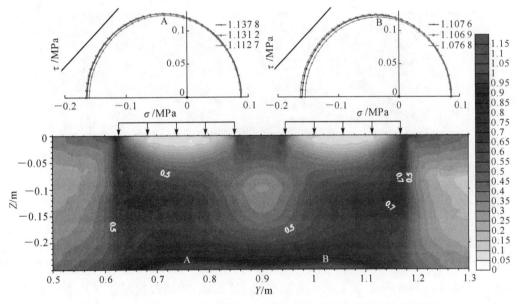

图 8.22　常温条件下六轴全挂车正常行驶状态时平西高速公路沥青面层 APPDI 等值线图及典型应力莫尔圆

图 8.22 所示表明：APPDI$_{3D}$＞1 的值主要分布于沥青层底部（A 区域和 B 区域）。沥青面层中 APPDI$_{3D}$ 最大值为 1.137 8，σ_1＝0.088 4 MPa，σ_3＝－0.164 2 MPa，位于内侧轮载下的沥青层底部（A 区域），$|\sigma_1|<|\sigma_3|$，拉强比 $|\sigma_3|:|\sigma_1|>0.5$，应力状态为拉压应力比 $|\sigma_3|:|\sigma_1|$＝1∶0.538 的拉-压复合剪切应力，破坏模式推断为层底弯拉。APPDI$_{3D}$ 次大值为 1.131 2，σ_1＝

0.087 6 MPa，$\sigma_3 = -0.165\ 6$ MPa，位于内侧轮载下的沥青层底部（A 区域），$|\sigma_1| < |\sigma_3|$，拉强比 $|\sigma_3| : |\sigma_t| > 0.5$，应力状态为拉压应力比 $|\sigma_3| : |\sigma_1| = 1 : 0.529$ 的拉-压复合剪切应力，破坏模式推断为层底弯拉。在 B 区域，$APPDI_{3D}$ 最大值为 1.107 6，$\sigma_1 = 0.086\ 5$ MPa，$\sigma_3 = -0.160\ 1$ MPa，位于外侧轮载下的沥青层底部，$|\sigma_1| < |\sigma_3|$，拉强比 $|\sigma_3| : |\sigma_t| > 0.5$，应力状态为拉压应力比 $|\sigma_3| : |\sigma_1| = 1 : 0.54$ 的拉-压复合剪切应力，破坏模式推断为层底弯拉。

3. 中温条件下沥青路面结构分析

中温条件下（路面温度为 40 ℃时），平西高速公路沥青面层的 $APPDI_{3D}$ 等值线及其典型的应力莫尔圆如图 8.23 所示。

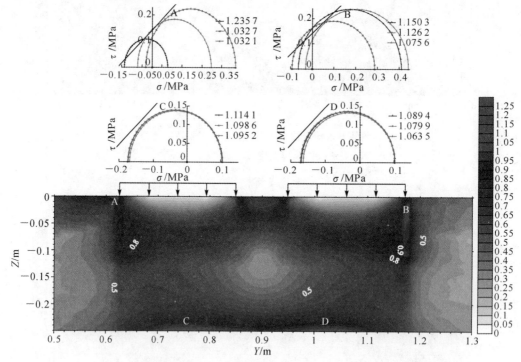

图 8.23 中温条件下六轴全挂车正常行驶状态时平西高速公路沥青面层 $APPDI_{3D}$ 等值线图及典型应力莫尔圆

图 8.23 所示表明：$APPDI_{3D}$ 大于 1 的区域主要位于内侧轮载内侧 0~2 cm、深度为 0~ −2 cm 处（A 区域），外侧轮载外侧 0~2 cm、深度为 −1~−11 m 处（B 区域），内侧轮载下的沥青层底部（C 区域）和外侧轮载下的沥青层底部（D 区域）。沥青面层中 $APPDI_{3D}$ 最大值为 1.235 7，$\sigma_1 = 0.079\ 1$ MPa，$\sigma_3 = -0.136\ 2$ MPa，位于内侧轮载内侧 1 cm 的处（A 区域），$|\sigma_1| < |\sigma_3|$，拉强比 $|\sigma_3| : |\sigma_t| > 0.5$，应力状态为拉压应力比 $|\sigma_3| : |\sigma_1| = 1 : 0.58$ 的拉-压复合剪切应力，破坏模式推断为 Top-Down 裂纹。$APPDI_{3D}$ 次大值为 1.150 3，$\sigma_1 = 0.410\ 4$ MPa，$\sigma_3 = -0.063\ 9$ MPa，位于外侧轮载外侧 1 cm、深度 −2 cm 处（B 区域），$|\sigma_1| > |\sigma_3|$，拉强比 $|\sigma_3| : |\sigma_t| > 0.5$，应力状态为拉压应力比 $|\sigma_3| : |\sigma_1| = 1 : 6.42$ 的拉-压复合剪切应力，破坏模式推断为车辙。在 C 区域，最大 $APPDI_{3D}$ 值为 1.114 1，$\sigma_1 = 0.104\ 6$ MPa，$\sigma_3 = -0.173\ 4$ MPa，位于内侧轮载下的沥青层底部，$|\sigma_1| < |\sigma_3|$，拉强比 $|\sigma_3| : |\sigma_t| > 0.5$，应力状

态为拉压应力比$|\sigma_3|:|\sigma_1|=1:0.6$的拉-压复合剪切应力,破坏模式推断为层底弯拉破坏。在 D 区域,最大 $APPDI_{3D}$ 值为 1.089 4,$\sigma_1=0.102\ 4$ MPa,$\sigma_3=-0.169\ 4$ MPa,位于内侧轮载下的沥青层底部,$|\sigma_1|<|\sigma_3|$,拉强比$|\sigma_3|:|\sigma_1|>0.5$,应力状态为拉压应力比$|\sigma_3|:|\sigma_1|=1:0.6$的拉-压复合剪切应力,破坏模式推断为层底弯拉破坏。

除最大 $APPDI_{3D}$ 值的破坏模式为 Top-Down 裂纹外,其余 $APPDI_{3D}>1$ 的破坏模式主要表现为以压应力为主的车辙破坏和以拉应力为主的层底弯拉破坏。

4. 高温条件下沥青路面结构分析

高温条件下(路面温度为 60 ℃时),平西高速公路沥青面层的 $APPDI_{3D}$ 等值线及其典型的应力莫尔圆如图 8.24 所示。

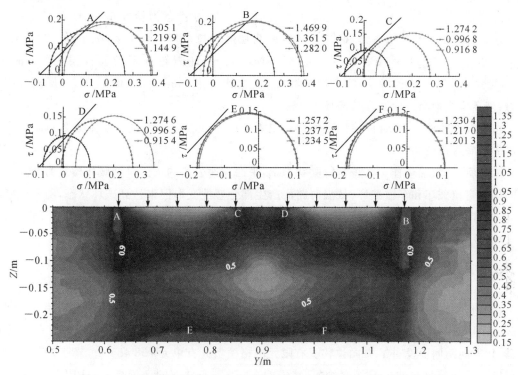

图 8.24　高温条件下六轴全挂车正常行驶状态时平西高速公路沥青面层 $APPDI_{3D}$ 等值线图及典型应力莫尔圆

图 8.24 所示表明:$APPDI_{3D}$ 大于 1 的区域主要位于内侧轮载内侧 0～2 cm、深度为-1～-5 cm 处(A 区域),外侧轮载外侧 0～2 cm、深度为-1～-11 cm 处(B 区域),内侧轮载外侧 0～2 cm 的路表处(C 区域)和外侧轮载内侧 0～2 cm 的路表处(D 区域),内侧轮载下的沥青层底部(E 区域)和外侧轮载下的沥青层底部(F 区域)。沥青面层中 $APPDI_{3D}$ 最大值为 1.473 9,$\sigma_1=0.259\ 5$ MPa,$\sigma_3=-0.079\ 4$ MPa,位于外侧轮载外侧 1 cm、深度-1 cm 处(B 区域),$|\sigma_1|>|\sigma_3|$,拉强比$|\sigma_3|:|\sigma_t|>0.5$,应力状态为拉压应力比$|\sigma_3|:|\sigma_1|=1:3.27$ 的拉-压复合剪切应力。$APPDI_{3D}$ 次大值为 1.363 7,$\sigma_1=0.373\ 8$ MPa,$\sigma_3=-0.040\ 6$ MPa,位于外侧轮载外侧 1 cm、深度-2 cm 处(B 区域),$|\sigma_1|>|\sigma_3|$,拉强比$|\sigma_3|:|\sigma_t|>0.5$,应力状态为拉压应力比$|\sigma_3|:|\sigma_1|=1:9.21$ 的拉-压复合剪切应力,破坏模式推断为车辙。在 A 区域,最大

APPDI$_{3D}$值为1.3084，$\sigma_1=0.2646$ MPa，$\sigma_3=-0.0574$ MPa，位于内侧轮载内侧1 cm、深度—1 cm处，$|\sigma_1|>|\sigma_3|$，拉强比$|\sigma_3|:|\sigma_t|>0.5$，应力状态为拉压应力比$|\sigma_3|:|\sigma_1|=1:4.61$的拉-压复合剪切应力，破坏模式推断为车辙。在C区域，最大APPDI$_{3D}$值为1.2702，$\sigma_1=0.1038$ MPa，$\sigma_3=-0.08138$ MPa，位于内侧轮载外侧1 cm的路表处，$|\sigma_1|>|\sigma_3|$，拉强比$|\sigma_3|:|\sigma_t|>0.5$，应力状态为拉压应力比$|\sigma_3|:|\sigma_1|=1:1.275$的拉-压复合剪切应力，破坏模式推断为车辙。在D区域，最大APPDI$_{3D}$值为1.2799，$\sigma_1=0.1031$ MPa，$\sigma_3=-0.0814$ MPa，位于外侧轮载内侧1 cm的路表处，$|\sigma_1|>|\sigma_3|$，拉强比$|\sigma_3|:|\sigma_t|>0.5$，应力状态为拉压应力比$|\sigma_3|:|\sigma_1|=1:1.275$的拉-压复合剪切应力，破坏模式推断为车辙。在E区域，最大APPDI$_{3D}$值为1.2003，$\sigma_1=0.1111$ MPa，$\sigma_3=-0.1726$ MPa，位于内侧轮载下的沥青层底部，$|\sigma_1|<|\sigma_3|$，拉强比$|\sigma_3|:|\sigma_t|>0.5$，应力状态为拉压应力比$|\sigma_3|:|\sigma_1|=1:0.64$的拉-压复合剪切应力，破坏模式推断为层底弯拉破坏。在F区域，最大APPDI$_{3D}$值为1.1753，$\sigma_1=0.1090$ MPa，$\sigma_3=-0.1685$ MPa，位于外侧轮载下的沥青层底部，$|\sigma_1|<|\sigma_3|$，拉强比$|\sigma_3|:|\sigma_t|>0.5$，应力状态为拉压应力比$|\sigma_3|:|\sigma_1|=1:0.65$的拉-压复合剪切应力，破坏模式推断为层底弯拉破坏。

在该温度条件下，沥青面层的破坏模式主要表现为以压应力为主的车辙破坏和以拉应力为主的层底弯拉破坏。

综上所述：六轴全挂车在正常行驶状态下，平西高速公路的主要早期破坏模式为沥青层底部的层底弯拉破坏和车辙破坏；低温时路面产生部分塑性变形但未达到破坏状态，随着温度的升高，沥青层底的层底弯拉破坏区域减小，但路面表层处出现了车辙破坏现象，并伴随有部分的Top-Down裂纹。

8.3.4 六轴全挂车拥堵状态时沥青路面结构分析

荷载作用区域的半径r为10.65 cm，荷载q根据图2.5所示换算可得，双轮轮胎中心间距为$3r$；采用八节点等参单元建模。边界条件：假设为底面完全约束，X方向两侧面没有X方向位移，Y方向两侧面没有Y方向位移。有限元网格模型共有单元758 485个，节点755 755个。根据路面结构层材料的抗剪强度参数、基于D-P准则条件下的评价指标APPDI$_{3D}$对其进行合理性评价。

1.低温条件下沥青路面结构分析

低温条件下（路面温度为0℃时），平西高速公路沥青面层的APPDI$_{3D}$等值线及其典型的应力莫尔圆如图8.25所示。

图8.25所示表明：APPDI$_{3D}$较大值主要分布于沥青层底部（A区域和B区域）。APPDI$_{3D}$最大值为0.9730，$|\sigma_1|<|\sigma_3|$，拉强比$|\sigma_3|:|\sigma_t|>0.5$，应力状态为拉-压复合剪切应力，产生弹性变形区域，沥青面层不会出现早期破坏现象。

2.常温条件下沥青路面结构分析

常温条件下（路面温度为20℃时），平西高速公路沥青面层的APPDI$_{3D}$等值线及其典型的应力莫尔圆如图8.26所示。

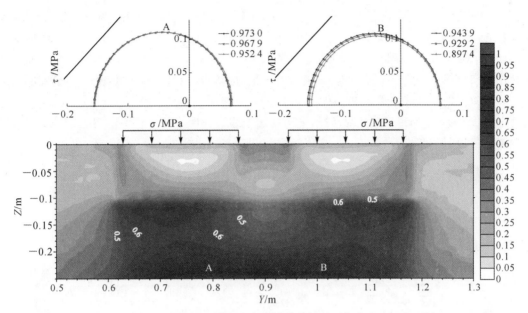

图 8.25 低温条件下六轴全挂车拥堵状态时平西高速公路沥青面层 APPDI$_{3D}$ 等值线图及典型应力莫尔圆

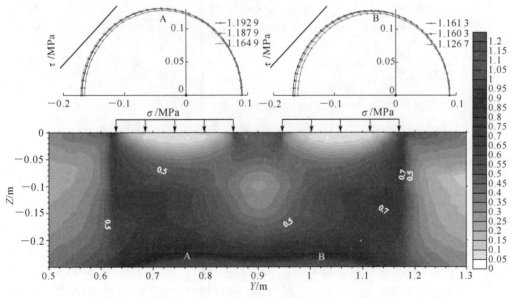

图 8.26 常温条件下六轴全挂车拥堵状态时平西高速公路沥青面层 APPDI$_{3D}$ 等值线图及典型应力莫尔圆

图 8.26 所示表明:APPDI$_{3D}$>1 的值主要分布于沥青层底部(A 区域和 B 区域)。沥青面层中 APPDI$_{3D}$ 最大值为 1.192 9,σ_1=0.091 5 MPa,σ_3=−0.169 6 MPa,位于内侧轮载下的沥青层底部(A 区域),$|\sigma_1|<|\sigma_3|$,拉强比 $|\sigma_3|:|\sigma_t|$>0.5,应力状态为拉压应力比 $|\sigma_3|:|\sigma_1|$= 1∶0.54 的拉-压复合剪切应力,破坏模式推断为层底弯拉。APPDI$_{3D}$ 次大值为 1.187 9,σ_1= 0.090 7 MPa,σ_3=−0.171 2 MPa,位于内侧轮载下的沥青层底部(A 区域),$|\sigma_1|<|\sigma_3|$,拉强

比$|\sigma_3|:|\sigma_t|>0.5$,应力状态为拉压应力比$|\sigma_3|:|\sigma_1|=1:0.53$的拉-压复合剪切应力,破坏模式推断为层底弯拉。在 B 区域,APPDI$_{3D}$ 最大值为 1.161 36,$\sigma_1=0.089\ 0$ MPa,$\sigma_3=-0.167\ 9$ MPa,位于外侧轮载下的沥青层底部,$|\sigma_1|<|\sigma_3|$,拉强比$|\sigma_3|:|\sigma_t|>0.5$,应力状态为拉压应力比$|\sigma_3|:|\sigma_1|=1:0.53$的拉-压复合剪切应力,破坏模式推断为层底弯拉。

3. 中温条件下沥青路面结构分析

中温条件下(路面温度为 40 ℃时),平西高速公路沥青面层的 APPDI$_{3D}$ 等值线及其典型的应力莫尔圆如图 8.27 所示。

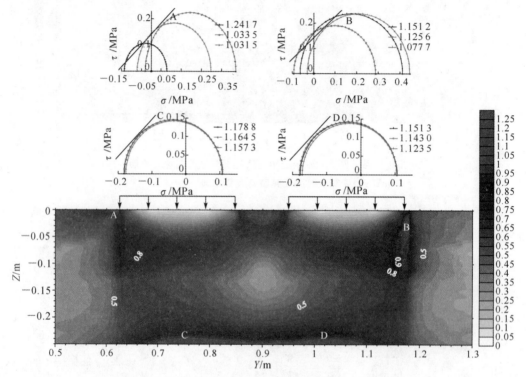

图 8.27 中温条件下六轴全挂车拥堵状态时平西高速公路沥青面层 APPDI$_{3D}$ 等值线图及典型应力莫尔圆

图 8.27 所示表明:APPDI$_{3D}$ 大于 1 的区域主要位于内侧轮载内侧 0~2 cm、深度为 0~−2 cm 处(A 区域),外侧轮载外侧 0~2 cm、深度为 −1~−10 m 处(B 区域),内侧轮载下的沥青层底部(C 区域)和外侧轮载下的沥青层底部(D 区域)。沥青面层中 APPDI$_{3D}$ 最大值为 1.241 7,$\sigma_1=0.078\ 5$ MPa,$\sigma_3=-0.135$ MPa,位于内侧轮载内侧 1 cm 的处(A 区域),$|\sigma_1|<|\sigma_3|$,拉强比$|\sigma_3|:|\sigma_t|>0.5$,应力状态为拉压应力比$|\sigma_3|:|\sigma_1|=1:0.58$的拉-压复合剪切应力,破坏模式推断为 Top-Down 裂纹。APPDI$_{3D}$ 次大值为 1.178 8,$\sigma_1=0.107\ 8$ MPa,$\sigma_3=-0.181\ 8$ MPa,位于内侧轮载下的沥青层底部(C 区域),$|\sigma_1|<|\sigma_3|$,拉强比$|\sigma_3|:|\sigma_t|>0.5$,应力状态为拉压应力比$|\sigma_3|:|\sigma_1|=1:0.59$的拉-压复合剪切应力,破坏模式推断为层底弯拉破坏。在 B 区域,APPDI$_{3D}$ 最大值为 1.151 2,$\sigma_1=0.411\ 5$ MPa,$\sigma_3=-0.063\ 4$ MPa,位于外侧轮载外侧 1 cm、深度 −2 cm 处,$|\sigma_1|>|\sigma_3|$,拉强比$|\sigma_3|:|\sigma_t|>0.5$,应力状态为拉压应力比$|\sigma_3|:|\sigma_1|=1:6.49$的拉-压复合剪切应力,破坏模式推断为车辙。在 D 区域,最

大 APPDI$_{3D}$ 值为 1.151 3,σ_1=0.105 5 MPa,σ_3=−0.177 4 MPa,位于内侧轮载下的沥青层底部,|σ_1|<|σ_3|,拉强比|σ_3|:|σ_t|>0.5,应力状态为拉压应力比|σ_3|:|σ_1|=1:0.59 的拉-压复合剪切应力,破坏模式推断为层底弯拉破坏。

除最大 APPDI 值的破坏模式为 Top-Down 裂纹外,其余 APPDI$_{3D}$>1 的破坏模式主要表现为以压应力为主的车辙破坏和以拉应力为主的层底弯拉破坏。

4.高温条件下沥青路面结构分析

高温条件下(路面温度为 60℃时),平西高速公路沥青面层的 APPDI$_{3D}$ 等值线及其典型的应力莫尔圆如图 8.28 所示。

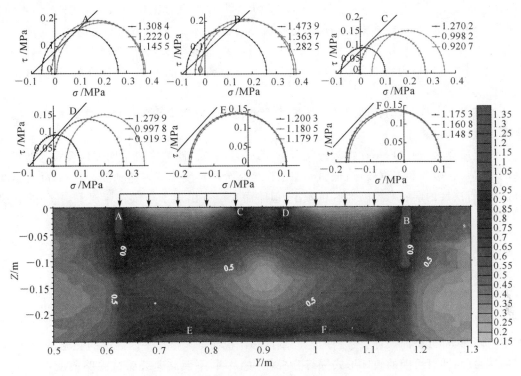

图 8.28 高温条件下六轴全挂车拥堵状态时平西高速公路沥青面层
APPDI$_{3D}$ 等值线图及典型应力莫尔圆

图 8.28 所示表明:APPDI$_{3D}$ 大于 1 的区域主要位于内侧轮载内侧 0~2 cm、深度为−1~−5 cm 处(A 区域),外侧轮载外侧 0~2 cm、深度为−1~−11 cm 处(B 区域),内侧轮载外侧 0~2 cm 的路表处(C 区域)和外侧轮载内侧 0~2 cm 的路表处(D 区域),内侧轮载下的沥青层底部(E 区域)和外侧轮载下的沥青层底部(F 区域)。沥青面层中 APPDI$_{3D}$ 最大值为 1.469 9,σ_1=0.260 1 MPa,σ_3=−0.078 9 MPa,位于外侧轮载外侧 1 cm、深度−1 cm 处(B 区域),|σ_1|>|σ_3|,拉强比|σ_3|:|σ_t|>0.5,应力状态为拉压应力比|σ_3|:|σ_1|=1:3.3 的拉-压复合剪切应力。APPDI$_{3D}$ 次大值为 1.361 5,σ_1=0.374 6 MPa,σ_3=−0.040 2 MPa,位于外侧轮载外侧 1 cm、深度−2 cm 处(B 区域),|σ_1|>|σ_3|,拉强比|σ_3|:|σ_t|<0.5,应力状态为拉压应力比|σ_3|:|σ_1|=1:9.3 的拉-压复合剪切应力,破坏模式推断为车辙。在 A 区域,最大 APPDI$_{3D}$ 值为 1.305 1,σ_1=0.265 6 MPa,σ_3=−0.056 9 MPa,位于内侧轮载内侧 1 cm、深度

-1 cm 处，$|\sigma_1|>|\sigma_3|$，拉强比 $|\sigma_3|:|\sigma_t|>0.5$，应力状态为拉压应力比 $|\sigma_3|:|\sigma_1|=1:4.67$ 的拉-压复合剪切应力，破坏模式推断为车辙。在 C 区域，最大 APPDI$_{3D}$ 值为 1.274 2，$\sigma_1=0.106\ 6$ MPa，$\sigma_3=-0.080\ 6$ MPa，位于内侧轮载外侧 1 cm 的路表处，$|\sigma_1|>|\sigma_3|$，拉强比 $|\sigma_3|:|\sigma_t|>0.5$，应力状态为拉压应力比 $|\sigma_3|:|\sigma_1|=1:1.32$ 的拉-压复合剪切应力，破坏模式推断为车辙。在 D 区域，最大 APPDI$_{3D}$ 值为 1.274 6，$\sigma_1=0.106\ 2$ MPa，$\sigma_3=-0.080\ 6$ MPa，位于外侧轮载内侧 1 cm 的路表处，$|\sigma_1|>|\sigma_3|$，拉强比 $|\sigma_3|:|\sigma_t|>0.5$，应力状态为拉压应力比 $|\sigma_3|:|\sigma_1|=1:1.318$ 的拉-压复合剪切应力，破坏模式推断为车辙。在 E 区域，最大 APPDI$_{3D}$ 值为 1.257 2，$\sigma_1=0.114\ 5$ MPa，$\sigma_3=-0.178\ 5$ MPa，位于内侧轮载下的沥青层底部，$|\sigma_1|<|\sigma_3|$，拉强比 $|\sigma_3|:|\sigma_t|>0.5$，应力状态为拉压应力比 $|\sigma_3|:|\sigma_1|=1:0.64$ 的拉-压复合剪切应力，破坏模式推断为层底弯拉破坏。在 F 区域，最大 APPDI$_{3D}$ 值为 1.230 4，$\sigma_1=0.112\ 2$ MPa，$\sigma_3=-0.174\ 2$ MPa，位于外侧轮载下的沥青层底部，$|\sigma_1|<|\sigma_3|$，拉强比 $|\sigma_3|:|\sigma_t|>0.5$，应力状态为拉压应力比 $|\sigma_3|:|\sigma_1|=1:0.64$ 的拉-压复合剪切应力，破坏模式推断为层底弯拉破坏。

在该温度条件下，沥青面层的破坏模式主要表现为以压应力为主的车辙破坏和以拉应力为主的层底弯拉破坏。

综上所述：六轴半挂车在正常行驶状态下，平西高速公路的主要早期破坏模式为沥青层底部的层底弯拉破坏和车辙破坏；低温时路面产生部分塑性变形但未达到破坏状态，随着温度的升高，沥青层底的层底弯拉破坏区域减小，但路面表层处出现了车辙破坏现象，并伴随有部分的 Top-Down 裂纹。

8.4 分析结果与实际病害对比

李玲等人对平西高速公路进行了调研，发现路面主要病害形式为车辙、横向裂缝和局部的网裂。同时，部分桥面沥青混合料产生严重推移。祝明等人根据平西高速的交通量，设计了不同的试验段，并对后期的破坏形式进行分析，研究表明：平西高速公路试验路段沥青路面的主要病害类型有裂缝、车辙、沉陷、脱落以及涌包等。

本章分析结果表明：不同的简化模型条件下平西高速公路的主要破坏模式为层底弯拉破坏、车辙破坏和 Top-Down 裂纹。该分析结果与以往的实际现场调查结果一致，验证书中采用 APPDI 评价沥青路面破坏的可行性，数值分析结果符合实际情况。

8.5 沥青面层材料设计

分析结果表明：二维的平面应变简化模型计算结果偏大，三维的双圆均布荷载简化模型计算结果偏小，车列荷载模式简化模型计算结果在二者之间。

从路用性能和安全性能出发，对二维的平面应变简化模型和三维的双圆均布荷载简化模型下沥青路面材料强度进行设计。以材料的拉压应力比和黏聚力为衡量指标，取不同温度下，沥青路面结构中各沥青层的评价指标 APPDI<1 时的强度参数，同时满足材料的拉强比

$|\sigma_3|:|\sigma_t|<0.5$,即路面结构处于弹性变形阶段。结果见表 8.1 和表 8.2。

表 8.1　平面应变简化模型下平西高速公路沥青面层材料参数设计表

温度/℃	E_1/MPa	c_1/MPa	$\varphi_1/(°)$	E_2/MPa	c_2/MPa	$\varphi_2/(°)$	E_3/MPa	c_3/MPa	$\varphi_3/(°)$
0	2 780	0.8	40	1 620	0.42	42	3 320	1	45
20	1 620	0.42		1 060	0.26		2 600	0.74	
40	1 100	0.27		760	0.18		2 080	0.56	
60	760	0.18		760	0.18		1 820	0.48	

表 8.2　双圆均布荷载简化模型下平西高速公路沥青面层材料参数设计表

温度/℃	E_1/MPa	c_1/MPa	$\varphi_1/(°)$	E_2/MPa	c_2/MPa	$\varphi_2/(°)$	E_3/MPa	c_3/MPa	$\varphi_3/(°)$
0	1 420	0.36	40	2 500	0.7	42	1 240	0.31	45
20	760	0.18		660	0.15		1 180	0.29	
40	760	0.18		480	0.11		1 300	0.33	
60	560	0.13		400	0.19		1 060	0.26	

表 8.1 和表 8.2 表明:随着温度的升高,沥青面层达到安全设计要求的材料强度参数降低。对比分析发现,沥青混合料的强度达到安全设计要求的难度较大(高温时沥青混合料的回弹模量大于 1 000 MPa),故需从路面结构角度,重新设计厚度、结构层材料,同时改善沥青混合料的性能,共同作用,实现柔性沥青路面结构的安全设计。

8.6　本章小结

通过三种不同简化模式的有限元计算及其力学分析,平西高速公路在不同温度条件下的破坏模式是不同的;同时,不同车型、不同行驶状态,对路面结构的破坏现象也有所不同。综合分析,可得以下结论:

(1)在二维平面应变简化模型条件下,低温沥青路面的破坏模式表现为层底开裂和层底弯拉破坏;随着温度升高,沥青面层底部的层底弯拉破坏区域减小,而沥青面层表层的车辙破坏现象越来越突出。

(2)在三维双圆均布荷载简化模型条件下,平西高速公路的主要早期破坏模式为沥青层底部的层底弯拉破坏;随着温度的升高,沥青层底部的层底弯拉破坏区域减小,但路面表层处出现了车辙破坏现象,并伴随有部分的 Top-Down 裂纹。

(3)车列荷载模式条件下,低温时沥青面层不会产生破坏现象;常温时沥青层底部产生层底弯拉破坏;中温时破坏现象以轮迹带两侧的车辙破坏和沥青层底部的层底弯拉破坏为主,同时在内侧轮载边缘出现了 Top-Down 裂纹;高温时破坏现象轮迹带两侧的车辙破坏及沥青层底部的层底弯拉破坏。

(4)平西高速的主要病害形式为车辙、裂纹,数值分析结果符合实际情况。材料参数设计要求较高,可以通过提高基层强度或者更改路面结构设计而降低面层材料参数。

第 9 章　沥青路面结构有限元分析及评价系统

现有的各种有限元软件从前处理、计算到后处理,过程繁杂。同时,由于本次分析的过程、思路、方法较为一致,如果用现有的有限元软件分析,后置处理需要重新提取数据、定义评价指标、分析结果,则耗时较多。为了节省时间,需要开发出一款适合沥青路面结构分析的简单程序,实现沥青路面的结构、材料一体化设计。

9.1　编程软件的优势

MATLAB 的基本数据单位是矩阵,具有以下优点:
(1) 高效的数值计算及符号计算功能,能使用户从繁杂的数学运算分析中解脱出来;
(2) 具有完备的图形处理功能,实现计算结果和编程的可视化;
(3) 友好的用户界面及接近数学表达式的自然化语言,使学习者易于学习和掌握;
(4) 功能丰富的应用工具箱,为用户提供了大量方便实用的处理工具。

9.2　有限元法的基本原理

9.2.1　有限元方法简介

有限元方法(finite element method)或有限元分析(finite element analysis),是求取复杂微分方程近似解的一种非常有效的工具,是现代数字化科技的一种重要基础性原理。有限元方法是基于"离散逼近(discretized approximation)"的基本策略,可以采用较多数量的简单函数的组合来"近似"代替非常复杂的原函数,利用简单而又相互作用的元素,即单元,就可以用有限数量的未知量去逼近无限未知量的真实系统。

有限元模型:由一些简单形状的单元组成,单元之间通过节点连接,并承受一定载荷。

有限元分析:把求解区域看作由许多小的在节点处相互连接的单元(子域)所构成,其模型给出基本方程的分片(子域)近似解,由于单元(子域)可以被分割成各种形状和大小不同的尺寸,所以它能很好地适应复杂的几何形状、复杂的材料特性和复杂的边界条件。

有限元分析的目的:针对具有任意复杂几何形状的变形体,完整获取在复杂外力作用下其内部的准确力学信息,即求取该变形体的三类力学信息(位移、应变、应力)。在准确进行力学分析的基础上,对设计对象进行强度(strength)、刚度(stiffness)等方面的评判,以便对不合理的设计参数进行修改,以得到较优化的设计方案;然后,再次进行方案修改后的有限元分析,以进行最后的力学评判和校核,确定出最后的设计方案。

9.2.2 有限元法的分析基础

有限元方法的基础是变分原理和加权余量法,其基本求解思想是把计算域划分为有限个互不重叠的单元,在每个单元内,选择一些合适的节点作为求解函数的插值点,将微分方程中的变量改写成由各变量或其导数的节点值与所选用的插值函数组成的线性表达式,借助于变分原理或加权余量法,将微分方程离散求解,采用不同的权函数和插值函数形式,便构成不同的有限元方法。

有限元法已经被大量地用于求解二维弹性方程。弹性问题可以用位移表示成公式,并且所有的有限单元节点都必须有两个自由度,以便表示在每个坐标方向上的位移。

二维弹性问题中矢量位移具有两个分量,它的一阶导数对应各种应变,并且应变与应力成线性关系,应力与应变是二阶张量,因此具有某些数学和几何上的性质。二维弹性理论中的应变-位移方程把 x 和 y 坐标方向上的位移 u 和 v 与相应的应变联系起来,如式(9.1)所示:

$$\varepsilon_{xx} = \frac{\partial u}{\partial x}, \quad \varepsilon_{yy} = \frac{\partial v}{\partial y}, \quad \varepsilon_{xy} = \frac{\partial u}{\partial y} + \frac{\partial v}{\partial x} \tag{9.1}$$

式中,法向应变 ε_{xx} 和 ε_{yy} 定义了在 x 和 y 方向上每单位长度的挠度。切向应变 ε_{xy} 定义了一个质点的相对角变形。式(9.1)给出的定义被看作是工程上的应变定义。

守恒方程定义了一个质点上的力的平衡。求解分析过程中,必须定义法向应力、切向应力和体积力的关系,如式(9.2)所示:

$$\left. \begin{array}{l} \dfrac{\partial \sigma_{xx}}{\partial x} + \dfrac{\partial \sigma_{xy}}{\partial y} + f_x = 0 \\ \dfrac{\partial \sigma_{xy}}{\partial x} + \dfrac{\partial \sigma_{yy}}{\partial y} + f_y = 0 \end{array} \right\} \tag{9.2}$$

式(9.2)中的基本的关系是胡克定律,并且一般地它表示每个应力分量与每个应变分量有关。假设弹性材料是均匀的且各向同性,那么由此得到,借助工程常数、弹性模量 E 和泊松系数 ν,所有应力和应变分量都是有关的。经常假设笛卡儿坐标系中的二维问题包含平面应力和平面应变。

平面应力出现在厚度尺寸相比于长度和宽度尺寸很小时的情况,并简单地假设法向(z轴)上的应力为零。应力-应变关系为

$$\left. \begin{array}{l} \sigma_{xx} = \dfrac{E}{1-\nu^2}(\varepsilon_{xx} + \nu\varepsilon_{yy}) \\ \sigma_{yy} = \dfrac{E}{1-\nu^2}(\varepsilon_{yy} + \nu\varepsilon_{xx}) \\ \sigma_{xy} = G\varepsilon_{xy} = \dfrac{E}{2(1+\nu)}\varepsilon_{xy} \end{array} \right\} \tag{9.3}$$

当一物体的长度相比横截面很大时,一个适当的假设是位移和 $\partial/\partial z$ 在 Z 向上为零。由此得到平面应变的应力-应变关系为

$$\left.\begin{aligned}\sigma_{xx} &= \frac{E}{(1+\nu)(1-2\nu)}\left[(1-\nu)\varepsilon_{xx} + \nu\varepsilon_{yy}\right] \\ \sigma_{yy} &= \frac{E}{(1+\nu)(1-2\nu)}\left[(1-\nu)\varepsilon_{yy} + \nu\varepsilon_{xx}\right] \\ \sigma_{zz} &= \nu(\sigma_{xx}+\sigma_{yy}) \\ \sigma_{xy} &= G\varepsilon_{xy} = \frac{E}{2(1+\nu)}\varepsilon_{xy} \end{aligned}\right\} \quad (9.4)$$

线弹性有限元是以理想弹性体为研究对象的，所考虑的变形建立在小变形假设的基础上。在这类问题中，材料的应力与应变成线性关系，满足广义胡克定律；应力与应变也是线性关系，线弹性问题可归结为求解线性方程问题。

9.2.3 有限元法的分析过程

有限元分析可分成三个阶段：前置处理、计算求解和后置处理。前置处理是建立有限元模型，完成单元网格划分；后置处理则是采集处理分析结果，使用户能简便提取信息，了解计算结果。

根据平面问题的特点，归纳弹性体的有限单元法的求解过程如下：

(1) 单元剖分（将模型进行单元剖分和节点编号）；
(2) 选择单元近似位移场，确定形函数；
(3) 计算单元刚度矩阵及单元载荷列阵；
(4) 组集总体刚度矩阵及总体载荷列阵；
(5) 按给定位移边界条件修正总体刚度方程；
(6) 求解修正的总体刚度方程组，得到总体位移列阵；
(7) 计算单元应力、节点应力。

有限元法最终导致求解联立方程组。联立方程组的求解可用直接法、迭代法和随机法。求解结果是单元节点处状态变量的近似值。对于计算结果的质量，将通过与设计准则提供的允许值比较来评价并确定是否需要重复计算。

9.3 有限元法的程序设计

平面问题最简单的是三角形单元，它对各种形状的边界有较强的适应性。本次程序设计采用平面应变简化模型及三角形单元。由于 MATLAB 具有强大的图形处理功能，借助于该软件，进行编程设计，实现沥青路面结构的有限元分析过程及其安全性能和材料参数的评价。

MATLAB 程序设计的一般过程：

(1) 定义参数（温度、弹性模量、厚度、泊松比、密度、荷载大小）。

```
%定义参数
T1=20;%上面层温度
T2=20;%中面层温度
T3=20;%下面层温度
E10=0.12e10;%上面层20时的模量,单位Pa
```

E20=0.12e10;%中面层20时的模量,单位Pa
E30=0.1e10;%下面层20时的模量,单位Pa
E4=0.3e9;%基层模量,单位Pa
E5=0.18e9;%底基层模量,单位Pa
E6=0.3e8;%路基模量,单位Pa
h1=0.04;%上面层厚度,单位m
h2=0.07;%中面层厚度,单位m
h3=0.14;%下面层厚度,单位m
h4=0.25;%基层厚度,单位m
h5=0.15;%底基层厚度,单位m
h6=8;%路基厚度,单位m
UN1=0.35;%上面层泊松比
UN2=0.35;%中面层泊松比
UN3=0.35;%下面层泊松比
UN4=0.35;%基层泊松比
UN5=0.35;%底基层泊松比
UN6=0.4;%路基泊松比
DEN1=0;%材料1密度
DEN2=0;%材料2密度
DEN3=0;%材料3密度
DEN4=0;%材料4密度
DEN5=0;%材料5密度
DEN6=0;%材料6密度
PP=0.7e6;%均布荷载,单位Pa

(2)参数求解。根据理论分析的结果,已知常温时的温度、弹性模量,求解不同温度条件下的弹性模量、黏聚力值和内摩擦角值。

%参数求解
E1=E10*10^(0.01693*(20−T1));
E2=E20*10^(0.01693*(20−T2));
E3=E30*10^(0.01693*(20−T3));
c1=2.242037e−8*(E1/1e6)^2+2.22716e−4*(E1/1e6);
c2=2.242037e−8*(E2/1e6)^2+2.22716e−4*(E2/1e6);
c3=2.242037e−8*(E3/1e6)^2+2.22716e−4*(E3/1e6);
b1=40;
b2=42;
b3=45;

(3)根据模型的几何尺寸,确定每一个节点的坐标值及其每一个单元的节点号,保存模型节点坐标、单元节点号、材料属性、边界条件、载荷信息,生成前处理建模文件。

(4)定义有限元模型。打开建模文件,读取节点坐标、单元信息、材料信息和边界条件。

```
function FemModel(filename)
%定义有限元模型
    global load_Node load_Element load_Material load_BC1
    %打开文件
    fid=fopen(filename,'r');
    %读取节点坐标
    node_number=fscanf(fid,'%d',1);
    load_Node=zeros(node_number,2);
    for i=1:node_number
        dummy=fscanf(fid,'%d',1);
        load_Node(i,:)=fscanf(fid,'%f',[1,2]);
    end
    %读取单元定义
    element_number=fscanf(fid,'%d',1);
    load_Element=zeros(element_number,4);
    for i=1:element_number
        dummy=fscanf(fid,'%d',1);
        load_Element(i,:)=fscanf(fid,'%d',[1,4]);
    end
    %读取材料信息
    material_number=fscanf(fid,'%d',1);
    load_Material=zeros(material_number,4);
    for i=1:material_number
        dummy=fscanf(fid,'%d',1);
        load_Material(i,:)=fscanf(fid,'%f',[1,4]);
    end
    %读取边界条件
    bc1_number=fscanf(fid,'%d',1);
    load_BC1=zeros(bc1_number,3);
    for i=1:bc1_number
        load_BC1(i,1)=fscanf(fid,'%d',1);
        load_BC1(i,2)=fscanf(fid,'%d',1);
        load_BC1(i,3)=fscanf(fid,'%f',1);
    end
    %关闭文件
    fclose(fid);
return
```

(5)求解有限元模型。定义整体刚度矩阵和节点力向量、计算单元刚度矩阵,并集成到整体刚度矩阵中、处理约束条件,修改刚度矩阵和节点力向量、求解方程组,得到节点位移向量、计算单元应力、计算节点应力。
```
function SolveModel
%求解有限元模型
    %定义整体刚度矩阵和节点力向量
    [node_number,dummy]=size(load_Node);
    load_K=sparse(node_number*2,node_number*2);
    f=sparse(node_number*2,1);
    %计算单元刚度矩阵,并集成到整体刚度矩阵中
    [element_number,dummy]=size(load_Element);
    for ie=1:1:element_number
        disp(sprintf('计算刚度矩阵,当前单元:%d',ie  ));
        k=StiffnessMatrix(ie);
        AssembleStiffnessMatrix(ie,k);
    end
    eload_f=Equivalentload_ravityForce(ie)
    f=load('NFF.dat')
    for i=1:2*node_number;
    if mod(i,2)==1
    ff(i)=eload_f(1)
    else
    ff(i)=eload_f(2)
    end
    end
    for i=1:2*node_number;
    f(i)=f(i)+ff(i);
    end
    %处理约束条件,修改刚度矩阵和节点力向量。
    [bc_number,dummy]=size(load_BC1);
    for ibc=1:1:bc_number
        n=load_BC1(ibc,1);
        d=load_BC1(ibc,2);
        m=(n-1)*2+d;
        f(m)=load_BC1(ibc,3)*load_K(m,m)*1e15;
        load_K(m,m)=load_K(m,m)*1e15;
    end
    %求解方程组,得到节点位移向量
    load_Delta=load_K\f;
    %计算单元应力
    load_ElementStress=zeros(element_number,6);
```

```
    for ie=1:element_number
        disp(sprintf('计算单元应力,当前单元:%d',ie  ));
        es=ElementStress(ie);
        load_ElementStress(ie,:)=es;
    end
    %计算节点应力(采用绕节点加权平均)
    load_NodeStress=zeros(node_number,6);
    for i=1:node_number
        disp(sprintf('计算节点应力,当前节点:%d',i  ));
        S=zeros(1,3);
        A=0;
        for ie=1:1:element_number
            for k=1:1:3
                if i==load_Element(ie,k)
                    area=ElementArea(ie);
                    S=S+load_ElementStress(ie,1:3)*area;
                    A=A+area;
                    break;
                end
            end
        end
        load_NodeStress(i,1:3)=S/A;
        load_NodeStress(i,6)=0.5*sqrt((load_NodeStress(i,1)
            -load_NodeStress(i,2))^2+4*load_NodeStress(i,3)^2);
        load_NodeStress(i,4)=0.5*(load_NodeStress(i,1)
            +load_NodeStress(i,2))+load_NodeStress(i,6);
        load_NodeStress(i,5)=0.5*(load_NodeStress(i,1)
            +load_NodeStress(i,2))-load_NodeStress(i,6);
    end
return
```

(6) 保存计算结果。保存节点坐标、节点应力、单元应力、节点位移。

(7) 数据处理,结果评价。基于 M-C 准则,定义了沥青路面的评价指标——路面潜在疲劳损伤指数 $APPDI_{2D}$;根据有限元计算结果的节点应力和沥青混合料的抗剪强度指标,绘制沥青面层的 $APPDI_{2D}$ 等值线云图,并对计算结果进行评价。

```
%计算沥青面层部分的各节点 APPDI 并保存
AAA=load('NodeStress.dat');
aaa=113*(e1+e2+e3+1);
PI=3.1415926;
APPDI2D=zeros(aaa,6);
```

```
for i=1:113*(e1+1)
    APPDI2D(i,1)=i;
    APPDI2D(i,2)=NodeStress(i,2);
    APPDI2D(i,3)=NodeStress(i,3);
    APPDI2D(i,4)=NodeStress(i,4);
    APPDI2D(i,5)=NodeStress(i,5);
APPDI2D(i,6)=abs((NodeStress(i,4)-NodeStress(i,5))/2)/abs(((NodeStress(i,4)
+NodeStress(i,5))*(tan(b1*PI/180))/2+c1)/sqrt(1+(tan(b1*PI/180))^2));
end
%绘制APPDI2D等值线图
AAAAA=load('APPDI2D.dat')
aaaa=size(AAAAA)
x=zeros(aaaa,1)
y=zeros(aaaa,1)
z=zeros(aaaa,1)
bb=(h1+h2+h3)*-1;
bbb=(h1+h2+h3)*100;
for i=1:aaaa;
    x(i)=AAAAA(i,2)
    y(i)=AAAAA(i,3)
    z(i)=AAAAA(i,6)
end
[X,Y,Z]=griddata(x,y,z,linspace(0,2.92,280)',linspace(0,bb,bbb),'v4');
contourf(X,Y,Z,20)%等值线图
pcolor(X,Y,Z);
shadinginterp%伪彩色图
set(gcf,'color','w');
title('沥青面层APPDI_{2D}等值线图');
Xlabel('X/m');
Ylabel('Y/m');
width=400;%宽度,像素数
heiload_ht=200;%高度
%对计算结果APPDI_{2D}进行排序
APPDI2D_paixu=sortrows(APPDI2D,-6)
%判断路面结构的合理性
E11=E1/1e6;
E22=E2/1e6;
E33=E3/1e6;
for i=1:1
```

```
if  APPDI2D(1,6)>=1;
    fprintf('APPDI2D>1\n')
    fprintf('警告:路面结构层设计、材料强度设计不合理\n')
end
cc=size(APPDI2D_paixu)
for i=1:cc
    if APPDI2D_paixu(i,6)>1&-(h1+h2-h3)<=APPDI2D_paixu(i,3)<=-(h1+h2)
    &APPDI2D_paixu(i,5)<0&abs(APPDI2D_paixu(i,4))<abs(APPDI2D_paixu(i,5))
        fprintf('路面破坏模式为层底弯拉破坏\n')
    end
    if APPDI2D_paixu(i,6)>1&-(h1+h2-h3)<=APPDI2D_paixu(i,3)<=-(h1+h2)
    &APPDI2D_paixu(i,5)<0&abs(APPDI2D_paixu(i,4))>abs(APPDI2D_paixu(i,5))
        fprintf('路面破坏模式为层底开裂\n')
    end
    if APPDI2D_paixu(i,6)>1&APPDI2D_paixu(i,3)==0
    &abs(APPDI2D_paixu(i,4))<abs(APPDI2D_paixu(i,5))
        fprintf('路面破坏模式为 Top-Down 裂纹\n')
    end
    if APPDI2D_paixu(i,6)>1&-(h1+h2)<=APPDI2D_paixu(i,3)<=0
    &abs(APPDI2D_paixu(i,4))>abs(APPDI2D_paixu(i,5))
        fprintf('路面破坏模式为车辙破坏\n')
    end
end
```

9.4 有限元法计算结果对比

通过将 MATLAB 程序设计的计算结果与有限元软件的计算结果进行对比分析,根据对比结果判定该程序的有效性。借助于济青高速公路的计算参数,分布采用 MATLAB 程序和有限元软件进行计算、数据处理,得到常温时两种计算不同方法的 APPDI$_{2D}$ 等值线图,如图 9.1、图 9.2 所示。

图 9.1 所示表明:运用 MATLAB 程序设计进行沥青路面结构有限元计算,常温条件下济青高速公路沥青面层的危险区域位于两轮中心区域、轮载右侧的上面层区域和轮载右侧的沥青层底部。

图 9.2 所示表明:利用有限元软件对沥青路面结构进行计算分析,常温条件下济青高速公路沥青面层的危险区域位于两轮中心区域、轮载右侧的上面层区域和轮载右侧的沥青层底部。

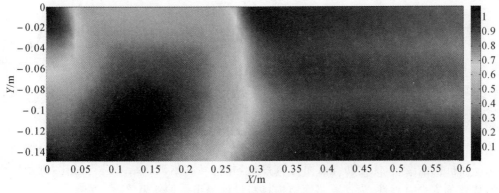

图 9.1　常温条件下 MATLAB 程序计算结果

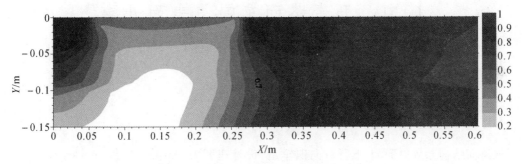

图 9.2　常温条件下有限元软件计算结果

对比分析常温条件下 MATLAB 程序和有限元软件的计算结果,表明:两种分析方法的结论基本一致,MATLAB 程序设计的计算结果是合理的。

9.5　本章小结

本章简单介绍了 MATLAB 软件、有限元的基本概念、有限单元法的分析理论、有限单元法的分析过程,通过理论分析,明确了平面应变简化模型中三角形单元的 MATLAB 程序设计的一般过程,实现沥青路面结构有限元计算及评价的 MATLAB 编程。

对 MATLAB 程序和有限元软件的计算结果对比分析,二者的计算结果一致,验证了 MATLAB 程序设计计算的合理性。

第10章 沥青路面破坏统一力学模式理论的工程应用

本章以某高速公路路面工程为依托,分析路面结构中APPDI的分布,通过调整路面材料黏聚力 c 和抗拉强度 σ_t,优化沥青路面材料参数,并与马歇尔试验结果进行对比,判断路面材料参数优化的安全合理性,为沥青路面结构材料设计提出一种新思路。

10.1 沥青路面车辙与表面开裂有限元参数优化设计

10.1.1 工程概况

该路面结构参数如下,上下行双向四车道,设计速度为120 km/h和100 km/h。主线上面层采用厚度为4 cm的SMA-13改性沥青混凝土,中面层采用厚度为6 cm的AC-20C沥青混凝土,下面层采用厚度为8 cm的AC-25C沥青混凝土,上基层采用厚度为18 cm的水泥稳定级配碎石,下基层采用厚度为18 cm的水泥稳定级配碎石,底基层采用厚度为20 cm的水泥稳定级配碎石,垫层采用厚度为15 cm的级配碎石,硬路肩与行车道要求相同,互通匝道路面和收费广场采用水泥混凝土路面。

10.1.2 路面结构荷载分布及模型构建

1. 路面材料参数

高温条件下沥青路面有限元分析时,各层材料名称、厚度、弹性模量及泊松比等参数见表10.1。

表10.1 沥青路面结构及其高温60℃材料参数

路面结构层		材料名称	H/cm	E/MPa	ν	c/MPa	φ/(°)
面层	上面层	中粒式沥青混凝土	4	350	0.35	0.080 9	40
	中面层	中粒式沥青混凝土	6	400	0.35	0.117 4	42
	下面层	粗粒式沥青混凝土沥青碎石	8	500	0.35	0.167 8	45
上基层		级配碎石	18	1 500	0.35	/	/
下基层		厚水泥稳定级配碎石	18	1 500	0.35	/	/
底基层		厚水泥稳定级配碎石	20	400	0.2	/	/

续表

路面结构层	材料名称	H/cm	E/MPa	ν	c/MPa	φ/(°)
垫层	级配碎石	15	200	0.2	/	/
路基	路基	—	35	0.4	/	/

2. 双圆均布荷载分布及模型构建

三维的双圆均布荷载模型,采用双轮组标准轴载 100 kN 为计算轴载,采取弹性层状连续理论体系为计算理论基础。路面荷载及计算点如图 10.1 所示,标准轴载计算参数见表 10.2。

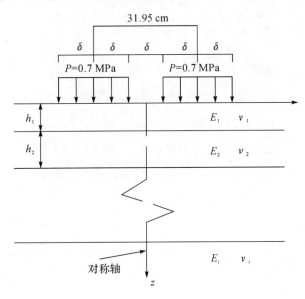

图 10.1 路面轮载模式

表 10.2 BZZ-100 标准轴载计算参数

参数名称	参考值	参数名称	参考值
标准轴载 P/kN	100	单轮传压面当量圆半径 r/cm	10.65
车轮接地压强 p/MPa	0.70	两轮中心距 $3r$/cm	31.95

三维双圆均布荷载模式弹性有限元模型采用八节点六面体实体单元,采用中心对称模型,通过路面结构受力的收敛性计算,确定模型为 10 m 长、10 m 宽,路基计算深度为 8 m,路面结构有限元网格模型如图 10.2 所示。

3. 车列荷载模型

车列荷载模型常用于桥梁安全设计,是将一系列的汽车按照不同的车间距排布于铺装桥面上,以保障桥梁在重载交通的情况下的安全性能和耐久性能。它与汽车轴重、总重、轴间距等参数有关,描述车列荷载要确定车辆车型、车轴间距、车辆轴重、车辆最小间距等信息。本章选择 6 轴半挂车和 6 轴全挂车作为车列标准车辆,并采用 550 kN 作为标准重量。不同行车状态下的标准车(汽车-超 20)的几何模型及其荷载分布形式,车辆模型尺寸及轴载分布如图 10.3 所示。

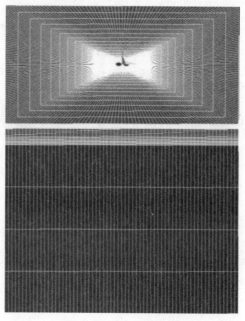

图 10.2 三维有限元模型

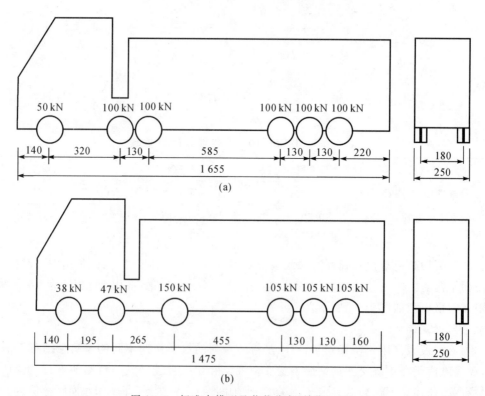

图 10.3 标准车模型及荷载分布(单位:cm)

参照《公路桥涵设计通用规范》(JTJ021—89)中汽车-超20的车辆在不同的行驶状态下的车间距,规定正常行驶状态车辆最小间距为10.0 m;拥堵状态车辆最小间距为1.0 m。不同行驶状态下的车辆布置如图10.4所示。

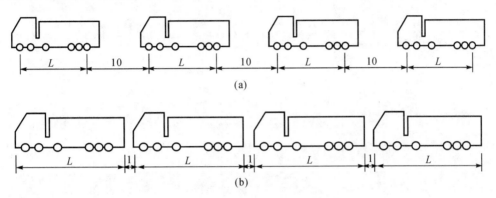

图10.4 不同行驶状态下的车辆布置图
(a)正常行驶状态; (b)拥堵状态

车列荷载模式弹性有限元模型采用八节点六面体实体单元,采用轴对称模型,通过路面结构受力的收敛性计算,确定路基计算深度为8 m。边界条件假设为:底面完全约束,X方向两侧面没有X方向位移,Y方向两侧面没有Y方向位移。根据不同车辆模型的几何尺寸和荷载分布以及不同行驶状态下的车辆布置图,建立不同车型、不同行驶状态的有限元模型。假设层间接触状态为完全连续。边界条件假设为:底面完全约束,X方向两侧面没有X方向位移,Y方向两侧面没有Y方向位移。车列荷载模式下的有限元网格图如图10.5所示。

由图10.5可知:不同行车状态下的有限元模型尺寸是不同的。选取图中的椭圆区域内的轮载进行分析,以轮载中心处、垂直于前进方向的剖面为研究对象,分析各自的应力状态及其路面破坏情况。由于模型关于$y=0$剖面的对称性,取其一半($0 \leqslant y \leqslant 7$ m)进行分析。

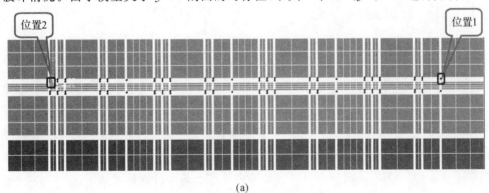

图10.5 车列荷载模式下的有限元网格图
(a)六轴半挂车拥堵状态的有限元网格模型,长80 m,宽14 m;

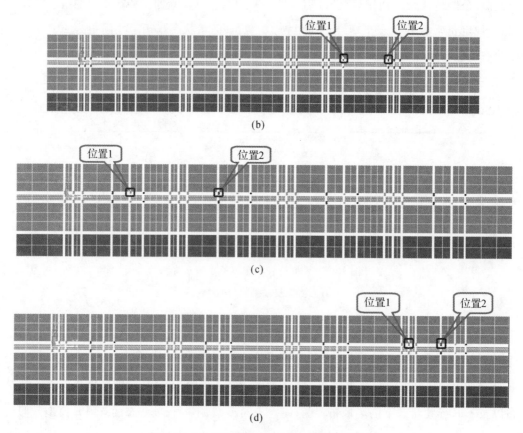

续图 10.5　车列荷载模式下的有限元网格图
(b)六轴半挂车正常行驶状态的有限元网格模型,长 96 m,宽 14 m；
(c)六轴全挂车拥堵状态的有限元网格模型,长 73 m,宽 14 m；
(d)六轴全挂车正常行驶状态的有限元网格模型,长 92 m,宽 14 m

10.1.3　计算结果及分析

1. 双圆均布荷载简化模型的力学分析

将路面结构模型简化为三维的双圆均布荷载模型,采用单轴双圆均布垂直荷载作用下的弹性层状连续体系理论进行有限元计算,荷载 q 为 0.7 MPa,荷载作用区域的半径 r 为 10.65 cm,双轮轮胎中心间距为 $3r$;采用八节点等参元建模。边界条件:假设为底面完全约束,X 方向两侧面没有 X 方向位移,Y 方向两侧面没有 Y 方向位移。有限元网格模型共有单元 326 382 个,节点 331 758 个。基于 D-P 准则条件下的评价指标 $APPDI_{3D}$。

高温条件下,通过有限元计算得到各节点的坐标和三个主应力。根据定义的 $APPDI_{3D}$ 计算分析,用编写程序进行数据计算、排序后,分析模型中面层 $APPDI_{3D} > 1$ 的危险点 π 平面分布,如图 10.6 所示。

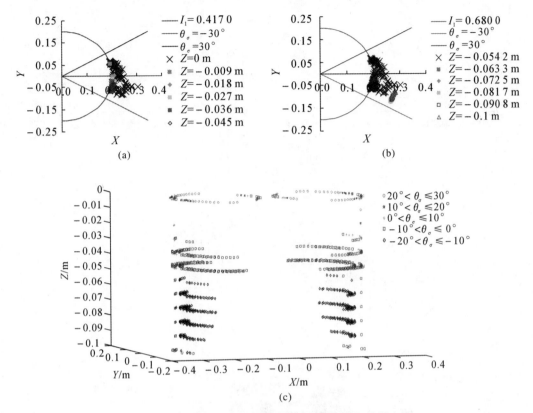

图 10.6 双圆均布荷载面层 π 平面投影图及三维散点图
(a) 上面层; (b) 中面层; (c) 三维散点图

图 10.6 所示表明：双圆均布荷载模型下，上面层 APPDI$_{3D}$ 大于 1 的潜在危险点有 465 个，从 π 平面投影图分析，在 Z 方向上从 $z=0$ 至 $z=-0.045$ m 潜在危险点应力组成为以拉应力为主的拉-压复合剪切应力，其中 APPDI$_{3D}$ 最大值为 1.534 8，$\sigma_1 = 0.064\ 5$ MPa，$\sigma_3 = -0.082\ 3$ MPa，对应的洛德角为 $-9.41°$，位于外侧轮载 4 cm 的路表处，$|\sigma_1| < |\sigma_3|$，应力状态为拉压应力比 $|\sigma_3|:|\sigma_1| = 1:0.78$ 的拉剪应力。中面层 APPDI$_{3D}$ 大于 1 的潜在危险点有 449 个，从 π 平面投影图分析，在 Z 方向上从 $z=0$ 至 $z=-0.045$ m 潜在危险点应力组成为以拉应力为主的拉-压复合剪切应力，其中 APPDI$_{3D}$ 最大值为 1.018 9，$\sigma_1 = 0.285\ 2$ MPa，$\sigma_3 = 0.008\ 5$ MPa，对应的洛德角为 $-16.33°$，位于外侧轮载 4 cm 的路表处，$|\sigma_3| < |\sigma_1|$，应力状态为拉压应力比 $|\sigma_3|:|\sigma_1| = 1:33.55$ 的压应力。

2. 车列荷载模型力学分析

(1) 六轴半挂车拥堵状态时沥青路面结构分析。

荷载作用区域的半径 r 为 10.65 cm，荷载 q 为 0.7 MPa，双轮轮胎中心间距为 $3r$；采用八节点等参单元建模。边界条件：假设为底面完全约束，X 方向两侧面没有 X 方向位移，Y 方向两侧面没有 Y 方向位移。有限元网格模型共有单元 1 846 778 个，节点 996 266 个。根据路面结构层材料的抗剪强度参数、基于 D-P 准则条件下的评价指标 APPDI$_{3D}$ 对其进行合理性评价。

高温条件下 (路面温度为 60 ℃ 时) 沥青面层的 APPDI$_{3D}$ π 平面投影图及三维散点图，如图

10.7 所示。

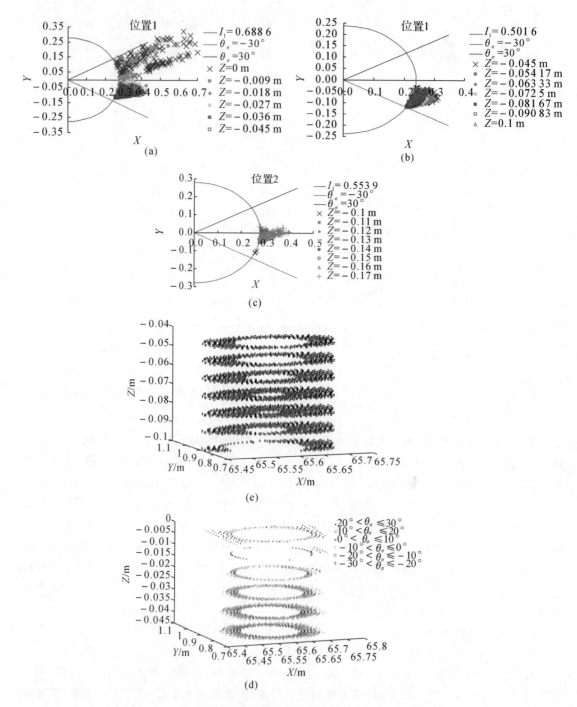

图 10.7 六轴半挂车拥堵状态面层 π 平面投影图及三维散点图
(a)上面层 π 平面投影图； (b)中面层 π 平面投影图； (c)下面层 π 平面投影图
(d)上面层 APPDI 三维散点图(0～4 cm)； (e)中面层 APPDI 三维散点图(4～10 cm)

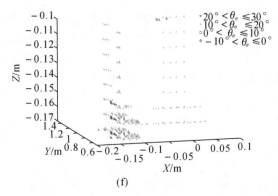

续图10.7 六轴半挂车拥堵状态面层π平面投影图及三维散点图

(f)下面层APPDI三维散点图(10~17 cm)

图10.7所示表明：车列荷载模型中，上面层$APPDI_{3D}$大于1的潜在危险点有33 170个，其中$APPDI_{3D}$最大值为459.505 3，$\sigma_1=-0.053$ 1 MPa，$\sigma_3=-0.176$ 3 MPa，对应的洛德角为27.51°，位于位置1处轮载外侧6 cm的路表处，$|\sigma_1|<|\sigma_3|$，应力状态为拉压应力比$|\sigma_3|:|\sigma_1|=1:0.30$拉剪应力。从π平面投影图分析，在$Z$方向上位置1潜在危险点应力组成从$z=0$纯拉应力变化至$z=-0.045$ m的以压应力为主的拉-压复合剪切应力。中面层$APPDI_{3D}$大于1的潜在危险点有45 990个，其中$APPDI_{3D}$最大值为1.344 7，$\sigma_1=0.338$ 2 MPa，$\sigma_3=-0.033$ 8 MPa，对应的洛德角为$-14.12°$，位于位置1处轮载外侧2 cm处，$|\sigma_1|>|\sigma_3|$，应力状态为拉压应力比$|\sigma_3|:|\sigma_1|=1:10.01$的压剪应力。从π平面投影图分析，在$z$方向上位置1潜在危险点应力组成主要以压应力为主。下面层$APPDI_{3D}$大于1的潜在危险点有6 178个，其中$APPDI_{3D}$最大值为1.396 1，$\sigma_1=0.146$ 6 MPa，$\sigma_3=-0.104$ 2 MPa，对应的洛德角为$-1.10°$，位于位置1处轮载内侧4 cm处，$|\sigma_1|>|\sigma_3|$，应力状态为拉压应力比$|\sigma_3|:|\sigma_1|=1:1.41$的压剪应力。从π平面投影图分析，在$Z$方向上位置2潜在危险点应力组成从$z=-0.1$ m的压剪应力变化至$z=-0.17$ m的拉剪应力状态。

(2)六轴半挂车正常行驶状态时沥青路面结构分析。

荷载作用区域的半径r为10.65 cm，荷载q为0.7 MPa，双轮轮胎中心间距为$3r$；采用八节点等参单元建模。边界条件：假设为底面完全约束，X方向两侧面没有X方向位移，Y方向两侧面没有Y方向位移。有限元网格模型共有单元1 846 778个，节点996 266个。根据路面结构层材料的抗剪强度参数、基于D-P准则条件下的评价指标$APPDI_{3D}$对其进行合理性评价。

高温条件下(路面温度为60℃时)沥青面层的$APPDI_{3D}$π平面投影图及三维散点图，如图10.8所示。

图10.8所示表明：车列荷载模型中，上面层$APPDI_{3D}$大于1的潜在危险点有34 100个，其中$APPDI_{3D}$最大值为268.290 5，$\sigma_1=-0.052$ 3 MPa，$\sigma_3=-0.177$ 0 MPa，对应的洛德角为27.43°，位于位置1处轮载外侧6.7 cm的路表处，$|\sigma_1|<|\sigma_3|$，应力状态为拉压应力比$|\sigma_3|:|\sigma_1|=1:0.30$拉剪应力。从π平面投影图分析，在$Z$方向位置1潜在危险点应力组成从$z=0$纯拉应力变化至$z=-0.045$ m的以压应力为主的拉-压复合剪切应力。中面层$APPDI_{3D}$大于1的潜在危险点有47 254个，其中$APPDI_{3D}$最大值为1.346 7，$\sigma_1=0.330$ 3 MPa，$\sigma_3=-0.037$ 1 MPa，对应的洛德角为$-13.39°$，位于位置1处轮载外侧2 cm处，$|\sigma_1|>|\sigma_3|$，应力状态为拉压应力比$|\sigma_3|:|\sigma_1|=1:8.90$的压剪应力。从π平面投影图分析，在$Z$方向上

位置1潜在危险点应力组成主要以压应力为主。下面层 APPDI$_{3D}$ 大于1的潜在危险点有7 489个,其中 APPDI$_{3D}$ 最大值为1.498 3,$\sigma_1=0.177\ 4$ MPa,$\sigma_3=-0.115\ 5$ MPa,对应的洛德角为$0.68°$,$|\sigma_1|>|\sigma_3|$,应力状态为拉压应力比$|\sigma_3|:|\sigma_1|=1:1.54$的压剪应力。从$\pi$平面投影图分析,在$Z$方向上位置2潜在危险点应力组成从$z=-0.1$ m的压剪应力变化至$z=-0.17$ m的拉剪应力状态。

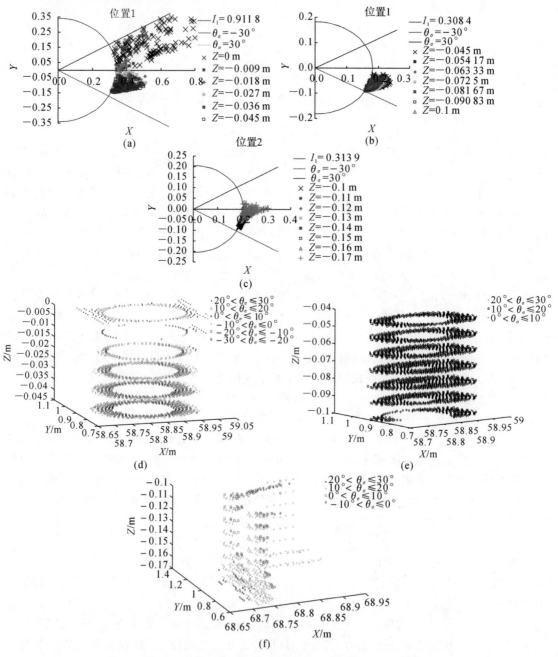

图10.8 六轴半挂车正常行驶状态面层π平面投影图及三维散点图
(a)上面层π平面投影图; (b)中面层π平面投影图; (c)下面层π平面投影图
(d)上面层 APPDI 三维散点图(0~4 cm); (e)中面层 APPDI 三维散点图(4~10 cm)
(f)下面层 APPDI 三维散点图(10~17 cm)

第10章 沥青路面破坏统一力学模式理论的工程应用

(3)六轴全挂车拥堵状态时沥青路面结构分析。

荷载作用区域的半径 r 为 10.65 cm，荷载 q 根据图 4.3 所示换算可得，双轮轮胎中心间距为 $3r$；采用八节点等参单元建模。边界条件：假设为底面完全约束，X 方向两侧面没有 X 方向位移，Y 方向两侧面没有 Y 方向位移。有限元网格模型共有单元 1 563 158 个，节点 847 844 个。根据路面结构层材料的抗剪强度参数、基于 D-P 准则条件下的评价指标 $APPDI_{3D}$ 对其进行合理性评价。

高温条件下（路面温度为 60℃ 时）沥青面层的 $APPDI_{3D}$ π 平面投影图及三维散点图，如图 10.9 所示。

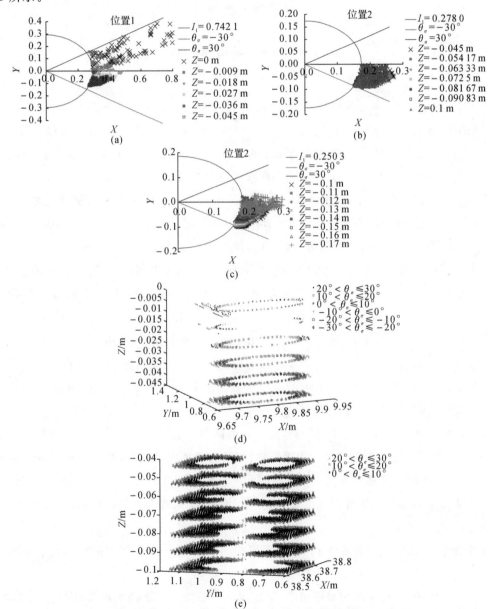

图 10.9 六轴全挂车拥堵状态面层 π 平面投影图及三维散点图

(a)上面层 π 平面投影图； (b)中面层 π 平面投影图； (c)下面层 π 平面投影图
(d)上面层 APPDI 三维散点图(0~4 cm)； (e)中面层 APPDI 三维散点图(4~10 cm)

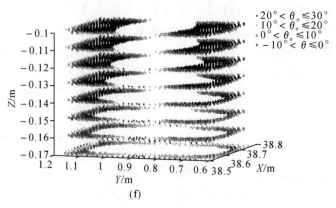

续图 10.9 六轴全挂车拥堵状态面层 π 平面投影图及三维散点图

(f)下面层 APPDI 三维散点图(10～17 cm)

图 10.9 所示表明：车列荷载模型中，上面层 $APPDI_{3D}$ 大于 1 的潜在危险点有 36 861 个，其中 $APPDI_{3D}$ 最大值为 5 987.864 1，$\sigma_1 = -0.017\ 7$ MPa，$\sigma_3 = -0.225\ 3$ MPa，对应的洛德角为 22.75°，位于位置 1 处轮载外侧 1.5 cm 的路表处，$|\sigma_1| < |\sigma_3|$，应力状态为拉压应力比 $|\sigma_3| : |\sigma_1| = 1 : 0.08$ 的拉剪应力。从 π 平面投影图分析，在 Z 方向上位置 2 处潜在危险点应力组成从 $z=0$ 纯拉应力变化至 $z=-0.045$ m 的以压应力为主的拉-压复合剪切应力。中面层 $APPDI_{3D}$ 大于 1 的潜在危险点有 48 901 个，其中 $APPDI_{3D}$ 最大值为 1.599 5，$\sigma_1 = 0.560\ 6$ MPa，$\sigma_3 = -0.064\ 2$ MPa，对应的洛德角为 $-10.46°$，位于位置 2 处轮载外侧 2 cm 处，$|\sigma_1| > |\sigma_3|$，应力状态为拉压应力比 $|\sigma_3| : |\sigma_1| = 1 : 8.73$ 的压剪应力。从 π 平面投影图分析，在 Z 方向上位置 2 处潜在危险点应力组成主要以压应力为主。下面层 $APPDI_{3D}$ 大于 1 的潜在危险点有 23 375 个，其中 $APPDI_{3D}$ 最大值为 1.681 4，$\sigma_1 = 0.271\ 4$ MPa，$\sigma_3 = -0.131\ 9$ MPa，对应的洛德角为 $-1.90°$，位于位置 2 处轮载外侧 2.5 cm 处，Z 方向上为 -17 cm 处，$|\sigma_1| > |\sigma_3|$，应力状态为拉压应力比 $|\sigma_3| : |\sigma_1| = 1 : 2.06$ 的压剪应力。从 π 平面投影图分析，在 z 方向上位置 2 潜在危险点应力组成从 $z=-0.1$ m 的压剪应力变化至 $z=-0.17$ m 的拉剪应力状态。

(4)六轴全挂车正常行驶状态时沥青路面结构分析。

荷载作用区域的半径 r 为 10.65 cm，荷载 q 根据图 10.3 所示换算可得，双轮轮胎中心间距为 $3r$；采用八节点等参单元建模。边界条件：假设为底面完全约束，X 方向两侧面没有 X 方向位移，Y 方向两侧面没有 Y 方向位移。有限元网格模型共有单元 1 563 158 个，节点 847 844 个。根据路面结构层材料的抗剪强度参数、基于 D-P 准则条件下的评价指标 $APPDI_{3D}$ 对其进行合理性评价。

高温条件下(路面温度为 60 ℃时)沥青面层的 $APPDI_{3D}$ π 平面投影图及三维散点图，如图 10.10 所示。

图 10.10 所示表明：车列荷载模型中，上面层 $APPDI_{3D}$ 大于 1 的潜在危险点有 37 704 个，其中 $APPDI_{3D}$ 最大值为 1 133.527 0，$\sigma_1 = -0.035\ 4$ MPa，$\sigma_3 = -0.192\ 6$ MPa，对应的洛德角为 21.31°，位于位置 1 处轮载外侧 4 cm 的路表处，$|\sigma_1| < |\sigma_3|$，应力状态为拉压应力比

$|\sigma_3|:|\sigma_1|=1:0.18$ 的拉剪应力。从 π 平面投影图分析,在 Z 方向上位置 1 处潜在危险点应力组成从 $z=0$ 纯拉应力变化至 $z=-0.045$ m 的以压应力为主的拉-压复合剪切应力。中面层 $APPDI_{3D}$ 大于 1 的潜在危险点有 50 301 个,其中 $APPDI_{3D}$ 最大值为 1.597 3,$\sigma_1=0.560$ 8 MPa,$\sigma_3=-0.064$ 1 MPa,对应的洛德角为 $-10.38°$,位于位置 2 处轮载外侧 2 cm 处,$|\sigma_1|>|\sigma_3|$,应力状态为拉压应力比 $|\sigma_3|:|\sigma_1|=1:8.75$ 的压剪应力。从 π 平面投影图分析,在 Z 方向上位置 2 处潜在危险点应力组成主要以压应力为主。下面层 $APPDI_{3D}$ 大于 1 的潜在危险点有 24 838 个,其中 $APPDI_{3D}$ 最大值为 1.677 6,$\sigma_1=0.271$ 8 MPa,$\sigma_3=-0.131$ 4 MPa,对应的洛德角为 $-1.94°$,位于位置 2 处轮载外侧 2 cm 处,Z 方向 -17 cm 处,$|\sigma_1|>|\sigma_3|$,应力状态为拉压应力比 $|\sigma_3|:|\sigma_1|=1:2.07$ 的压剪应力。从 π 平面投影图分析,在 Z 方向上位置 2 潜在危险点应力组成从 $z=-0.1$ m 的压剪应力变化至 $z=-0.17$ m 的拉剪应力状态。

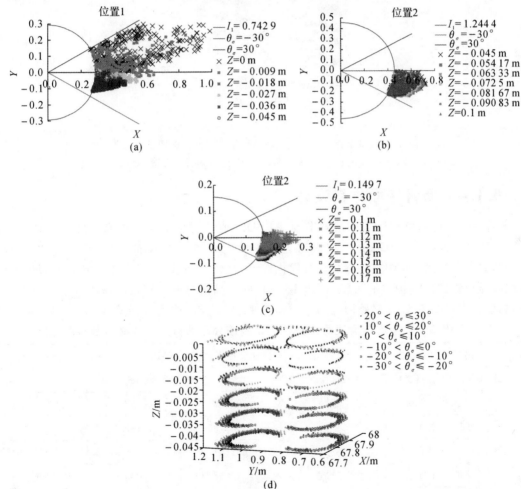

图 10.10 六轴全挂车正常行驶状态面层 π 平面投影图及三维散点图

(a)上面层 π 平面投影图; (b)中面层 π 平面投影图; (c)下面层 π 平面投影图

(d)上面层 APPDI 三维散点图(0~4 cm)

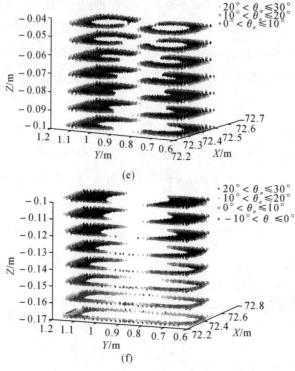

续图 10.10 六轴全挂车正常行驶状态面层 π 平面投影图及三维散点图
(e)中面层 APPDI 三维散点图(4~10 cm); (f)下面层 APPDI 三维散点图(10~17 cm)

10.1.4 沥青路面材料设计

通过有限元计算得到沥青面层各节点 APPDI$_{3D}$ 值,上面层 APPDI$_{3D}$ 最大值为 1.534 8,$\sigma_1=0.064\ 5$ MPa,$\sigma_3=-0.082\ 3$ MPa,对应的洛德角为 $-9.41°$,本小节从路用性能和安全性能出发,对沥青路面上面层材料参数进行优化设计。以材料的拉压应力比和黏聚力为衡量指标,取高温沥青路面结构中上面层 APPDI$_{3D}<1$,同时满足材料的拉强比 $|\sigma_3|:|\sigma_1|<1:0.5$ 时的黏聚力为强度参数,此时路面结构处于弹性变形阶段。分析结果见表 10.3。

表 10.3 双圆均布荷载简化模型下某高速公路沥青上面层材料参数表

温度	优化黏聚力 c/MPa		$\varphi/(°)$	弹性模量 E/MPa	APPDI 最大值	危险点个数
60 ℃	0.080 9(上面层)	路面参数	40	350	1.534 8	465
	0.118 0(中面层)			502.39	1.187 6	27
	0.129 0(下面层)			546.73	1.130 3	21
	0.160 3(上面层)	优化参数		681.41	1.068 9	14
	0.180 0(中面层)			747.48	1.045 1	9
	0.200 0(下面层)			824.18	1.020 0	7

表 10.3 所示表明:高温情况下,优化后路面材料黏聚力(c)值从 0.080 9 MPa,0.118 0 MPa,0.129 0 MPa 增大到 0.160 3 MPa,0.180 0 MPa,0.200 0 MPa,通过式(10.1)

计算得到弹性模量 E 从 350 MPa,502.39 MPa,546.73 MPa 增加到 681.41 MPa, 747.48 MPa,824.18 MPa:

$$c = 2.420\ 37 \times 10^{-8} E^2 + 2.227\ 16 \times 10^{-4} E \tag{10.1}$$

将优化得到的弹性模量代入路面结构中验算,计算得到随着黏聚力 c 值的增大,$APPDI_{3D}$ 最大值减小,当上面层 $c=0.160\ 3$ MPa 时,$APPDI_{3D}$ 最大值为 1.068 9,$APPDI_{3D}$ 接近于 1,模型中危险点个数为 14 个;当中面层 $c=0.180\ 0$ MP 时,$APPDI_{3D}$ 最大值为 1.045 1,$APPDI_{3D}$ 接近于 1,危险点个数为 9 个;当下面层 $c=0.200\ 0$ MPa 时,$APPDI_{3D}$ 最大值为 1.020 0 MPa,$APPDI_{3D}$ 接近于 1,危险点个数为 7 个。因此确定上面层 $c=0.160\ 3$ MPa,中面层 $c=0.180\ 0$ MPa,下面层 $c=0.200$ MPa,为该路面材料计算设计参数。

考虑水损害和疲劳特性及主要破坏模式为高温车辙及表面开裂,最终确定,上面层路面结构材料参数:黏聚力为 0.32 MPa(60℃饱水 48 小时)。中面层黏聚力为 0.36 MPa(60℃饱水 48 小时),在按规范要求的完成配合比测试后,对试件进行抗剪强度测试。

10.2 沥青混合料配合比设计

10.2.1 材料要求及规格

(1)沥青用料要求。

沥青:采用 AH-70 沥青及 SBS 改性沥青,其主要技术要求符合规范的要求。

粗集料:应采用大型联合式碎石机,破碎后的粗集料规格见表 10.4 和表 10.5。

表 10.4 中、下面层粗集料规格

规格代号	规格 mm	下列筛孔(方孔筛,mm)的质量通过率/(%)									
		37.5	31.5	26.5	19	16	13.2	9.5	4.75	2.36	0.6
S7	10~30	100	90~100								
S8	10~25		100	90~100			0~15		0~5		
S9	10~20			100	90~100			0~15	0~5		
S10	10~15				100		90~100	0~15	0~5		
S12	5~10						100	90~100	0~15	0~5	
S14	3~5							100	90~100	0~15	0~3

表 10.5 上面层粗集料规格

规格代号	规格 mm	下列筛孔(方孔筛,mm)的质量通过率/(%)									
		37.5	31.5	26.5	19	16	13.2	9.5	4.75	2.36	0.6
S10	10~15			100			80~100	0~15	0~5		
S12	5~10						100	90~100	0~5	0~5	
S14	3~5							100	90~100	0~15	0~3

细集料:采用加工粗集料碎石时产生的石屑。石屑应是采石场破碎石料时通过 2.36 mm 的筛下部分,上面层及中面层采用石灰岩机制砂,其级配符合 SMA13 的要求,见表 10.6。

表 10.6 沥青混合料用细集料规格要求

规 格	公称粒径 mm	通过各筛孔的质量百分率/(%)						
		9.5	4.75	2.36	1.18	0.6	0.3	0.15	0.075
S16	0~3	—	100	80~100	50~80	25~60	8~45	0~25	0~10

填料:必须采用石灰石等碱性岩石磨细得到的矿粉,配合比设计时,可以采用水泥替代部分矿粉,水泥含量占填料总量的 30% 为宜,水泥采用 42.5# 以上的普通硅酸盐水泥。矿粉的技术要求见表 10.7。

表 10.7 沥青混合料用矿粉的技术要求

项 目		单 位	指 标	试验方法
表观相对密度(不小于)		t/m³	2.5	T0352
含水量(不大于)		%	1	T0103
粒径范围	<0.6 mm	%	100	T0351
	<0.15 mm		90~100	
	<0.075 mm		75~100	
外观		—	无团粒结块	—
亲水系数		—	<1	T0353
塑性指数		%	<4	T0354

抗剥落剂:生产时可选用掺加消石灰粉提高沥青混合料的抗水损害能力,消石灰粉的细度应满足矿粉要求,掺量由配合比设计及各项性能验证指标试验确定。

(2)碎石水洗除尘工艺。

为了减少集料含泥量,拌和场设置水洗装置,并对路面面层所用碎石采用水洗工艺进行处理。沥青混合料粗集料水洗设备,配备 2 台产能为 150 t/h(或 1 台产能为 300 t/h)的滚动洗石机,每台洗石机配备一台转筒筛(筛长度不小于 3 m)甩水,沉淀池设置至少采用五级沉淀,且面积不小于 300 m²。

1)洗石工艺流程。洗石区主体由洗石机组、污水沉淀池、循环水池、泵水系统、石料运输系统几部分构成。其目的在于充分清除粗集料的粉尘,并确保工艺流程中的节能环保。具体流程如图 10.11 所示。

2)沉淀池设置。设五级沉淀池加净水收集池,面积共 320 m²,深度为 2 m。其中一级沉淀池面积为 100 m²,其余沉淀池面积为 50 m²,净水收集池面积为 20 m²。第三、四、五级沉淀池布设滤渣纱网,以便更好地实现沉淀及过滤效果。沉渣采用勾机挖除方式进行清理,净水收集池处的循环水泵泵底距池底应不小于 1 m。具体如图 10.12 所示。

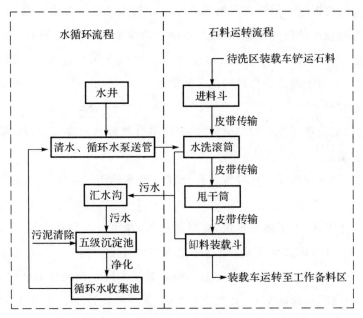

图10.11 洗石工艺流程图

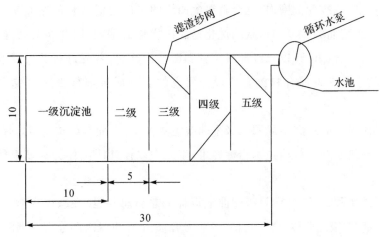

图10.12 沉淀池设置图(单位:m)

10.2.2 沥青混合料配合比设计总体原则

本节主线上面层采用中粒式沥青混凝土 SMA-13,中面层采用中粒式沥青混凝土 AC-20C,下面层采用粗粒式沥青混凝土 AC-25C。

1. 配合比设计的总体思路与原则

沥青混合料的配合比设计,应根据所在省自然环境、沥青路面的使用经验,结合当地的气候、交通量,针对各层的功能特点,综合考虑各项技术指标进行设计。关于设计原则,对于中面层应在保证密水的前提下尽量提高高温稳定性。对上面层抗滑要求较高,配合比设计也应予以保证。根据当地以往的研究经验,对级配范围中值线予以调整,使其在>4.75 mm 的段前适当向上偏离中值,而在≤4.75 mm 段后靠近中值,总体成 S 形。这有利于加强嵌挤作用,形成骨架密实型结构,以利于提高混合料的抗车辙能力。

2. 空隙率的控制

1) 研究表明,试验室压实空隙率≤3%的沥青混合料容易出现较大的车辙,而空隙率>3%的混合料则车辙很小。

2) 研究表明,密级配热拌沥青混合料路面在空隙率约为 8%时,显示出很高的透水性,空隙率<8%时,渗水性弱。

综合考虑上述因素,为了防止车辙、减少透水,沥青路面现场压实后的空隙率应在 3%~8%范围内,如果综合考虑其他因素,则这个范围应缩小到 3%~6%,若双面击实各为 75 次时,则中面层这个范围应缩小到 3%~5.5%,但是处于不同层位的路面结构层,其空隙率上有些差别,对于中面层既要保证密水,又要防止车辙,混合料设计空隙率的最佳值应为 4%,例如表面层,为了保证既密水又抗滑,混合料设计空隙率以 4.5%左右为宜。

3. 级配线设计的思路

在规范规定的级配范围内,混合料级配曲线的走向对混合料的路面使用性能和施工难度有很大影响,级配曲线位置和形状的优化是配比优化的基础,因此在对沥青路面上、中层的沥青混合料进行配合比设计以及级配线位置和形状设计时,首先分析其沥青混合料设计类型的特点,然后结合对沥青混合料配合比设计研究的多项成果进行级配曲线位置和形状的初步设计。

在配合比设计时思路不局限于级配曲线走规范中值,而是将按集料特性试配,在级配范围内选出混合料满足规范各项技术指标即可,生产中以设计级配作为标准级配按一定误差范围进行控制。

参考当地工程经验,本项目级配曲线设计的总体思路是:在减少大颗粒含量的同时,控制细集料的含量,即级配曲线呈"S"走向(其中>4.75 mm 的粗段部分沿中上限走,≤4.75 mm 的细段部分靠近中值),使级配曲线形成的沥青混合料与传统方法相比,由悬浮密实结构向骨架嵌挤密实结构方向发展,以增加混合料的抗车辙能力。确定出呈"S"走向的级配走向以后,以此级配曲线为目标级配曲线,用规范规定的配合比设计方法进行设计。

根据以往项目施工的经验,表面层级配曲线的设计与调整和中下面层略有不同,就是在 4.75 mm 和 2.36 mm 筛孔的通过量沿中值往下偏移较为合适,其筛孔的通过量可以以中值作为优化的目标。

总而言之,在设计级配和调整级配曲线时,要根据当地气候及施工的难易程度调整至符合各项技术指标的级配曲线,考虑的重点是抗水损害、高温稳定性、空隙率这几个指标,尽量解决好高温抗车辙的问题,以及构造深度抗滑与耐久密水的矛盾。

4. 确定沥青用量

制作试件前,将集料先在烘箱中预热,烘箱温度比拌和温度高 10~20℃。通常拌和温度控制在 150~160℃ 范围内,不能用冷集料边加热边拌和的操作方式。拌和采用小型拌和机械,拌和控制时间在 90~120 s 内。采用机械击实,击实温度应控制在 130℃ 左右。试件成型后,令其在室温下自然冷却,次日脱模,以避免在热态下脱模使试件发生变形。

按最佳沥青用量初始值 OAC_1 在沥青用量与各项指标的关系图中求取所对应的各项指标,检查是否符合规范规定的标准。如符合标准,则由 OAC_1 和 OAC_2 综合确定最佳沥青用量 OAC;如不符合,重新调整级配,再进行试验,直至各项指标均符合规范要求为止。

为提高其抗车辙性能,沥青用量选定时将采用偏小的沥青用量,即在 OAC_2 和 OAC_{min} 范围内确定,但不小于 OAC_2 的 0.5%。

5. 沥青混合料性能检验

沥青混合料的最佳沥青用量确定后,需要进行性能的检验。按照沥青路面设计规范的规定,沥青混合料的高温稳定性和水稳定性必须满足招标文件技术规范及设计图纸的要求,性能检验在目标与生产配合比设计中都应进行验证。如不合格,则应确定改进措施后重新进行配合比设计。

10.2.3　SMA-13 配合比设计

本次目标配合比设计木质素纤维掺量为沥青混合料质量的 0.3%。

各种集料、矿粉、木质素纤维及沥青的密度试验结果见表 10.8 和表 10.9,各种矿料及矿粉的筛分结果见表 10.10。

表 10.8　集料密度试验结果

材　料	1#	2#	3#	4#	矿　粉
表观相对密度	2.809	2.835	2.902	2.966	2.728
毛体积相对密度	2.743	2.744	2.665	2.786	/
吸水率/(%)	0.86	1.16	2.97	2.13	/

表 10.9　沥青及纤维密度

材　料	相对密度
SBS 改性沥青	1.012
木质素纤维*	1.260

注:*纤维密度由厂家提供。

表10.10 各种矿料和矿粉的筛分结果

矿料	通过方孔筛(筛孔尺寸,mm)的百分率/(%)								
	16.0	13.2	9.5	4.75	2.36	1.18	0.6	0.3	0.15	0.075
1#料	100.0	86.3	8.4	0.5	0.1	0.1	0.1	0.1	0.1	0.1
2#料	100.0	100.0	85.6	14.4	1.0	0.6	0.6	0.6	0.6	0.4
3#料	100.0	100.0	100.0	99.2	18.8	5.5	3.2	2.0	1.5	1.0
4#料	100.0	100.0	100.0	100.0	93.6	61.8	39.7	16.7	8.2	3.4
矿粉	100.0	100.0	100.0	100.0	100.0	100.0	100.0	100.0	100.0	90.0

1. 混合料级配

SMA-13混合料级配范围见表10.11。

表10.11 SMA-13混合料级配范围

	通过方孔筛(筛孔尺寸,mm)的百分率/(%)								
	16.0	13.2	9.5	4.75	2.36	1.18	0.6	0.3	0.15	0.075
上限	100.0	100.0	75.0	34.0	26.0	24.0	20.0	16.0	15.0	12.0
下限	100.0	90.0	50.0	20.0	15.0	14.0	12.0	10.0	9.0	8.0

2. 矿料配合比计算

先确定SMA-13的两种级配(级配A、级配B),4.75 mm筛孔通过率分别为24.1%、30.0%,级配组成见表10.12。分别测定两种级配的VCA_{DRC},初试油石比按6.0%双面各击实75次制作试件,测定VCA_{mix}及VMA等指标,在满足VCA_{mix}小于VCA_{DRC}和VMA不小于17%等条件的基础上确定级配,测试结果见表10.13和表10.14。

表10.12 级配的设计组成结果

级配类型 (1# : 2# : 3# : 4# : 矿粉)	通过下列筛孔(方孔筛,mm)的质量百分率/(%)								
	16.0	13.2	9.5	4.75	2.36	1.18	0.6	0.3	0.15	0.075
级配A (41.0 : 41.0 : 0.0 : 8.0 : 10.0)	100.0	94.4	56.5	24.1	17.9	15.1	13.4	11.5	10.9	9.5
级配B (36.0 : 40.0 : 0.0 : 12.0 : 12.0)	100.0	95.1	61.2	30.0	23.6	19.6	17.0	14.2	13.2	11.4

表10.13 VCA_{DRC}测试结果

级配类型	捣实容重 t/m³	4.75mm通过百分率 (%)	粗集料毛体积密度 g/cm³	粗集料骨架间隙率 VCA_{DRC} (%)
级配A	1.726	24.1	2.743	37.1
级配B	1.657	30.0	2.744	39.6

表 10.14 初试级配的体积分析

级配类型	油石比 (%)	试件毛体积相对密度	计算理论最大相对密度	空隙率 VV (%)	矿料间隙率 VMA (%)	饱和度 VFA (%)	粗集料骨架间隙率 VCA_{mix} (%)
级配 A	6.0	2.386	2.522	5.4	18.3	70.6	34.0
级配 B	6.0	2.424	2.524	4.0	17.1	76.8	38.2
要求	—	—	—	3～4	≥17.0	75～85	≤VCA_{DRC}

由表 10.13 和表 10.14 可知,级配 B 体积指标满足要求,而级配 A 体积指标不满足要求。因此本次设计选择级配 B 为设计级配。

按级配 B 称取矿料,采用 3 种油石比,双面各击实 75 次成型马歇尔试件,然后将成型的试件进行马歇尔稳定度试验,试验结果列于表 10.15。

表 10.15 沥青混合料马歇尔试验结果

级配类型	油石比 (%)	毛体积相对密度	计算理论最大相对密度	空隙率 (%)	矿料间隙 VMA (%)	饱和 VFA (%)	粗集料骨架间隙率 VCA_{mix} (%)	稳定度 kN	流值 0.1 mm
SMA-13	5.8	2.408	2.535	5.0	17.4	71.2	38.6	9.75	28.9
	6.0	2.424	2.524	4.0	17.1	76.8	38.2	10.86	32.5
	6.2	2.439	2.514	3.0	16.8	82.2	37.8	9.64	35.4
要求	—	—	—	3～4	≥17.0	75～85	≤VCA_{DRC}	≥6.0	—	—

SMA-13 设计级配曲线见图 10.13。

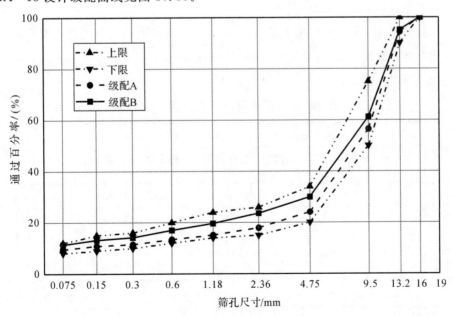

图 10.13 SMA-13 设计级配曲线

3. 设计油石比的确定

根据 SMA 路面设计要求,空隙率应控制在 3‰~4‰。本次油石比为 6.0% 时空隙率为 4.0% 其他指标(VMA、VCA、稳定度、饱和度等)均满足设计要求,根据实际工程应用经验,选取 6.0% 为设计油石比。

4. 谢伦堡析漏试验(烧杯法)

试验条件:试验温度(185±2)℃,将混合料保温 1 h 后进行析漏测试,试验结果见表 10.16。

表 10.16 析漏试验结果

级配类型	油石比(%)	析漏1(%)	析漏2(%)	析漏3(%)	析漏4(%)	平均(%)	要求(%)
SMA-13	6.0	0.04	0.05	0.03	0.03	0.04	≤0.10

5. 肯塔堡飞散试验

试验条件:将成型的马歇尔试件(双面各击实 75 次)在(20±0.5)℃水温下浸泡 20 h,然后采用洛杉矶磨耗试验机旋转 300 次进行飞散测试,试验结果见表 10.17。

表 10.17 飞散试验结果

级配类型	油石比(%)	飞散率1(%)	飞散率2(%)	飞散率3(%)	飞散率4(%)	平均(%)	要求(%)
SMA-13	6.0	5.2	4.4	4.8	4.7	4.8	≤15

6. 沥青混合料抗水损害试验

为了检验沥青混合料的抗水损害性能,分别进行了设计油石比下的沥青混合料的浸水马歇尔试验和冻融劈裂试验,试验结果见表 10.18 和表 10.19。

(1)浸水马歇尔试验。

表 10.18 浸水马歇尔稳定度试验结果

混合料类型	非条件(0.5 h)			条件(48 h)			MS/(%)	要求/(%)
	空隙率(%)	稳定度 kN	流值 0.1 mm	空隙率(%)	稳定度 kN	流值 0.1 mm		
SMA-13	4.1	8.40	34.2	3.8	11.03	32.6	84.0	≥80
	4.0	9.69	35.2	4.2	10.87	33.1		
	3.9	9.28	34.8	4.1	10.69	32.5		
平均值	4.0	9.12	34.7	4.0	10.86	32.7		

(2)冻融劈裂试验。

第10章 沥青路面破坏统一力学模式理论的工程应用

表10.19 冻融劈裂试验结果

混合料类型	非条件		条件		TSR/(%)	要求/(%)
	空隙率/(%)	劈裂强度/MPa	空隙率/(%)	劈裂强度/MPa		
SMA-13	5.4	1.368 9	5.2	1.210 0	85.3	≥80
	5.1	1.393 3	5.1	1.177 2		
	5.0	1.385 1	5.1	1.186 0		
	5.0	1.400 2	5.3	1.157 4		
平均值	5.1	1.386 9	5.2	1.182 7		

7. 动稳定度试验

试验条件：在(60±1)℃,(0.7±0.05)MPa条件下进行车辙试验以检验沥青混合料的高温稳定性,动稳定度试验结果及车辙试件空隙率结果分别见表10.20和表10.21。

表10.20 车辙试验动稳定度

混合料类型	油石比/(%)	动稳定度/(次·mm^{-1})					变异系数/(%)	要求/(%)
		1	2	3	平均	要求		
SMA-13	6.0	5 250	5 250	5 727	5 409	≥3 000	5.1	≤20

表10.21 车辙试件空隙率汇总表

试验条件：试验温度-10℃,速率50 mm/min。

试件组数	试件编号	毛体积相对密度	计算理论最大相对密度	空隙率/(%)
1	1	2.426		3.9
	2	2.423		4.0
	3	2.421		4.1
	4	2.427		3.9
	平均值	2.424		4.0
2	1	2.428		3.8
	2	2.421		4.1
	3	2.428	2.524	3.8
	4	2.426		3.9
	平均值	2.426		3.9
3	1	2.418		4.2
	2	2.423		4.0
	3	2.428		3.8
	4	2.423		4.0
	平均值	2.423		4.0

8.低温抗裂性检验(见表10.22)

表10.22 小梁弯曲试验结果

试件编号	最大荷载 kN	跨中挠度 mm	抗弯拉强度 MPa	劲度模量 MPa	破坏应变 $\mu\varepsilon$	要求 $\mu\varepsilon$
1	1.013	0.602	8.12	2 555.1	3 178.6	
2	1.102	0.612	9.00	2 799.9	3 213.0	
3	1.024	0.589	8.26	2 662.5	3 101.1	
4	1.008	0.601	8.26	2 616.6	3 155.3	≥3 000
5	0.998	0.632	8.14	2 601.5	3 308	
6	1.089	0.641	8.89	2 612.6	3 365	
平均	1.040	0.613	8.44	2 641.3	3 220	

9.小结

通过混合料级配调试和相关验证试验,表明所设计的 SMA-13 型改性沥青混合料的抗水损害性能、高温稳定性能和低温抗裂性能均满足技术要求,可作为 SMA-13 型改性沥青混合料生产配合比调试的依据。

矿料配合比及设计油石比见表10.23。

表10.23 矿料配合比及设计油石比

混合料类型	下列各种矿料所占比例/(%)					油石比/(%)
	1#	2#	3#	4#	矿粉	
SMA-13	36.0	40.0	0.0	12.0	12.0	6.0

10.2.4 AC-20C 配合比设计

1.级配设计

首先把混合料级配曲线设计成 S 形并尽量远离最大密度线初试两组设计级配 A,B 并采用干捣法测定 VCA_{DRC};室内马歇尔成型试件并进行 VMA、V_v、最佳油石比、VCA_{min} 等测定,检验混合料的体积指标并进行 $VCA_{min} \leqslant VCA_{DRC}$ 检验,最终确定 A 级配最佳油石比为 4.6%、B 级配最佳油石比为 4.7%,见表10.24 和表10.25。

表10.24 AC-20C 混合料级配

中面层	通过下列筛孔(方筛孔,mm)的质量百分数/(%)											
	26.5	19	16	13.2	9.5	4.75	2.36	1.18	0.6	0.3	0.15	0.075
级配 A	100	94.7	86.0	77.3	58.6	34.6	27.0	18.6	16.1	10.7	7.6	6.1
级配 B	100	97.2	88.6	75.4	59.7	37.2	25.9	19.8	13.7	9.8	7.6	5.3

表 10.25 AC-20C 马歇尔试验结果

线配类型	最佳油石比/(%)	空隙率/(%)	VMA/(%)	VCA_{DRC}/(%)	VCA_{min}/(%)
A	4.6	4.11	14.74	48.3	48.4
B	4.7	4.06	14.36	47.6	46.9

通过检验发现 A 混合料的 $VCA_{min} \leqslant VCA_{DRC}$ 指标不满足设计嵌挤要求,B 级配满足设计要求,性能检验时采用 B 级配进行。试验研究发现,粗细集料分界筛孔 4.75 mm 通过率小于 40% 时,能够满足对 VCA 的要求,考虑到级配下限的限制,建议 (38±1)% 比较理想。AC-20C 矿料级配优化设计曲线如图 10.14 所示。

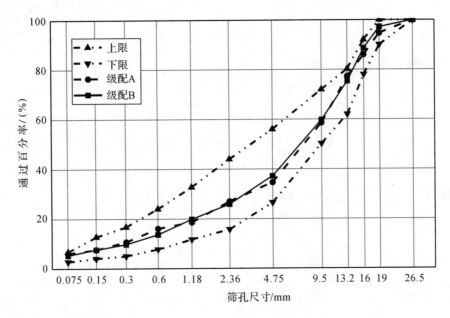

图 10.14 AC-20C 矿料级配优化设计曲线

2. 水稳定性

混合料的水稳定性采用冻融劈裂试验和马歇尔残留稳定度试验判断,残留稳定度比和 TSR 实验结果均满足规范要求,实验结果见表 10.26 和表 10.27。

表 10.26 浸水马歇尔试验结果

沥青用量	试验条件	空隙率/(%)	VMA/(%)	VFA/(%)	稳定度/kN	流值/(0.1 mm)	残留稳定度/(%)
4.7%	60℃(1 h)	3.88	14.3	72.8	11.65	29.93	91.5
	60℃(48 h)	3.99	14.4	72.2	10.66	31.29	

表 10.27　沥青混合料冻融劈裂试验结果

沥青用量	试验条件	空隙率/(%)	VMA/(%)	VFA/(%)	劈裂抗拉强度/MPa	TSR/(%)
4.7%	未冻融组	4.79	15.08	68.3	1.27	90.4
	冻融组	4.60	14.91	69.2	1.15	

3.高温稳定性

在室内试验获得最佳油石比的基础上,按照相关规范中车辙实验方法成型车辙板,实验结果均大于规范 2 800 次/mm 的要求。实验结果见表 10.28。

表 10.28　车辙实验结果

试验项目	试验编码	总变形/mm	DS 试验结果/(次·mm^{-1})	试验平均值/(次·mm^{-1})
DS 值 (60 ℃,次/mm)	1	1.882	6 300	6 581
	2	1.557	7 079	
	3	1.732	6 364	

4.渗水性

在最佳油石比基础上制作 AC-20C 轮辗试板,进行渗水性检测发现成型试件几乎不渗水。

10.2.5　AC-25C 配合比设计

1.AC-25C 配合比设计级配(见表 10.29)

表 10.29　AC-25C 沥青混合料矿料级配组成

矿料用量	(20~30 mm 碎石):(10~20 mm 碎石):(5~10 mm 碎石):(3~5 mm 碎石):(0~3 mm 石屑):矿粉:水泥=13.0:36.0:15.0:8.0:25.0:2.0:1.0(质量百分比)											
筛孔	31.5	26.5	19	16	13.2	9.5	4.75	2.36	1.18	0.6	0.3	0.15	0.075
上限	100	100	90	85	75	63	48	40	31	24	16	12	7
下限	100	95	80	65	55	43	22	16	12	8	5	4	3
中值	100	97.5	85.0	75.0	65.0	53.0	35.0	28.0	21.5	16.0	10.5	8.0	5.0
合成级配	100	95.8	85.6	72.5	60.5	50.1	36.3	23.9	18.5	13.8	10.0	7.5	5.4

矿料级配图见图 10.15。

2.马歇尔试验结果

AC-25C 目标配合用大型马歇尔比分别采取了 3.0,3.5,4.0,4.5 和 5.0 共 5 个油石比进行了马歇尔试验,根据试验结果,AC-25C 目标配合比最佳油石比选定为 4.0%,该油石比的马歇尔试验结果见表 10.30。

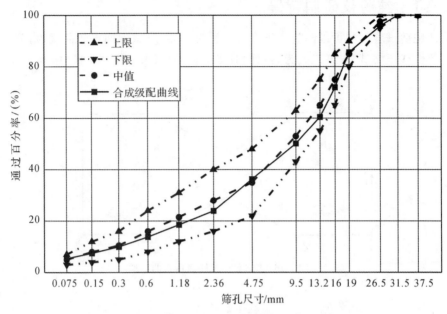

图 10.15 AC-25C 沥青混合料矿料级配图

表 10.30 AC-25C 油石比为 4.0% 的马歇尔试验结果

试验项目	稳定度 kN	流值 0.01 cm	空隙率 (%)	饱和度 (%)	残留稳定度 (%)	动稳定度 次/mm	最大理论密度 g/cm³	毛体积相对密度	矿料间隙率 VMA (%)	渗水系数 mL/mim
规定值	≥8	15~40	3~6	55~70	≥80	60℃/70℃	/	/	≥12.1	≤180
试验结果	22.99	30.8	4.1	67.6	92.6	1 861/1 215	2.605	2.497	12.8	97

10.3 沥青混合料剪切试验方法

沥青混合料力学试验方法,是沥青路面力学经验设计法的重要组成及实践依据。其中,沥青混合料高温剪切性能试验和测试方法,长期以来一直都是各国道路工作者的关注焦点和研究重点。

通常评价沥青混合料抗剪能力的有效方法:通过测定沥青混合料的黏聚力 c 和内摩擦角 φ 这两项指标,计算混合料的抗剪强度 τ,即

$$\tau = c + \sigma \tan \varphi \tag{10.1}$$

而黏聚力 c 和内摩擦角 φ 的测定则是通过两个不同位置应力莫尔圆的力学试验间接计算得到的,本节在已有的沥青混合料单轴压缩试验、单轴贯入试验、劈裂试验的基础上,新提出了纯剪试验和双向贯入试验,对 5 种试验类型的结果进行选择组合,求得黏聚力 c 和内摩擦角 φ。

10.3.1 纯剪仪研制背景

已有的纯剪试验方法可以归为 3 类。第一类为"8"字形试件四点弯曲试验,第二类为"Z"字形试件拉伸或压缩试验,第三类为梁双面剪切试验,如图 10.16～图 10.18 所示。

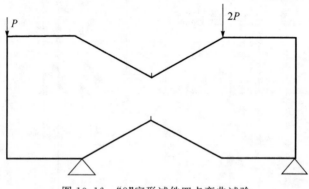

图 10.16　"8"字形试件四点弯曲试验

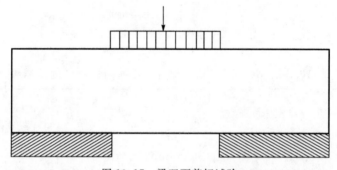

图 10.17　梁双面剪切试验

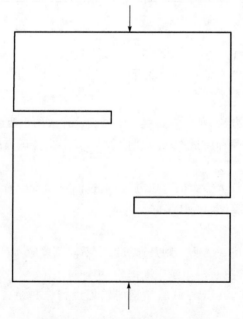

图 10.18　"Z"字形试件压缩试验

图 10.16 为"8"字形试件四点弯曲试验,试件跨中截面处弯矩为 0,理论上可以认为跨中截面处为纯剪应力状态,该试验方法中存在"8"字形缺口应力集中现象,另外跨中截面较宽时,试件上下边先出现拉破坏,跨中截面较窄时,不能反映混合料中骨料颗粒的尺寸效应,此试验方法实现较为困难,目前成功的做法为对试件两端部分加筋。

图 10.17 及图 10.18 为梁双面剪切试验和"Z"字形试件拉伸或压缩试验,这两类试验剪切面处的正应力比"8"字形试件四点弯曲试验较大,同时"Z"字形试件切口处存在应力集中现象,梁双面剪切试验剪切面正应力最大。从试验的可行性以及方便快捷角度考虑选择纯剪试验方案,梁双面剪切试验方法较优。

10.3.2 纯剪仪设计

本书研制的纯剪试验仪如图 10.19 所示,纯剪强度测试仪是由剪切装置,加载装置和数据输出装置三部分组成,试验时将试样装入剪切装置,通过加载装置对其施力,记录试样破坏时的输出数据。偏心布设的圆孔与试件相配合,既能够应用于双面剪切测试,又能应用于层间剪切测试(见图 10.20)。图 10.21 所示为试件破坏图。

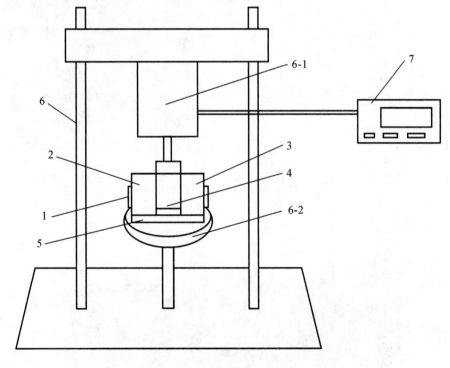

图 10.19 纯剪试验仪

1—试件; 2—套筒1; 3—套筒2; 4—套筒3; 5—水平限位板;
6—加载设备; 6-1—压力传感器; 6-2—加载压头; 7—数据采集仪

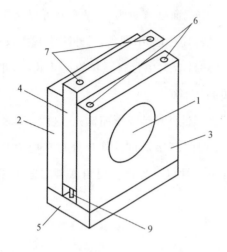

(a)

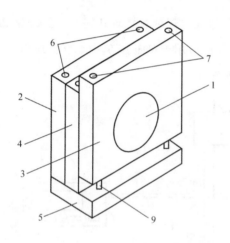

(b)

图 10.20　剪切仪试验状态图
(a)纯剪试验状态；　(b)层间剪试验状态
1—试件；　2—套筒1；　3—套筒2；　4—套筒3；　5—水平限位板；　6,7—销孔；　8—连接孔；　9—防侧偏导杠

图 10.21　试件破坏图

剪切仪由圆形套筒改为方块内镗圆套筒,从一开始只能进行纯剪试验增加了层间剪试验功能,方块片的自身稳定性能够避免各试件套筒在受压下行时产生的偏移,可实现纯剪的应力状态。纯剪试验时通过套筒对试件左侧段和右侧段施加垂直动态力,使试件发生剪切断裂,能够简便推算出剪切力,并能相应推算出试件破坏时的抗剪强度;层间剪切试验时通过旋转方形套筒、移动试件完成。

10.3.3 纯剪试验有限元验证

为了了解试件内部的应力状态变化,利用有限元计算的方法,分析了纯剪试验过程中试件内部应力的变化。

1. 纯剪试验有限元模型

纯剪试验试件与夹具有限元计算采用 8 节点六面体实体单元,纯剪试验模型的三维有限元模型如图 10.22 所示,模型具体尺寸:剪切套筒长×宽×厚为 140 mm×120 mm×30 mm,内镗圆孔直径 $\phi=102$ mm,圆心位置为套筒中心沿长度方向偏心 20 mm,水平限位板长×宽×厚为 120 mm×90 mm×10 mm。边界条件设定为:水平限位板低面全部竖向约束,同时为了达到计算要求对水平限位板正中心处点施加全约束;中间套筒顶部竖向位移约束一致,并施加竖向集中力;其余为自由边界。有限元所用材料参数见表 10.31。

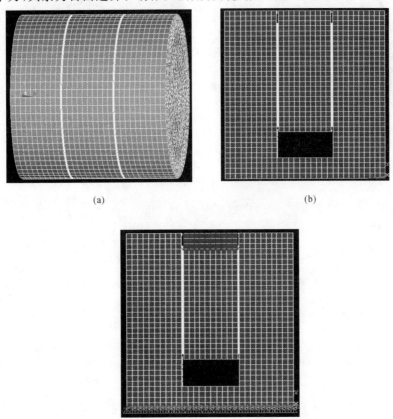

(a)　　　　　　　　　　　(b)

(c)

图 10.22　纯剪试验有限元模型
(a)试件有限元模型;　(b)纯剪试验状态;　(c)边界约束条件

表 10.31 材料参数

材料	弹性模量/MPa	泊松比
试件	1 000	0.4
套筒	200 000	0.3
水平限位板	200 000	0.3

2. 纯剪试验仿真试验结果分析

利用有限元试验对研制的纯剪仪进行验证，分析剪切过程中试件的应力分布。

施加 1 单位的荷载进行虚拟试验计算，计算结束后提取试件中的应力，如图 10.23 及图 10.24 所示，从图中可以看出剪切面处 $\sigma_1 + \sigma_3 = 0$，即设计的试验方案在剪切面处为纯剪试验状态。

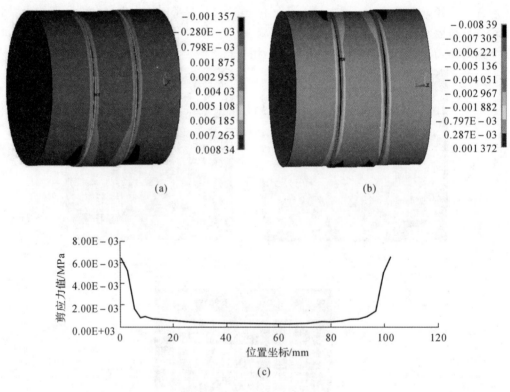

图 10.23 试件主应力云图
(a)试件第一主应力云图； (b)试件第三主应力云图

图 10.23 及图 10.24 中显示应力集中位于试件的外围一圈，试件内部的应力较小，为了直观观察应力分布，分别提取试件 XZ 断面上部的剪应力分布和剪切面 XY 断面横向及竖向的剪应力分布，如图 10.25 及图 10.26 所示。

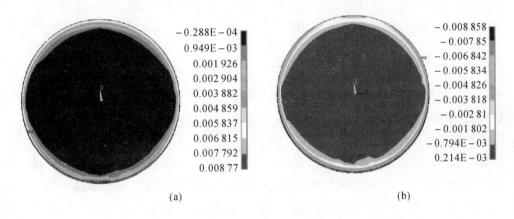

图 10.24 剪切面主应力云图
(a)剪切面第一主应力云图; (b)剪切面第三主应力云图

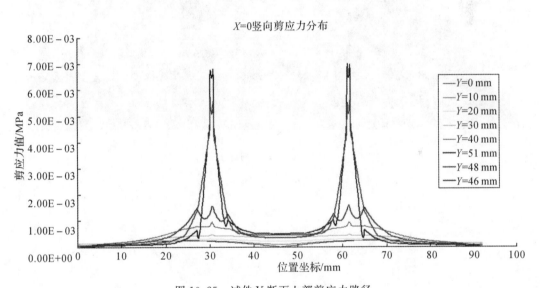

图 10.25 试件 Y 断面上部剪应力路径

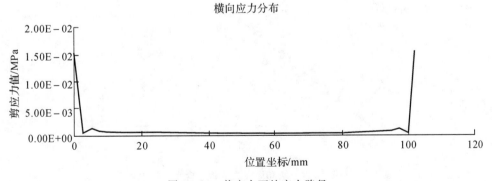

图 10.26 剪应力面处应力路径

图10.25表明在整个试件的纵断面上剪应力集中于剪切面处,图10.25及图10.26可以看出在剪切面处剪应力集中于试件的边缘。

10.3.4 纯剪仪室内试验验证

利用研制的剪切仪进行重塑黄土的剪切试验,通过与直剪试验结果的对比,验证剪切仪的准确性,进一步论证研制的剪切仪的可行性。

1.重塑黄土试件样品制备

将野外采集的西安黄土经过碾碎、过筛、烘干(见图10.27),配置到要求的含水量(见图10.28),然后根据模具大小称取相应质量的土(见图10.29),利用千斤顶进行试件的压实成型和脱模(见图10.30)。成型试验所需量的压实件,如图10.31所示。重塑黄土压实件的参数见表10.32。

图10.27 晒土与碎土

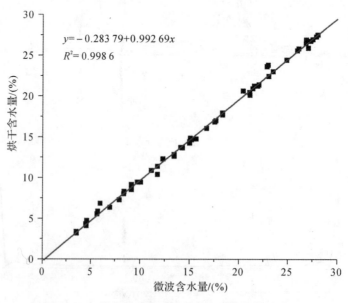

图10.28 烘干法和微波法的黄土含水量的关系

第 10 章 沥青路面破坏统一力学模式理论的工程应用

图 10.29 测定好的含水量的重塑土

图 10.30 压实模具及脱模

图 10.31 重塑土圆柱试件

表 10.32　重塑黄土压实件的参数表

含水量 ω (%)	干密度 ρ_d g/cm³	试样质量 m g	压实度/(%)
8.6	1.6	1 190	89
10.3	1.6	1 210	89
	1.65	1 250	92
	1.7	1 290	94
13.1	1.6	1 240	89
	1.65	1 280	92
	1.7	1 320	94
	1.75	1 360	97
	1.8	1 400	100
15.4	1.6	1 270	89
	1.65	1 300	92
	1.7	1 340	94
	1.75	1 380	97
	1.8	1 420	100

2.纯剪试验准确性验证

用研制的纯剪仪进行纯剪试验,将配置好的土样制成直径 101.6 mm,高 85.5 mm 的圆柱形试件,每个含水量每个干密度取 3 个试样,进行 3 组平行试验,如图 10.32 所示,采用下式对试验结果进行处理:

$$\tau = \frac{F}{2A} \tag{10.2}$$

其中,τ 为抗剪强度;F 为对试件施加的力;A 为试样面积。试验结果见表 10.33。

图 10.32　纯剪试验过程及试件破坏图

第 10 章　沥青路面破坏统一力学模式理论的工程应用

表 10.33　纯剪试验在各含水量各干密度试样下的抗剪强度

含水量 ω (%)	干密度 ρ_d g/cm³	荷载值 F kN	最大剪应力 kPa
8.6	1.6	1.153	70.552 02
10.3	1.6	1.357	83.034 77
	1.65	1.760	107.694 3
	1.7	2.387	146.060 4
13.1	1.6	0.959	58.681 17
	1.65	1.484	90.805 9
	1.7	1.571	96.129 42
	1.75	2.107	128.927 2
	1.8	2.561	156.707 5
15.4	1.6	0.718	43.934 39
	1.65	0.714	43.689 63
	1.7	0.874	53.480 02
	1.75	1.586	97.047 27
	1.8	1.744	106.715 3

重塑黄土直剪试验结果见表 10.34。

表 10.34　重塑黄土直剪试验结果

含水量 ω (%)	干密度 ρ_d g/cm³	$\dfrac{\tau}{\text{kPa}}$
8.6	1.6	56.79
10.3	1.6	66.41
	1.65	101.06
	1.7	138.60
13.1	1.6	17.50
	1.65	22.00
	1.7	43.00
	1.75	139.56
	1.8	156.89
15.4	1.6	16.00
	1.65	44.00
	1.7	42.00
	1.75	46.00
	1.8	47.00

对表 10.33 和表 10.34 两组试验的结果进行线性对比,如图 10.33 所示。

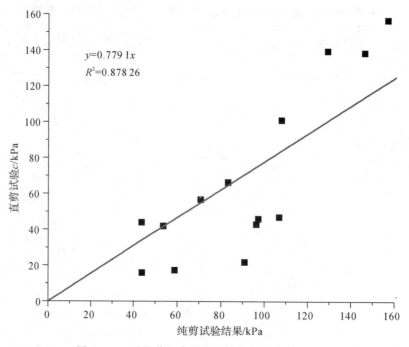

图 10.33 重塑黄土直剪与纯剪抗剪强度对比

由图 10.33 所示线性对比的结果可以看出,直剪试验的 c 值与纯剪试验结果具有良好的线性相关,研制的纯剪仪测定抗剪强度是可靠的。

3. 层间剪切试验及系数修正

研制的纯剪仪经过简单的旋转组合后可开展层间剪切试验研究,试验状态及试件破坏图见图 10.34,层间剪试验中会存在一个偏心作用,会使得试验结果偏小,而利用纯剪试验对层间剪试验结果进行修正,是研制的纯剪仪一个主要优点。计算公式如下:

$$\tau = c\frac{F}{A} \tag{10.3}$$

式中,τ 为抗剪强度;F 为对试件施加的力;A 为试样面积。

对层间剪试验结果不考虑 c 值,利用下式处理试验结果,结果见表 10.35:

$$\tau = \frac{F}{A} \tag{10.4}$$

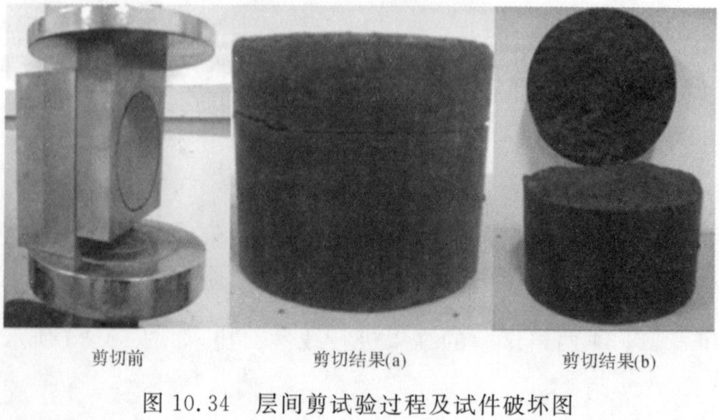

剪切前　　　　剪切结果(a)　　　　剪切结果(b)

图 10.34 层间剪试验过程及试件破坏图

表 10.35　层间剪切试验在各含水量各干密度试样下的抗剪强度

含水量 ω (%)	干密度 ρ_d g/cm³	荷载值 F kN	最大剪应力 kPa
8.6	1.60	0.398	48.707 21
10.3	1.60	0.418	51.154 8
	1.65	0.684	83.707 86
	1.70	1.025	125.439 4
13.1	1.60	0.393	48.095 31
	1.65	0.449	54.948 58
	1.70	0.617	75.508 41
	1.75	0.826	101.085 8
	1.80	0.959	117.362 3
15.4	1.60	0.235	28.759 28
	1.65	0.337	41.242 03
	1.70	0.388	47.483 41
	1.75	0.445	54.459 06
	1.80	0.571	69.878 93

对表 10.35 两组试验数据进行线性对比,如图 10.35 所示。

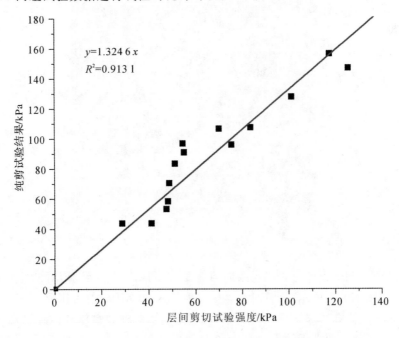

图 10.35　重塑黄土层间剪与纯剪抗剪强度对比

由图 10.35 可以看出重塑黄土的层间剪试验与纯剪试验具有良好的线性相关,纯剪试验比上层间剪试验强度系数为 1.324 6,因此层间剪试验剪切强度计算公式如下:

$$\tau = 1.324\ 6 \frac{F}{A} \tag{10.5}$$

10.3.5 沥青混合料剪切性能评价

失稳性车辙产生于剪切力,剪切力的大小对车辙的产生至关重要,从第 6 章可以看到,剪应力大小不同工况下值有所不同,而路面沥青材料的抗剪特性对沥青路面结构的设计十分重要,找出反映路面沥青材料的抗剪强度指标,对路面结构设计提高抗车辙能力有十分重要的指导意义。

1.纯剪试验设计

研发了一套原理简单,操作方便的多功能剪切仪,适用于纯剪试验以及层间剪切试验,具有试件规格要求低、使用方便主要优点,特别适用于小型试验室,如图 10.36 所示。研制的剪切仪的应力状态为第二主应力为零,且第一主应力与第三主应力和为零的双向纯剪强度。

图 10.36 双向纯剪仪

为了验证所研制的设备是否满足双向纯剪要求,利用有限元计算,对试件加载过程进行了模拟,网格图如图 10.37 所示,计算时弹性模量取 16 000 MPa,泊松比取 0.15,边界条件为在模型中央 50 mm 处 X,Y,Z 方向全部约束,在模型两边各施加整体位移荷载大小为 0.2,计算结果如图 10.38 所示,两端无约束,则 $\sigma_2=0$ 且图中显示 $\sigma_1+\sigma_3=0$,验证所研制设备满足双向纯剪状态。试件破坏图如图 10.39 所示。

第10章 沥青路面破坏统一力学模式理论的工程应用

图 10.37 模型网格剖分图

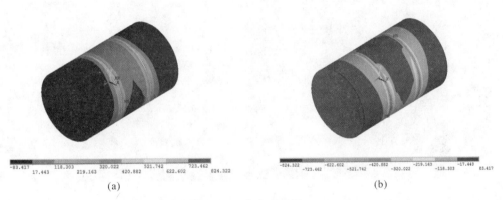

图 10.38 主应力云图
(a)第一主应力云图; (b)第三主应力云图

图 10.39 试件破坏图

2. 沥青混凝土芯样纯剪强度测试

试验段结束后,现场取芯。利用纯剪仪测定了60℃下,保水48 h后,芯样的纯剪强度(见图10.40),结果见表10.36。

(a)

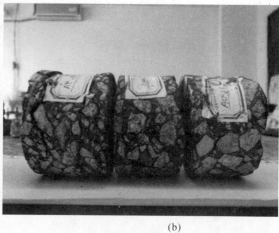
(b)

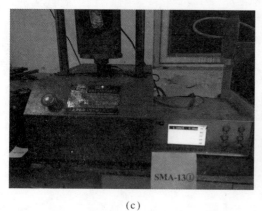
(c)

(d)

图10.40 试件破坏图

(a)AC-20C; (b)AC-20C; (c)SMA-13-1; (d)SMA-13-2

表10.36 沥青混凝土样的纯剪实验抗剪强度

试 样	载荷/kN	直径/m	抗剪强度/MPa	抗剪强度平均值/MPa
AC-20①	6.738	0.101	0.421	
AC-20②	5.946	0.101	0.371	0.384
AC-20③	5.755	0.101	0.360	
SMA-13①	4.386	0.098	0.290	
SMA-13②	5.836	0.098	0.383	0.337
SMA-13③	4.127	0.098	0.273(不取值)	

10.4　SMA-13抗滑性能及渗水性能CT扫描试验

10.4.1　CT扫描

1. 试验内容

前、右、底三个方向进行扫描。

2. 试验目的

通过CT扫描试验获取沥青混凝土SMA-13试件的混凝土颗粒分布情况和孔隙结构信息,得到样品的颗粒级配情况、连通孔隙空间分布以及构造深度等数据。

3. 试验器材

X-ray ICT(工业CT)机、计算机,其中:

1) CT机型号:Y-XRD1620;

2) 最大管电压:225 kV;

3) 扫描层厚:0.14 mm/层。

4. 扫描图片

典型图片如图10.41所示。

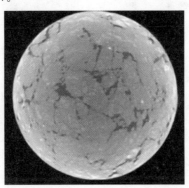

(底向)

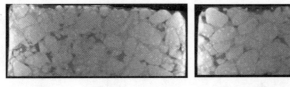

(右向)　　　　　　　(前向)

图10.41　CT扫描顺序图

(注:图片中,灰白色代表混凝土颗粒;灰黑色代表孔隙。)

CT 图片顺序由上往下(见图 10.42),编号:0~280,共 281 张。

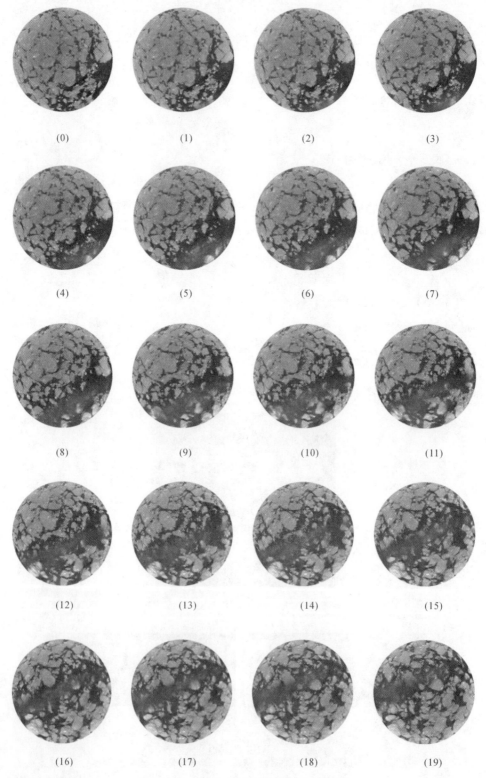

图 10.42 SMA-13 沥青混凝土 CT 图片

第10章 沥青路面破坏统一力学模式理论的工程应用

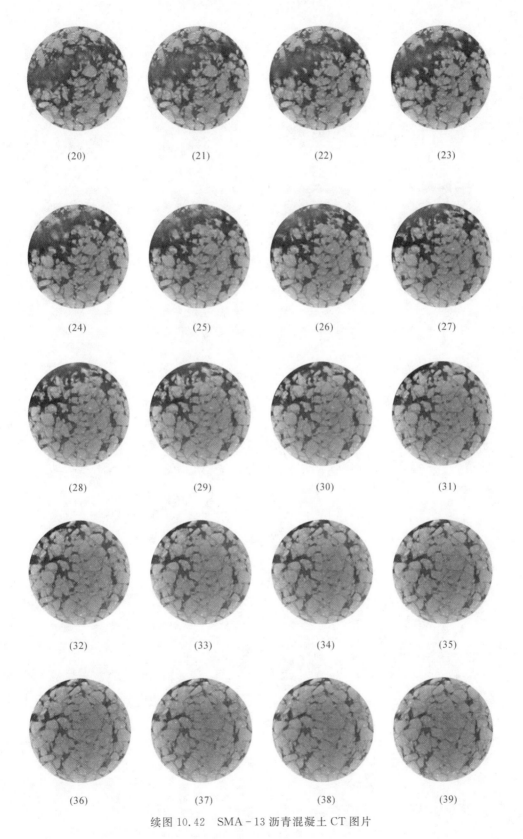

续图 10.42 SMA-13 沥青混凝土 CT 图片

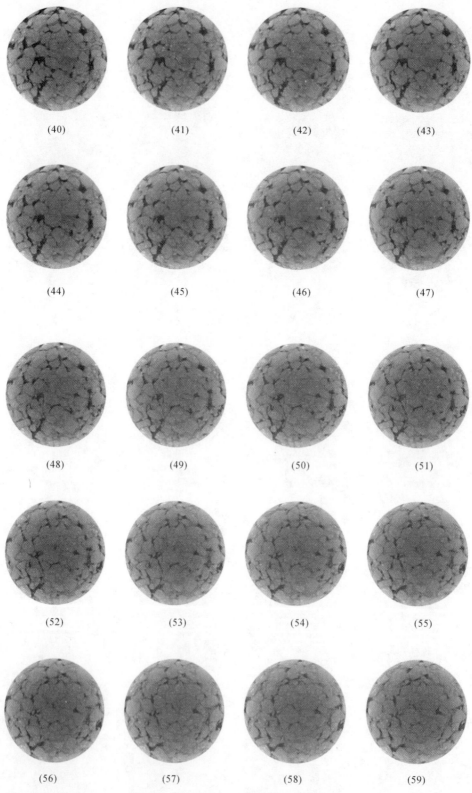

续图10.42 SMA-13沥青混凝土CT图片

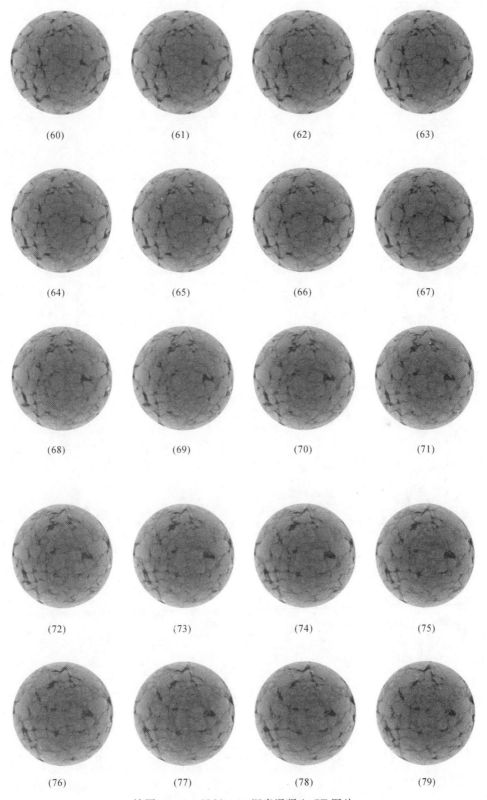

续图 10.42 SMA-13 沥青混凝土 CT 图片

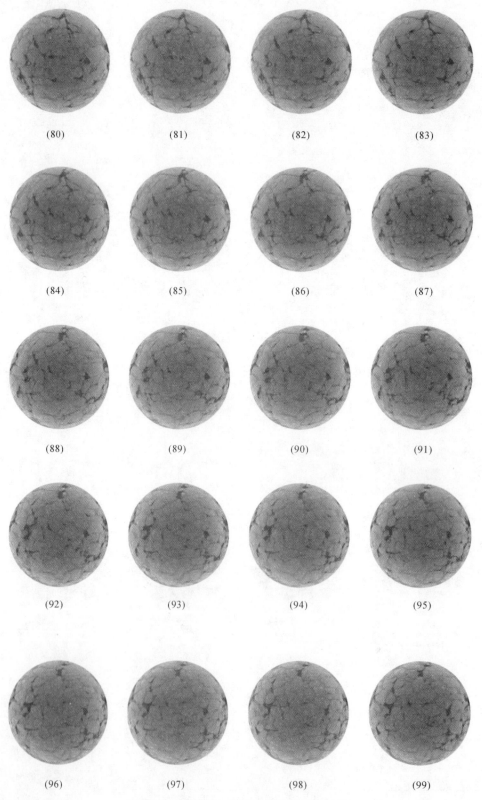

续图 10.42 SMA-13 沥青混凝土 CT 图片

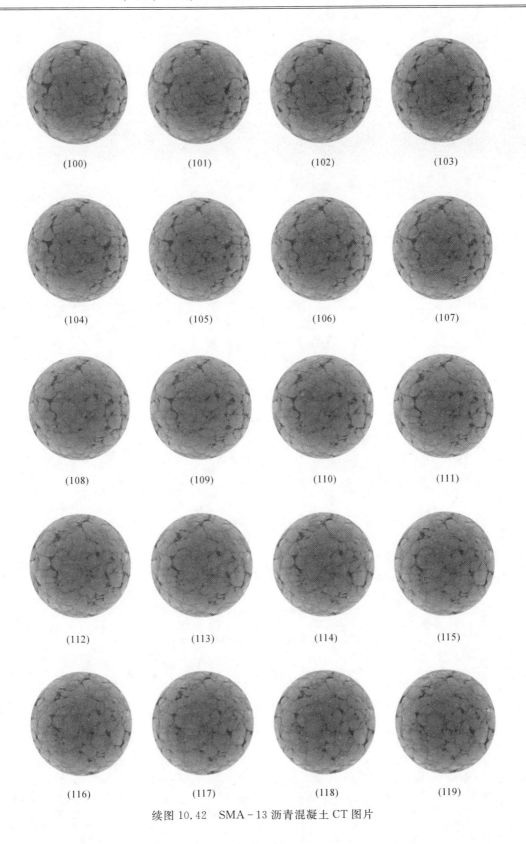

续图 10.42 SMA-13 沥青混凝土 CT 图片

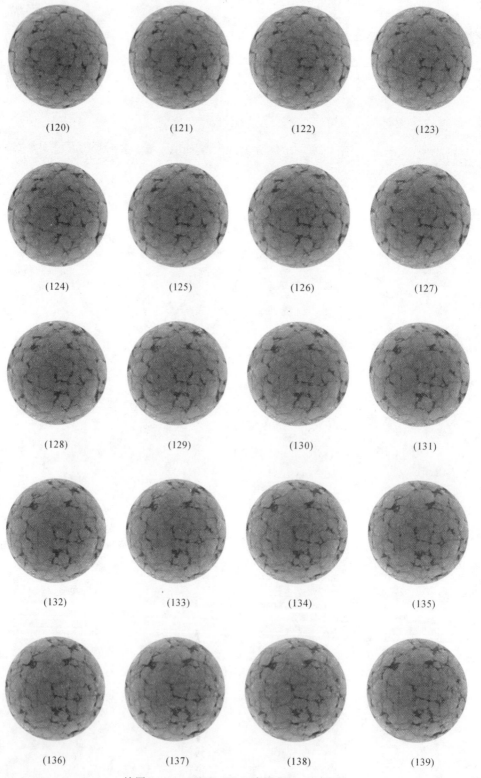

续图 10.42 SMA-13 沥青混凝土 CT 图片

第10章 沥青路面破坏统一力学模式理论的工程应用

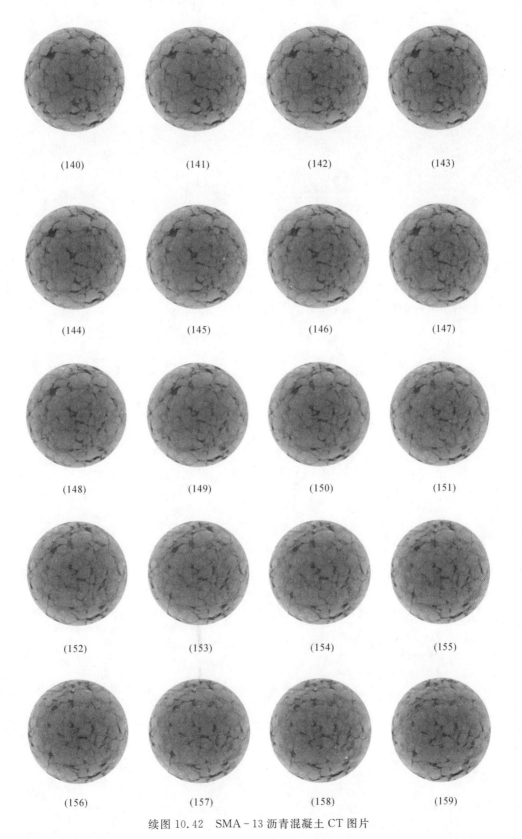

续图 10.42 SMA-13 沥青混凝土 CT 图片

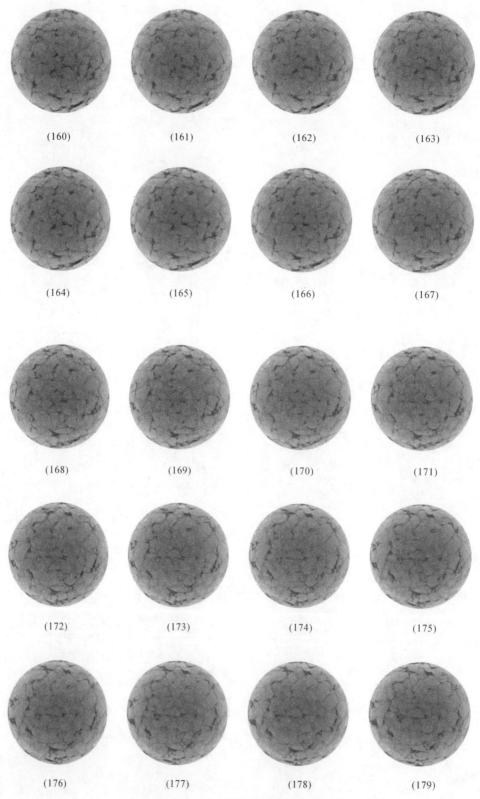

续图 10.42 SMA-13 沥青混凝土 CT 图片

第10章 沥青路面破坏统一力学模式理论的工程应用

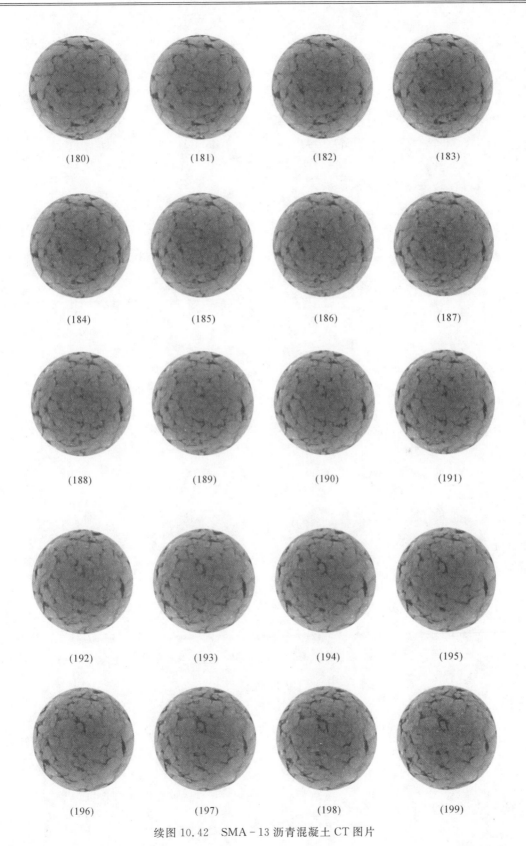

续图 10.42 SMA-13 沥青混凝土 CT 图片

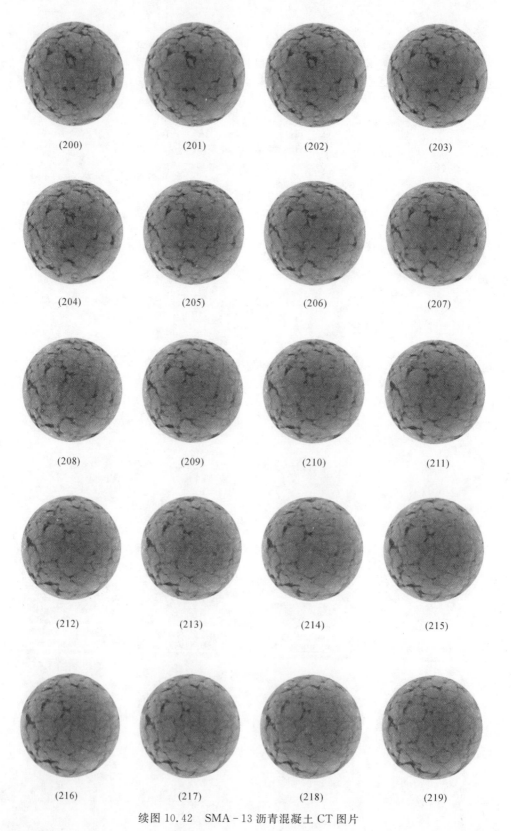

续图 10.42 SMA-13 沥青混凝土 CT 图片

第 10 章 沥青路面破坏统一力学模式理论的工程应用

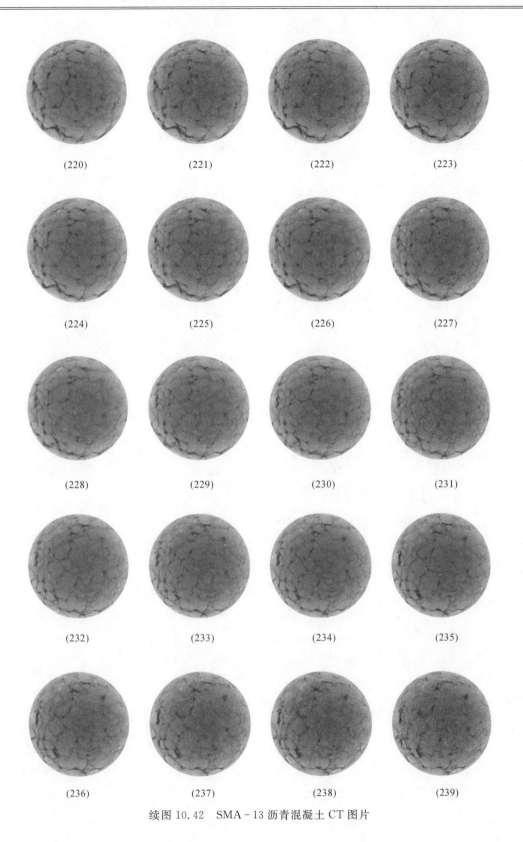

续图 10.42 SMA-13 沥青混凝土 CT 图片

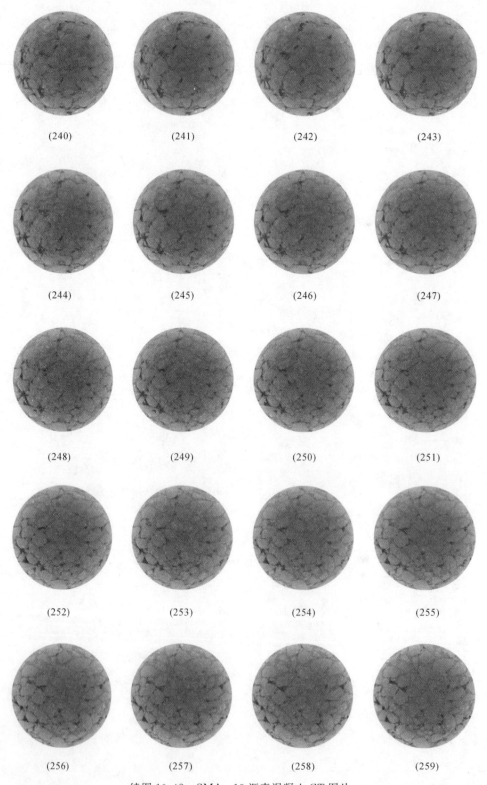

续图 10.42　SMA-13 沥青混凝土 CT 图片

第10章 沥青路面破坏统一力学模式理论的工程应用

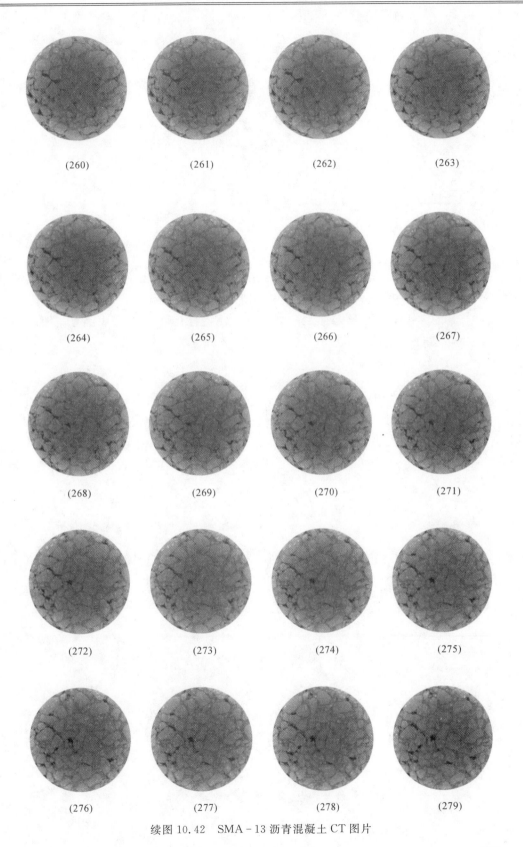

续图 10.42 SMA-13 沥青混凝土 CT 图片

(280)

续图 10.42　SMA-13 沥青混凝土 CT 图片

10.4.2　SMA-13 构造深度

1. 孔隙提取

根据图 10.42 中 CT 扫描图片可以得出,本次 SMA-13 试件中的构造深度孔隙测试厚度为 14.98 mm,由编号 0~107 组成,共计 108 张图。

通过 IPP 图像处理软件,将编号 0~107 的 CT 图进行孔隙提取,图中编号与图 10.42 中编号一一对应,如图 10.43 所示。

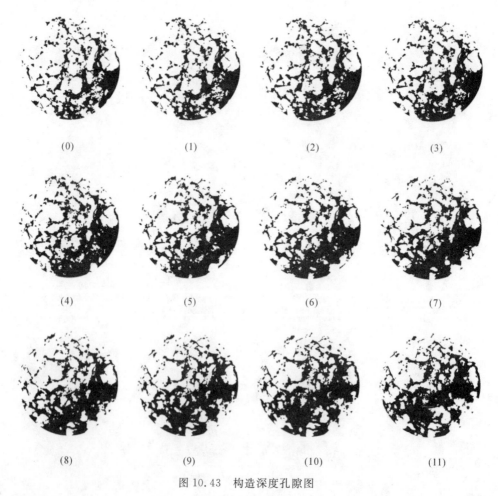

图 10.43　构造深度孔隙图

第10章 沥青路面破坏统一力学模式理论的工程应用

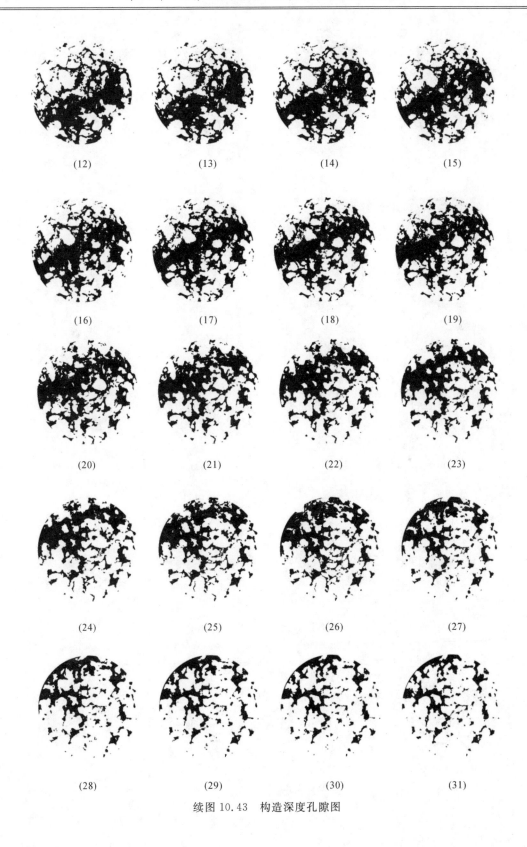

续图 10.43　构造深度孔隙图

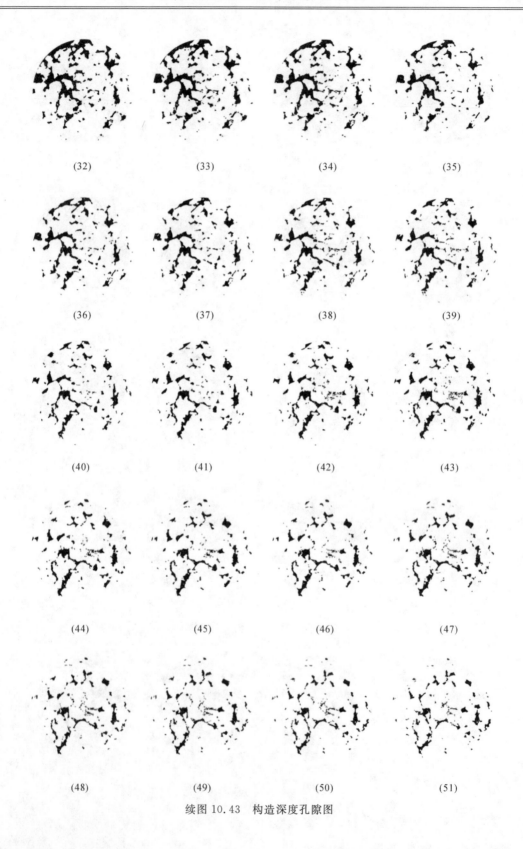

续图 10.43 构造深度孔隙图

第10章 沥青路面破坏统一力学模式理论的工程应用

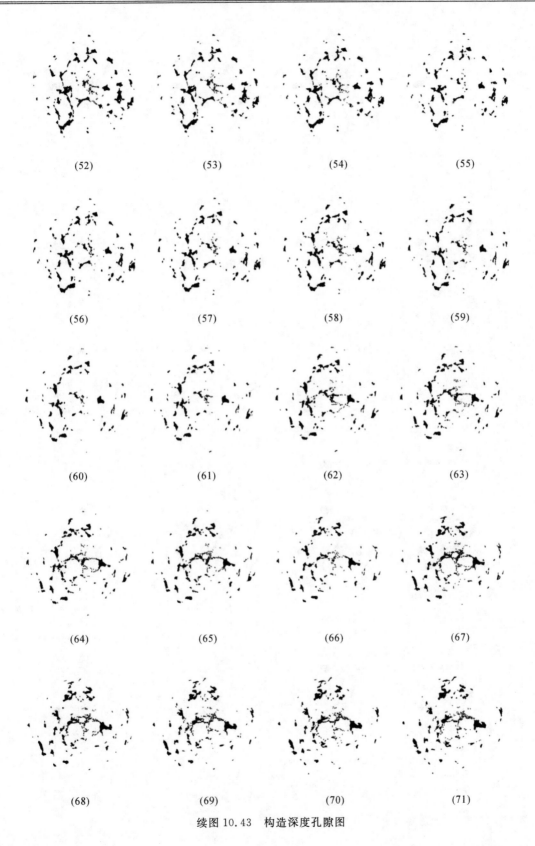

续图10.43 构造深度孔隙图

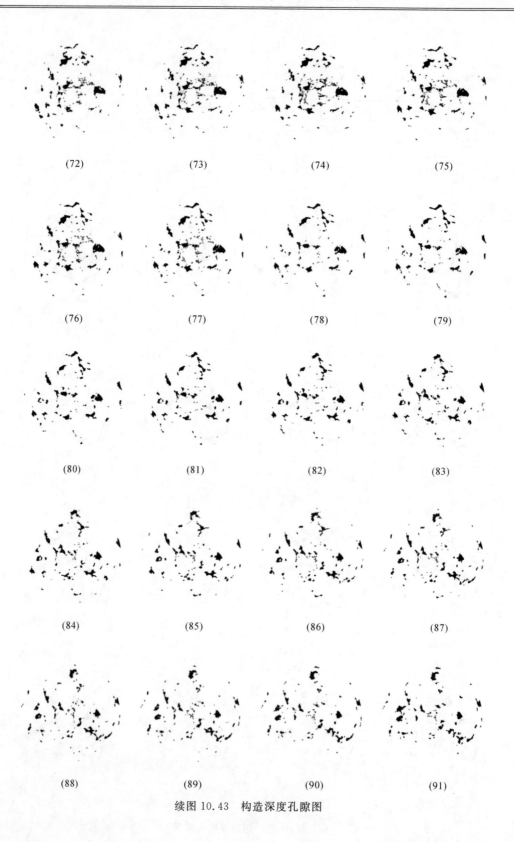

续图 10.43 构造深度孔隙图

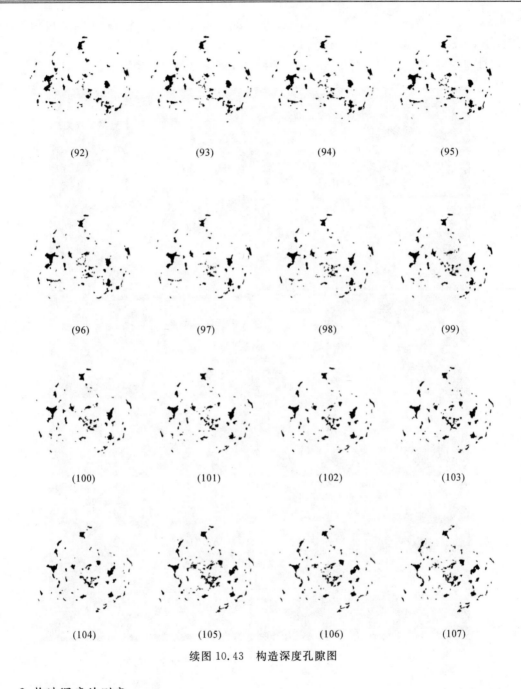

(92)	(93)	(94)	(95)
(96)	(97)	(98)	(99)
(100)	(101)	(102)	(103)
(104)	(105)	(106)	(107)

续图 10.43　构造深度孔隙图

2. 构造深度的测定

1) 根据图 10.43 中的孔隙图，建立孔隙三维模型，如图 10.44 所示。可以得出孔隙体积为 $V_1 = 7\ 524.32\ \text{mm}^3$，试件直径为 $D_1 = 90.89\ \text{mm}$，面积 $S_1 = 6\ 484.88\ \text{mm}^2$，得出构造深度为 $\text{MTD}_1 = V_1/S_1 = 1.160\ \text{mm}$。

2) 用手工铺砂法计算构造深度。将标准砂倒在试件上，用推平板由里向外重复做摊铺运动，将砂细心地尽可能地向外摊开，使砂填入凹凸不平的表面空隙中。按以上方法，平行测定 3 次，取平均值。已知标准砂密度 $\rho = 1.425\ \text{g/cm}^3$，得出如下结论：砂的质量 $m_1 = 11.77\ \text{g}$，体

积 $V_1 = m_1/\rho = 11.77/1.425 = 8.26 \text{ cm}^3$；测量出的覆盖面积 $S_1 = 74.99 \text{ cm}^2$，得出构造深度 $\text{MTD}_1 = V_1/S_1 = 8.26/74.99 = 0.11 \text{ cm} = 1.1 \text{ mm}$。

由此得出，沥青混凝土试件 SMA-13 的构造深度满足路面设计规范。

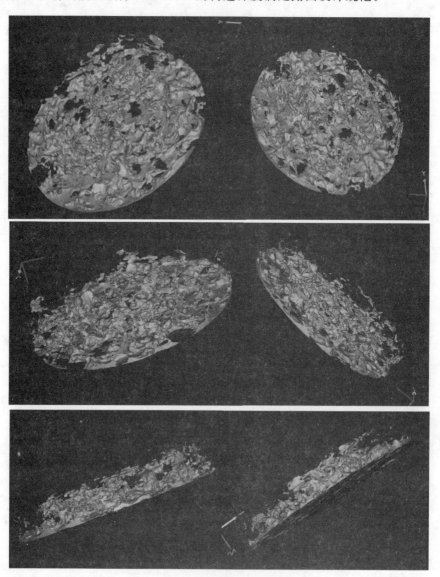

图 10.44 构造深度三维模型图

10.4.3 SMA-13 试件整体连通空隙测定

对试件空隙进行三维重建如图 10.45 所示，结果表明：
1）连通孔隙 1 个，体积为 $V_1 = 6\ 148.02 \text{ mm}^3$；
2）总孔隙体积为 $V_2 = 10\ 324.08 \text{ mm}^3$；
3）SMA-13 模型总体积为 $V = 240\ 783.55 \text{ mm}^3$；
4）连通孔隙率为 $V_{lt} = V_1/V = 6\ 148.02/240\ 783.55 = 2.55\%$。

第10章 沥青路面破坏统一力学模式理论的工程应用

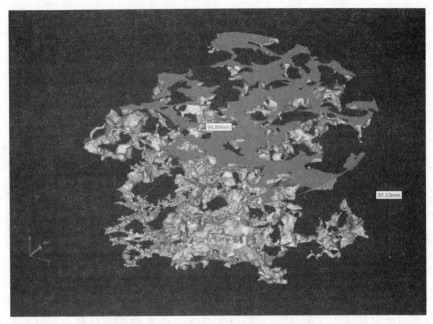

图10.45 SMA-13连通孔隙三维模型

10.5 本章小结

本章利用APPDI$_{3D}$评价了某高速公路,在三维双圆均布荷载简化模型和车列荷载下的沥青路面结构进行力学计算。分析了高温下,某高速公路沥青路面破坏模式,同时对沥青路面参数进行优化设计。笔者认为:高温条件下,某高速公路沥青路面上面层潜在破坏模式表现为以拉应力为主的Top-Down裂纹加局部出现车辙破坏,中面层潜在破坏模式表现为车辙。

通过调整上面层沥青混凝土纯剪强度参数,反算出弹性模量,进而计算APPDI<1时的纯剪强度值。考虑水损害和疲劳特性,最终确定,上面层路面结构材料参数:纯剪强度为0.32 MPa(60℃饱水48 h)。中面层纯剪强度为0.36 MPa(60℃饱水48 h)。按规范要求,开展了SMA-13,AC-20C,AC-25C配合比测试。研发了一套纯剪仪夹具,对芯样进行纯剪强度测试。测定了(60℃饱水48小时)SMA-13,AC-20C试件的纯剪强度分别为0.33 MPa和0.384 MPa,满足设计要求。通过CT扫描实验获取SMA-13试件的混凝土颗粒分布情况和孔隙结构信息,得到样品的连通空隙率为2.55%,构造深度为1.16。渗水性和抗滑性满足要求。

第 11 章　结论与展望

11.1　结　　论

本书分别定义了二维和三维应力条件下的沥青路面破坏评价指标——路面疲劳损伤潜在指数；运用数值计算的方法，对传统的二维平面应变简化模型下的沥青路面结构进行计算，分析了不同路基强度下、不同温度情况下、不同沥青路面结构的潜在破坏模式，并与实际的破坏模式进行对比，验证了评价指标的合理性，同时验证了沥青路面多种破坏现象的统一力学模式的可行性；分别从虚拟车道荷载模式（平面应变简化模型和双圆均布荷载简化模型）、车列荷载模式角度出发，对国内 5 条典型的不同基层沥青路面结构进行分析，应用沥青路面统一破坏模式解释沥青路面的多种破坏现象；同时也探讨了温度对沥青路面结构早期破坏的影响。根据研究成果，基于有限元计算的基本理论、采取二维平面应变简化模型，开发了一款简单的沥青路面有限元计算和评价系统。本书主要结论如下：

（1）对以往有关沥青混合料抗剪强度参数（黏聚力 c 和内摩擦角 φ）、抗压回弹模量的试验结果资料整理，在不考虑颗粒粒径级配、沥青类型的基础上，分析出沥青混合料抗剪强度参数和弹性模量之间存在着明显的线性相关性，对研究结果进行线性拟合，得出抗剪强度参数与弹性模量之间的线性关系，为后续力学分析提供了力学参数。

（2）分析不同路基-土基强度下、不同沥青模量时，厚沥青路面和薄沥青路面结构的早期破坏现象。研究表明：路基强度、基层模量、沥青面层模量对沥青路面结构的早期破坏现象均有影响；基层的存在会减弱沥青路面结构的早期破坏现象，推迟早期破坏现象出现的时间；随着温度的升高，沥青路面的破坏现象由沥青层底部的层底弯拉破坏逐步转变为沥青层底部的层底弯拉破坏和层底开裂、沥青面层的车辙和 Top-Down 裂纹共存；拉-压复合剪切破坏理论可以同时解释沥青路面多种破坏模式共存的现象，可以作为沥青路面的统一破坏力学模式。

（3）不同温度条件下，二维平面应变简化模型的分析结果表明：半刚性基层沥青路面在低温时主要的破坏现象为沥青面层底部的层底开裂（如济青高速公路、京津塘高速公路和首都机场高速公路）；常温时沥青路面的破坏模式有两种表现形式：沥青层底部的层底开裂（京津塘高速公路），沥青面层表层的车辙破坏（济青高速公路）；中温度条件下沥青路面结构的破坏模式主要为车辙破坏，其次是沥青层底部的层底开裂（仅在成渝高速公路中存在）；高温条件下沥青路面的破坏模式均表现为车辙破坏。应力状态均为拉-压复合剪切应力。成渝高速公路沥青路面表层出现纯拉应力的 Top-Down 裂纹。柔性基层沥青路面在低温沥青路面的破坏模式表现为层底弯拉破坏；随着温度的升高，沥青面层底部的破坏现象减弱，路面表层的破坏现象加剧，沥青路面的破坏现象由沥青层底部的层底弯拉破坏逐步转变为沥青层底部的层底弯拉破坏、沥青面层的车辙和 Top-Down 裂纹共存，应力状态为拉-压复合剪切应力。

（4）不同温度条件下，三维双圆均布荷载模式简化模型的分析结果表明：半刚性基层沥青路面结构在低温和常温条件下，沥青路面表现为理想弹性状态，不会产生破坏；在中温和高温条件下，沥青路面的破坏模式均表现为车辙破坏为主，并出现局部的 Top-Down 裂纹。柔性基层沥青路面的主要早期破坏模式为沥青层底部的层底弯拉破坏；随着温度的升高，沥青层底的层底弯拉破坏区域减小，但路面表层处出现了车辙破坏现象，并伴随有部分的 Top-Down 裂纹。应力状态均为拉-压复合剪切应力。

（5）不同温度条件下，对车列荷载模式下沥青路面结构进行力学分析，并讨论在不同车辆组成、不同行驶状态下各个沥青路面的破坏模式，以及影响沥青路面破坏模式的车辆类型、行驶状态。研究表明：沥青路面的破坏模式主要有沥青面层中面层底部轮载下方的车辙（济青高速公路、京津塘高速公路和首都机场高速公路出现）、轮载下方沥青层底部的层底弯拉破坏（平西高速公路中出现）和沥青面层顶部轮载边缘 1~2 cm 处的 Top-Down 裂纹或者车辙破坏（5条路均有出现）；拥堵状态比正常行驶状态下沥青路面更容易造成破坏，与拥堵时轮胎-地面接触时间过长有关系；六轴全挂车车型比六轴半挂车车型对沥青路面破坏的影响更大，这与车辆的轴载分布有关系；主应力组成为拉-压复合应力时，沥青路面会最先达到破坏，这与拉-压复合剪切破坏理论的解释是一致的。

11.2 创 新 点

（1）初步确立了沥青混合料的抗剪强度参数与弹性模量之间的关系。
（2）验证了拉-压复合剪切破坏理论可以作为解释沥青路面车辙、Top-Down 裂纹、层底弯拉和层底开裂 4 种不同破坏模式的统一力学模式。
（3）从车列荷载模式对沥青路面结构进行了力学分析，分析了标准车下的沥青路面破坏模式。

11.3 展 望

本书在新定义的评价指标的基础上研究了复杂应力状态下各自的破坏模式及其应力组成方式，并探讨了温度对沥青面层破坏的影响，取得了一些有益的结论。

但由于沥青路面破坏模式的复杂性及笔者的认知的局限性，本研究还存在着一些不足之处。本书从静态荷载角度、弹性层状理论的基础上，将沥青路面结构的轮地接触应力区域简化为圆形荷载，进行了力学分析；但是未考虑车辆行驶时动态荷载、疲劳荷载的真实荷载状态，后续的研究将着重研究纯剪条件下动态荷载、疲劳荷载下沥青路面结构破坏模式及其影响因素。

参 考 文 献

[1] 苏凯,孙立军.高等级沥青混凝土路面车辙预估方法研究综述[J].公路,2006(7):18-24.

[2] 李峰,孙立军.沥青路面 Top-Down 开裂成因的有限元分析[J].公路交通科技,2006,23(6):1-4.

[3] 成立涛,刘宁.重载交通条件下榆佳高速公路汽车荷载研究[J].公路,2013(6):63-67.

[4] 郭仪南,张宏超,王健,等.城市热岛效应对沥青路面温度场及其力学性能的影响[J].重庆交通大学学报:自然科学版,2010(4):548-551,596.

[5] 杨强,陈新,周维垣.基于 D-P 准则的三维弹塑性有限元增量计算的有效算法[J].岩土工程学报,2004,24(1):16-20.

[6] 邓楚键,何国杰,郑颖人.基于 M-C 准则的 D-P 系列准则在岩土工程中的应用研究[J].岩土工程学报,2006(6):735-739.

[7] 李平恩,殷有泉.Drucker-Prager 准则在拉剪区的修正[J].岩石力学与工程学报,2010,29(1):3029-3033.

[8] 黄晓明,张晓冰,邓学钧,等.沥青路面车辙形成规律环道试验研究[J].东南大学学报:自然科学版,2000,30(5):96-101.

[9] 苏凯,孙立军.沥青路面车辙产生机理[J].石油沥青,2006(8):1-7.

[10] MONISMITH C L. Rutting prediction in asphalt concrete pavement, transportation research 616[R]. Washington:National Academy of Science,1976.

[11] EISENMANN. Influence of wheel load and inflation pressure on the rutting effect at asphalt pavement - experimernts and theoretical investigations[C]. Proceedings of sixth international conference on the structural design of asphalt pavements,Michigan Ann Arbor,1987.

[12] DRAKOS C A,OQUE R R,BIRGISSONR B. Effect of measured tire contact stresses on near surface rutting, transportation research record [J]. Transportation Research Board,2001(3):59-69.

[13] WITCZAK M W,VON QUINTAS H,SCHWARTZ C W . Superpave support and performance models management:evaluation of the SHRP performance models system[C]//Eighth Inter national Conference on Asphalt Pavements,1997.

[14] AASHTO. Pavement design guide[S]. AASHTO,2002.

[15] KUN LIU,PAUL AYERS,HEIDI HOWARD. Influence of turning radius on wheeled military vehicle induced rut formation[J]. Journal of Terramechanics,2009(46):49-55.

[16] TAO XU,XIAOMING HUANG. Investigation into causes of in-place rutting in asphalt pavement[J]. Construction and Building Materials,2012(28):525-530.

[17] SHAHBAZ KHAN,NAGABHUSHANABA M N,DEVESH TIWARI. Rutting in flexible pavement:an approach of evaluation wit accelerated pavement testing facility[J].

Procedia - Social and Behavioral Sciences,2013(104):149-157.

[18] ARABANI M,JAMSHIDI R,SADEGHNEJAD M. Using of 2D finite element modeling to predict the glasphalt mixture rutting behavior[J]. Construction and Building Materials,2014(68):183-191.

[19] MOREA F,ZERBINO R,AGNUSDEI J. Wheel tracking rutting performance estimation based on bitumen low shear viscosity (LSV), loading and temperature conditions[J]. Materials and Structures,2014(47):683-692.

[20] LINGLIN LI, XIAOMING HUANG, DING HAN. Investigation of rutting behavior of asphalt pavement in Xlong and steep section of mountainous highway with overloading[J]. Construction and Building Materials,2015(93):635-643.

[21] 徐世法,季节,罗晓辉,等.沥青铺装层病害防治与典型实例[M].北京:人民交通出版社,2005.

[22] 李一鸣,俞建荣.沥青路面车辙形成机理力学分析[J].东南大学学报,1994(1):90-95.

[23] 徐伟,张肖宁.高速公路早期车辙病害调查及处治试验分析[J].公路,2004(3):113-117.

[24] 黄晓明,范要武,赵永利,等.高速公路沥青路面高温车辙的调查与试验分析[J].公路交通科技,2007(5):16-20.

[25] 胡萌,张久鹏,黄晓明.半刚性基层沥青路面车辙特性分析[J].公路交通科技,2011(6):14-18,46.

[26] 李洪华.沥青路面车辙成因分析及车辙试验研究[D].西安:长安大学,2008.

[27] 崔文社,陶晶,张争奇.高速公路沥青路面车辙成因试验[J].长安大学学报:自然科学版,2009(4):8-12.

[28] 郑南翔,牛思胜,许新权.重载沥青路面车辙预估的温度-轴载-轴次模型[J].中国公路学报,2009(3):7-13.

[29] 王辉,李雪连,张起森.高温重载作用下沥青路面车辙研究[J].土木工程学报,2009(5):139-144.

[30] 关宏信,张起森,刘敬.沥青混合料车辙试验改进方法[J].交通运输工程学报,2011(3):16-21.

[31] 咸红伟,郑团奇,张肖宁.基于路面芯样的车辙成因分析[J].公路,2011(11):195-199.

[32] 蔡旭.沥青路面抗车辙性能评价及结构优化[D].广州:华南理工大学,2013.

[33] 何金龙.温度场下城市沥青路面车辙成因力学机理分析[D].长沙:中南大学,2014.

[34] 邵腊庚,廉向东,汤铃.广西百罗高速公路沥青路面早期破坏原因分析与处治对策[J].中外公路,2015,35(1):50-53.

[35] FREITAS D,EIISABETE F,PEREIRA P,et al. Effect of construction quality, temperature,and rutting on initiation of Top-Down cracking[J]. Transportation Research Record,2005(19):174-182.

[36] MYERS L A, ROQUE R. Evaluation of Top-Down crack in thick asphalt pavements and the implicationsfor pavement design[A]. Washington:Transportation Research Board,2001.

[37] SVASDISANT T, SCHORSCH M, BALADI G,et al. Mechanistic. Analysis of Top-

Down cracks in asphalt pavements[J]. Transportation Research Record Journal of the Transportation Research Board,2002(1809):126-136.

[38] WANG L B. Micromechanics study on Top-Down cracking[J]. Transportation Research Record,2003(18):121-133.

[39] EMERY J J. Evaluation and mitigation of asphalt pavement Top-Down cracking[J]. Scientist,2006.

[40] HU CHUNHUA. Three dimensional finite element analysis of Top-Down cracking for asphalt pavements [J]. International Conference on Transportation Engineer,2009:3248-3253.

[41] KIM JAESEUNG,ROQUE REYNALDO,BYRON THOMAS. Viscoelastic analysis of flexible pavements and its effects on top-down cracking[J]. Journal of Materials in Civil Engineering,2009,21(7):324-332.

[42] ZHAO YANQING,WANG SHUHONG,ZHOU CHANGHONG. Analysis of top-down cracking of asphalt pavements based on fracture mechanics approach[J]. Journal of Tongji University,2010,38(2):218-222.

[43] WANG H, Al-QADI I L. Near-surface pavement failure under multiaxial stress state in thick asphalt pavement[R]. Washington:89st Transportation Research Board Annual Meeting,2010.

[44] ZOU JIAN, ROQUE REYNALDO. Top-down cracking:enhanced performance model and improved understanding of mechanisms[J]. Asphalt Paving Technology: Association of Asphalt Paving Technologists-Proceedings of the Technical Sessions,2011,80(4):255-285.

[45] AHMED EBRAHIM, ABUEl-MAATY BEHIRY. Fatigue and rutting lives in flexible pavement[J]. Ain Shams Engineering Journal,2012,3(4):367-374.

[46] LU SUN,YUFEN DUAN. Dynamic response of top-down cracked asphalt concrete pavement under a half-sinusoidal impact load[J]. Acta Mechanica,2013(224):1865-1877.

[47] PARK HONG JOON, KIM Y. Richard. Primary causes of cracking of asphalt pavement in North Carolina:Field study[J]. International Journal of Pavement Engineering,2015,16(8):684-698.

[48] 李峰,孙立军.沥青路面Top-Down开裂成因的有限元分析[J].公路交通科技,2006,23(6):1-4.

[49] 易昕.三维有限元方法分析沥青路面自上而下裂缝的扩展[D].长沙:湖南大学,2006.

[50] 徐鸥明,郝培文.厚沥青路面Top-Down裂缝分析及对路面设计的启示[J].中外公路,2006,26(5):133-137.

[51] 李清富,杨泽涛,土鹏.半刚性路面Top-Down裂纹成因的有限元分析[J].郑州大学学报:工学版,2007,28(3):37-39.

[52] 吕光印.柔性基层沥青路面Top-Down裂纹开裂机理研究[D].西安:长安大学,2008.

[53] 苏凯,孙立军,王永新.行车荷载及路面结构对车辙或Top-Down裂纹影响的有限元

分析[J]. 同济大学学报:自然科学版,2007,35(2):187-192.

[54] 陈锋锋,黄晓明. 重载下刚性基层沥青路面的力学响应分析[J]. 公路交通科技,2007,24(6):41-45.

[55] 张兰峰. 沥青路面 Top-Down 开裂影响因素及其评价方法研究[D]. 西安:长安大学,2008.

[56] 滕旭秋. 柔性基层沥青路面设计指标及性能预估模型研究[D]. 西安:长安大学,2009.

[57] 赵延庆,土抒红,周长红. 沥青路面 Top-Down 裂缝的断裂力学分析[J]. 同济大学学报:自然科学版,2010,38(2):218-222.

[58] 郑勇生,李芳武,曹宗涛,等. 沥青路面车辙对 Top-Down 裂纹扩展的影响[J]. 武汉理工大学学报,2010(9):372-376.

[59] 范植昱. 荷载和温度对沥青路面 Top-Down 开裂影响的有限元分析[D]. 长沙:长沙理工大学,2011.

[60] 范植昱,徐柏才. 降温过程对沥青路面 Top-Down 开裂的影响[J]. 中外公路,2011(2):40-43.

[61] 胡渊. 沥青路面 Top-Down 裂纹形成机理[D]. 武汉:华中科技大学,2012.

[62] 路永婕,杨绍普. 路面纵向裂纹的荷载效应的正交试验研究[C]//第三届海峡两岸动力学、振动与控制学术会议论文摘要集,2013.

[63] 张永平,陆永林,张洪亮,等. 基于弹性理论的沥青路面 Top-Down 开裂机理研究[J]. 公路交通科技,2014(4):16-21,77.

[64] 壳牌. 壳牌路面设计手册[M]. 交通部公路科学研究所,译. 北京:交通部公路科学研究所,1981.

[65] HU X, HU S. Investigation of fatigue cracking: bottom-up or top-down[J]. RILEM International Conference on Cracking in Pavements,2008:333-344.

[66] HOWARD ISAAC, JAMES ROBERT. Bottom-up fatigue cracking of low-volume flexible pavement analysis from instrumented testing[J]. Transportation Research Record,2009(2094):43-52.

[67] GHAUCH Z G, ABOU JAOUDE. Strain response of hot-mix asphalt overlays for bottom-up reflective cracking[J]. Physics, 2012. DIO:10.4203/ccp.96.200.

[68] HU XIAODI, WALUBITA L F. Modeling mechanistic responses in asphalt pavements under three-dimensional tire-pavement contact pressure[J]. Journal of Central South University of Technology:English Edition,2011,18(1):250-258.

[69] FENG DECHENG, ZHAO YIN, CHEN JIAN. Splitting stress-strain properties of cement stabilized reclaimed asphalt pavement[J]. Harbin Gongye Daxue Xuebao/Journal of Harbin Institute of Technology,2013,45(4):74-78.

[70] TAREFDER R A, AHMED M U, ISLAM M R. Impact of cross-anisotropy on embedded sensor stress-strain and pavement damage[J]. European Journal of Environmental and Civil Engineering,2014,18(8):845-861.

[71] 中华人民共和国行业标准. JTJ 014—1986,公路柔性路面设计规范[S]. 北京:人民交通出版社,1986.

[72] 中华人民共和国行业标准. JTG D50—2006,公路沥青路面设计规范[S]. 北京:人民交通出版社,2006.

[73] 薛亮,张维刚,梁鸿颉. 考虑层间不同状态的沥青路面力学响应分析[J]. 沈阳建筑大学学报:自然科学版,2006(4):575-578.

[74] 陈祥. 大厚度半刚性基层沥青路面结构计算及其层间处理技术研究[D]. 长沙:长沙理工大学,2006.

[75] 张云龙. 长寿命沥青路面合理结构研究[D]. 西安:长安大学,2008.

[76] 朱洪洲,唐伯明,刘伯莹. 柔性基层沥青路面结构设计参数分析[J]. 重庆交通大学学报:自然科学版,2009(6):1021-1024.

[77] 张艳红,申爱琴,郭寅川,等. 不同类型基层沥青路面设计指标的控制[J]. 长安大学学报:自然科学版,2011(1):6-11.

[78] 吁新华,谈至明. 沥青路面结构层弯拉应力与应变的近似计算[J]. 同济大学学报:自然科学版,2012(6):849-853.

[79] 徐吉存,庄传仪,叶亚丽,等. 基于正交设计的粒料基层沥青路面力学响应影响因素灰熵分析[J]. 中外公路,2013(4):268-272.

[80] 张碧琴,马亚坤,张强,等. 重载作用下沥青路面结构验算方法[J]. 长安大学学报:自然科学版,2014(1):1-6.

[81] 吕松涛,刘建锋,岳爱军,等. 基于弯沉与层底拉应力指标的沥青路面结构层疲劳寿命匹配性[J]. 长沙理工大学学报,2014(4):8-14.

[82] LYTTON R L,SHANMUGHAM U,GARRETT B D. Design of asphalt pavements for thermal fatigue cracking[M]. Texas:Texas Transportation Institute,1983.

[83] MOGHADASNEJAD F,TOOLABI S. Finite element study of critical cracking condition in asphalt overlay[C]. Quebec:Proceedings of the 10th International Conference on Asphalt Pavements, Canada,2006.

[84] BAEK J,AL-QADI I L. Finite element modeling of reflective cracking under moving vehicular loading:investigation of the mechanism of reflective cracking in Hot-Mix asphalt overlays reinforced with inter-layer systems[C]. Airfield & Highway Pavements,2009. DOI:10.1061/41005(329)7.

[85] QIN LUSHENG,XU ZHIHONG. Ability of high elasticity asphalt mixture in resisting semi-rigid pavement reflective cracking[J]. Journal of Tongji University,2008,36(12):1647-1651.

[86] ZHAO YANJING. Reflective cracking viscoelastic response of asphalt concrete under dynamic vehicle loading[J]. Journal of Southeast University,2009,25(3):391-394.

[87] DAVE E V,BUTTLAR W G. Thermal reflective cracking of asphalt concrete overlays[J]. International Journal of Pavement Engineering,2010,11(6):477-488.

[88] CHEN YU,LOPP GEORGE,ROQUE REYNALDO. Effects of an asphalt rubber membrane interlayer on pavement reflective cracking performance[J]. Journal of Materials in Civil Engineering,2013,25(12):1936-1940.

[89] GHAUCH Z G,ABOU-JAOUDE G G. Strain response of hot-mix asphalt overlays in jointed plain concrete pavements due to reflective cracking[J]. Computers &

Structures,2013(124):38-46.

[90] 谈至明.路面温度翘曲型反射裂缝产生机理的分析[J].同济大学学报:自然科学版,1998(4):362-366.

[91] 毛成.沥青路面裂纹形成机理及扩展行为研究[D].成都:西南交通大学,2004.

[92] 岳福青.半刚性基层沥青混凝土路面反射裂缝形成扩展机理与基层预裂技术研究[D].天津:河北工业大学,2004.

[93] 李自林,龚能飞,栾小兵.半刚性基层沥青路面温缩型反射裂缝的扩展机理分析[J].公路交通科技,2008(1):43-46,63.

[94] 徐华.半刚性基层沥青混凝土路面反射裂缝扩展和疲劳寿命研究[D].南宁:广西大学,2012.

[95] 张俊,朱浮声,李庆昌.基于脆性涂层法的沥青路面反射裂缝试验研究[J].公路交通科技,2007(4):50-53,74.

[96] 苗雨,万云冬,董玉凯.沥青路面反射裂纹温度应力的数值模拟[J].岩土力学,2007(S1):343-347.

[97] 万云冬.半刚性基层沥青路面反射裂纹的机理研究及数值模拟[D].武汉:华中科技大学,2008.

[98] 苗雨,万云冬,张绍敏.含反射裂纹沥青路面的动力响应分析[J].岩土力学,2009(8):2511-2516.

[99] 苗雨,吕加贺,张青军,等.含多裂纹沥青路面开裂机制及扩展分析[J].岩土力学,2012(5):1513-1518.

[100] 孙雅珍,刘杰民,赵复笑.基于土工合成材料加铺层的沥青混凝土路面抗裂性能[J].公路交通科技,2012(1):34-37.

[101] 马培建,曹高尚,王杰,等.加铺应力吸收层的复合式路面开裂寿命预测[J].公路交通科技,2013(9):18-26.

[102] 沈金磊,王建国.大粒径沥青碎石基层抑制沥青路面反射裂缝的性能[J].合肥工业大学学报:自然科学版,2015(6):828-832.

[103] 刘佑荣,唐辉明.岩体力学[M].北京:中国地质大学出版社,1999.

[104] 陈正汉.用解析法推导莫尔-库伦准则[J].力学与实践,1987(4):54-55.

[105] 郑颖人,龚晓南.岩土塑性力学基础[M].北京:中国建筑工业出版社,1989.

[106] 许志鸿,杨孟余.路面材料设计参数研究报告[R].上海:同济大学道路与交通工程研究所,1994.

[107] 王月峰,王传沛,庄传仪.沥青混合料动态模量温度修正研究[J].中外公路,2012(2):210-214.

[108] 王刚,刘黎萍,孙立军.高模量沥青混凝土抗变形性能研究[J].同济大学学报:自然科学版,2012(2):217-222.

[109] 中华人民共和国行业标准.JTG D50—2006.公路沥青路面设计规范[S].北京:人民交通出版社,2006.

[110] 中华人民共和国行业标准.JTG D60—2004.公路桥涵设计通用规范[S].北京:人民交通出版社,2004.

[111] 白伟.沥青路面传热性能的试验分析研究[D].西安:长安大学,2012.

[112] 孙立军.沥青路面结构行为理论[M].北京:人民交通出版社,2005.

[113] 王刚,刘黎萍,孙立军.高模量沥青混凝土抗变形性能研究[J].同济大学学报:自然科学版,2012(2):217-222.

[114] 马庆雷.基于刚性基层的耐久性沥青路面结构研究[D].西安:长安大学,2006.

[115] 沈金安.国外沥青路面设计方法研究[M].北京:人民交通出版社,2004.

[116] 郑国梁,王端宜.沥青路面结构设计理念[J].广州大学学报:自然科学版,2003,2(6):577-579.

[117] Baek C. Investigation of Top-Down Cracking Mechanisms Using the Viscoelastic Continuum Damage Finite Element Program [D]. Raleigh: North Carolina State University,2010.

[118] 中华人民共和国行业标准. GB 50007—2011,建筑地基基础设计规范[S].北京:中国建筑工业出版社,2011.

[119] 中华人民共和国行业标准. JTGD30—2015,公路路基设计规范[S].北京:人民交通出版社,2015.

[120] 王亚军.济青高速公路沥青路面病害类型及处理技术研究[D].长春:吉林大学,2011.

[121] 张军华.济青高速公路潍坊段沥青路面病害分析与维修关键技术研究[D].济南:山东大学,2011.

[122] 闫翠香.济青高速公路沥青路面维修后车辙变化规律研究[D].济南:山东大学,2010.

[123] YAO ZHANYONG, ZHOU LIJIAN, SHANG QINGSEN. Analysis of rutting change rule on asphalt pavement overlay[J]. Advanced Materials Research,2012(368-373):3131-3136.

[124] 张艳红.基于旧路三维裂缝的京津塘高速公路加铺层力学分析[D].西安:长安大学,2010.

[125] 魏道新.半刚性基层沥青路面损坏模式与结构优化研究[D].长安:长安大学,2010.

[126] 李海滨.基于半刚性基层适应性的沥青路面结构研究[D].长安:长安大学,2010.

[127] 李福普,陈景,严二虎.新型沥青路面结构在我国的应用研究[J].公路交通科技,2006,23(3):10-14.

[128] 马骏.高等级公路沥青面层破坏形式及修复施工技术研究[D].重庆:重庆交通大学,2009.

[129] 孙建国.成渝高速水损坏沥青路面维护工艺过程质量控制研究[D].重庆:重庆交通大学,2011.

[130] 罗隆辉.四川省高速公路沥青路面早期破坏及预防[D].成都:西南交通大学,2004.

[131] 李玲,王磊,曾辉.马平西高速公路路面病害原因分析及养护方案研究[J].青海科技,2011(6):97-100.

[132] 祝明,莫延英.平西高速公路试验路结构设计与观测[J].公路与汽运,2011(3):73-77.

[133] 张磊,郭莲英. MATLAB实用教程[M].北京:人民邮电出版社,2008.

[134] 曾攀.有限元基础教程[M].北京:高等教育出版社,2012.

[135] 李开泰,黄艾香,黄庆怀.有限元方法及其应用[M].北京:科学出版社,2006.

[136] 徐斌,高跃飞,余龙.MATLAB有限元结构动力学分析与工程应用[M].北京:清华大学出版社,2009.

[137] 李云鹏,王芝银.固体力学有限单元法及程序设计[M].西安:西安地图出版社,1994.